U0578936

BLUE BOOK

智 库 成 果 出 版 与 传 播 平 台

养老金融蓝皮书

BLUE BOOK OF RETIREMENT FINANCE

中国养老金融发展报告
（2024）

ANNUAL REPORT ON THE DEVELOPMENT OF
CHINA'S RETIREMENT FINANCE (2024)

组织编写／清华五道口养老金融50人论坛

主　　编／董克用　姚余栋　魏晨阳
执行主编／孙　博

社会科学文献出版社
SOCIAL SCIENCES ACADEMIC PRESS（CHINA）

图书在版编目（CIP）数据

中国养老金融发展报告 . 2024 ／董克用，姚余栋，
魏晨阳主编；孙博执行主编 . -- 北京：社会科学文献
出版社，2024. 12. --（养老金融蓝皮书）. -- ISBN
978-7-5228-4727-6

Ⅰ . F832

中国国家版本馆 CIP 数据核字第 202459T4E4 号

养老金融蓝皮书
中国养老金融发展报告（2024）

组织编写／清华五道口养老金融 50 人论坛
主　　编／董克用　姚余栋　魏晨阳
执行主编／孙　博

出 版 人／冀祥德
组稿编辑／张雯鑫
责任编辑／张　超
责任印制／王京美

出　　版／社会科学文献出版社·皮书分社（010）59367127
　　　　　地址：北京市北三环中路甲 29 号院华龙大厦　邮编：100029
　　　　　网址：www. ssap. com. cn
发　　行／社会科学文献出版社（010）59367028
印　　装／三河市东方印刷有限公司

规　　格／开本：787mm×1092mm　1/16
　　　　　印 张：24.5　字 数：366 千字
版　　次／2024 年 12 月第 1 版　2024 年 12 月第 1 次印刷
书　　号／ISBN 978-7-5228-4727-6
定　　价／158.00 元

读者服务电话：4008918866

本书是教育部哲学社会科学研究重大课题攻关项目

"促进我国多层次养老保险体系发展研究"

（项目编号：21JZD035）阶段性研究成果

《中国养老金融发展报告（2024）》
编委会与课题组

清华五道口养老金融50人论坛简介

清华五道口养老金融 50 人论坛（Tsinghua PBCSF Retirement Finance Forum 50）是聚焦中国养老金融领域的高层次、国际化智库平台，由清华大学五道口金融学院中国保险与养老金融研究中心运营，致力于打造养老金融领域的顶级专业智库，旨在为政策制定提供智力支持，为行业发展搭建交流平台，向媒体大众传播专业知识，践行改善民生福祉的社会责任。论坛前身系中国养老金融 50 人论坛（CAFF50），其是 2015 年成立的非营利性专业智库组织，由我国养老金融领域权威专家董克用教授创立。论坛的使命为：推动我国养老金融事业发展，促进我国长期资本市场完善，推进普惠养老金融建设，践行改善民生福祉的社会责任。

论坛成员多为经济学、管理学、社会学、法学等领域的知名学者和业界专家，近年来取得了显著成绩：科研方面，论坛成员承担了多项国家级和相关部委重大、重点课题，并产生了一些有影响力的研究成果；智库建设方面，论坛在我国社会保障制度、养老金融体系、养老金制度改革等诸多重大问题上，产生了一批有影响力的政策建议，并被政府所采纳。

未来，论坛依托清华大学五道口金融学院中国保险与养老金融研究中心在政策、学术、行业领域的研究优势与广泛资源，持续推动我国养老金融的顶层设计和养老金融事业全面发展，将自身打造成国内顶尖的养老金融行业各参与方建言献策、分享实践、交流合作的平台。

论坛官方网址：https：//ciprc.pbcsf.tsinghua.edu.cn/rff50/

论坛联系方式：retirementfinance@pbcsf.tsinghua.edu.cn

论坛微信公众号：养老金融 50 人论坛

主要编撰者简介

董克用　经济学博士、博士生导师，清华五道口养老金融50人论坛秘书长，清华大学五道口金融学院中国保险与养老金融研究中心首席专家。曾任中国人民大学劳动人事学院院长、公共管理学院院长。2019年10月至2023年1月被聘为清华大学社会科学院教授。长期关注研究劳动经济、人力资源管理和社会保障领域问题，目前聚焦养老政策与养老金融。其他社会兼职包括：中国社会保险学会副会长。曾任美国密歇根大学福特公共政策学院客座教授、国家行政学院等国内多所大学兼职教授、人力资源和社会保障部特聘专家。曾任多项国际养老金合作研究项目中方专家。累计承担国家发展和改革委员会、财政部、人力资源和社会保障部等国家部委数十项养老金融、社会保障等相关项目研究。在《管理世界》《公共管理学报》《人口与经济》等学术期刊上发表文章百余篇。此外，作为中国养老金国际研讨会创始人与世界养老金峰会创始人Harry Smorenberg先生合作组织了多届养老金国际研讨会。

姚余栋　经济学博士、研究员、博士生导师，清华五道口养老金融50人论坛核心成员，主要研究领域为宏观经济与金融发展。现任中国中小银行发展论坛秘书长。曾任中国人民银行金融研究所所长、国际货币基金组织经济学家、中国人民银行货币政策二司副巡视员、中国人民银行货币政策司副司长。在《经济研究》《金融研究》等期刊上发表论文百余篇。

魏晨阳　纽约大学金融学博士，现任清华大学五道口金融学院金融MBA中心主任，中国保险与养老金融研究中心主任，清华五道口养老金融50人论坛联席秘书长，研究领域为金融科技、保险与养老金融等。曾任美国国际集团（AIG）信用研究部创始主任、费城联储高级经济学家、纽约联储经济学家。曾在 *The Review of Financial Studies*、《清华金融评论》等国内外重要期刊上发表系列研究成果，并承接多项政策和行业研究课题。

孙　博　中国人民大学管理学博士，清华大学金融学博士后，现任信安金融集团中国区首席养老金融专家，兼任清华五道口养老金融50人论坛副秘书长，清华大学五道口金融学院中国保险与养老金融研究中心兼职研究员，研究领域为养老金融。曾供职于中国证监会研究中心、华夏基金管理有限公司，在金融与社会保障领域发表学术论文多篇。

摘　要

　　2023 年 10 月召开的中央金融工作会议明确指出，要"做好科技金融、绿色金融、普惠金融、养老金融、数字金融五篇大文章"，发展养老金融首次被列入中央会议，并被列为金融重点工作。在人口老龄化程度加深的背景下，养老需求不断增加，养老市场规模不断扩大，大力发展养老金融，有利于进一步创新养老产品与服务，满足国民多元化养老需求，助力社会和谐发展。本报告全面回顾了我国 2023~2024 年养老金融行业发展特征，分析了其面临的问题和挑战，并对未来发展趋势进行了研判。在此基础上，总结国内外经验，提出相关建议，目的在于推动社会各界共同关注、积极参与、深入探索适应我国养老金融事业发展的道路。

　　2023~2024 年，我国养老金融迈向高质量发展。养老金金融方面，基本养老保险全国统筹稳步推进，个人养老金制度试点初见成效，多支柱养老金体系不断完善；养老服务金融方面，养老金融产品供给进一步丰富，养老财富消费业务推陈出新，为国民养老财富积累与消费提供了多样化的选择；养老产业金融方面，金融资本积极布局养老产业，着重建设养老产业生态圈。与此同时，目前仍存在养老金金融顶层设计有待完善、养老服务金融受到来自供需双方多重制约、养老产业金融融资存在结构性矛盾等诸多问题。未来应进一步优化政策设计，明确第一支柱功能定位，增强财务可持续性，着力扩大第二、三支柱覆盖面，完善养老金投资管理制度，促进三支柱养老金体系成熟定型；供需端共同发力，激发养老服务金融市场活力；推动生态构建，产融结合促进养老产业发展。

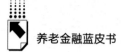
本报告着眼于 2023~2024 年国内外养老金融最新发展动态，一是以完善第二支柱投资管理体系为目标，分析了年金行业投资类 REITs 资产、建立统一信息交互机制的可行性和政策建议。二是提出了金融行业参与养老金融的潜在路径，分别在商业银行参与养老服务金融、公募基金养老金融产品设计方面探索新的可能性。三是介绍了国外私人养老金管理经验，分别对日本个人免税投资账户 NISA、美国 401（k）计划和英国集合缴费确定型管理模式进行全面剖析，以期为我国养老金制度的设计提供有益借鉴。

现阶段，我国正处于全面深化改革、推进中国式现代化的关键时期，多样化的国民养老需求、严峻的人口年龄结构挑战对养老金融发展提出了新的要求。伴随人口老龄化程度加深、传统家庭养老功能的弱化，加之公共养老金保基本定位的逐渐明晰，通过多元渠道储备养老财富成为新时代国民的重要选择，我国养老金融市场将迎来广阔的发展空间。在养老金融事业的起步发展阶段，目前仍面临一系列的问题和挑战。展望未来，必须明晰政府、市场和个人在养老储备中的权责定位，从供需侧共同发力，加快推动我国养老金融事业发展壮大，为我国应对老龄化挑战做好金融准备。

关键词： 养老金融　养老金金融　养老服务金融　养老产业金融

目　录 ⬡

Ⅰ　总报告

Ⅱ　分报告

Ⅲ　产品篇

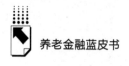
Ⅳ　专题篇

Ⅴ　借鉴篇

皮书数据库阅读使用指南

总 报 告

B . 1
中国养老金融发展现状、挑战与趋势（2024）

董克用　孙博　张栋*

摘　要：　养老金融是包括养老金金融、养老服务金融和养老产业金融的一个系统性的概念体系。在政策的指引和各界的努力下，中国养老金融发展已经取得初步成效，积极应对人口老龄化的养老金融体系初具规模。但是，我国养老金融仍然处于发展初期，养老金融顶层设计尚显薄弱，养老金融发展体系尚未建成，养老金融在应对人口老龄化挑战、解决养老领域发展不平衡不充分问题中的功能作用仍未得到充分发挥。在人口老龄化程度持续加深且不可逆转的趋势下，中国养老金融发展的前景广阔。展望未来，发展养老金融必须以促进中国养老事业和养老产业高质量发展为目标，进一步完善顶层

---

*　董克用，经济学博士，清华五道口养老金融50人论坛秘书长，清华大学五道口金融学院中国保险与养老金融研究中心首席专家，主要研究方向为养老政策与养老金融；孙博，管理学博士，金融学博士后，信安金融集团中国区首席养老金融专家，清华五道口养老金融50人论坛副秘书长，主要研究方向为养老金融；张栋，管理学博士，社会学博士后，中国农业大学人文与发展学院副教授，清华五道口养老金融50人论坛副秘书长，主要研究方向为养老金融。中国人民大学公共管理学院博士研究生沈国权对本文亦有贡献。本文仅代表个人观点，与供职单位无关。

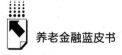
设计，构建结构清晰、功能明确、财务可持续的三支柱养老金体系；供需双方协同推进，丰富养老财富积累和消费产品；拓宽养老产业融资渠道，以产融结合推动产业深度发展。

关键词： 养老金金融　养老服务金融　养老产业金融

养老金融是指为了应对人口老龄化挑战，围绕社会成员的各种养老需求所进行的金融活动的总和，包括养老金金融、养老服务金融和养老产业金融三部分。我国于 2000 年左右开始步入老龄化社会，随着人口年龄结构老化加速，目前正经历全球规模最大、速度最快、持续时间最长的老龄化进程。在经济社会发展阶段等多重因素叠加影响下，我国养老领域的发展呈现不平衡、不充分特征，发展养老金融成为当前新形势下一项重要的金融工作。大力发展养老金融不仅是经济社会发展的重点，也是推动养老事业和养老产业高质量发展的重要举措，对于提供养老保障、促进经济发展和维护社会稳定具有重要意义。

一　中国养老金融发展现状

（一）养老金金融：养老金体系不断完善，投资运营稳中有进

1. 政策顶层设计稳步优化，监管环境日趋规范

我国已经初步建立起包含第一支柱基本养老保险、第二支柱职业养老金和第三支柱个人养老金在内的三支柱养老金体系，并且在 2000 年进入老龄化社会之际设立全国社会保障基金，用于将来人口老龄化高原时期的养老保险等社会保障项目支出的调剂和补充。2023 年以来，相关部门持续推进多支柱养老金体系顶层设计，并出台专项政策规范养老金投资运营。

第一支柱及战略储备基金方面，一是推进城镇职工基本养老保险全国统

筹，2023 年全国统筹调剂资金规模达到 2716 亿元，[①] 有效解决了地区间养老负担和基金余缺不均衡问题，下一步将重点加强对省级政府的责任考核；二是修订《全国社会保障基金投资管理暂行办法》并征求意见，对此前专项批复进行整合，并适当优化调整投资范围，进一步规范社保基金投资行为；三是出台《划转充实社保基金国有股权及现金收益运作管理暂行办法》，规范划转充实社保基金国有股权及现金收益的运作管理。

第二支柱方面，一是推进企业年金扩面，各地陆续开展人才、园区年金试点，推动出台编外人员、高素质人才、中小企业加入年金计划的相关政策；二是规范年金基金合规运营，常态化开展年金基金管理机构现场检查和非现场监管，并举办年金基金安全规范投资运营宣传教育活动。

第三支柱方面，个人养老金制度自落地已有一年多时间，产品供给矩阵基本形成。截至 2024 年 6 月底，共 822 只产品纳入个人养老金产品目录，其中储蓄类产品 465 只、理财类产品 26 只、保险类产品 137 只、基金类产品 194 只。[②] 此外，人社部电子社保卡平台上线个人养老金板块，为参保人提供账户开通、个人养老金缴存、产品购买、养老金领取等一站式服务。

2. 养老金规模持续增加，投资运营步入稳定期

2023 年，中国养老金规模持续增加，市场化投资运营稳步进行。在第一支柱基本养老保险方面，城镇职工基本养老保险累计结余由 2022 年末的 5.69 万亿元，增加到 2023 年末的 6.36 万亿元，增长 11.86%；城乡居民基本养老保险累计结余由 2022 年末的 1.30 万亿元，增加到 2023 年末的 1.45 万亿元，增长 12.13%[③]。在第二支柱职业养老金方面，截至 2023 年底，企业年金基金规模达到 3.19 万亿元，首次突破 3 万亿元[④]；职业年金基金投

---

① 《2023 年全国统筹调剂资金上缴下拨情况表》，财政部预算司，https://yss.mof.gov.cn/2023zyczys/202303/t20230327_3874786.htm。

② 数据来源于 Wind。

③ 《2023 年度人力资源和社会保障事业发展统计公报》，人力资源和社会保障部，https://www.mohrss.gov.cn/xxgk2020/fdzdgknr/ghtj/tj/ndtj/202406/t20240617_520366.html。

④ 《2023 年度全国企业年金基金业务数据摘要》，人力资源和社会保障部，https://www.mohrss.gov.cn/xxgk2020/fdzdgknr/shbx_4216/shbxjjjg/qynjjd/202403/t20240327_515755.html。

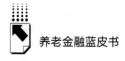
资运营规模 2.56 万亿元，较上年增加 0.45 万亿元①。年金基金总规模 5.75 万亿元，整体较 2022 年增加 0.77 万亿元，同比增长 15.46%。在第三支柱个人养老金方面，截至 2023 年底，36 城个人养老金试点开立个人养老金账户人数超过 5000 万，覆盖率在 25% 左右，缴存金额约 280 亿元②。与此同时，基本养老保险基金委托运营工作稳步推进。截至 2023 年底，基本养老保险基金实际投资运营规模 1.86 万亿元，同比增长约 15%，委托权益增量为近 3 年最高③。

2023 年，受房地产景气下行、地缘关系、海外利率水平高企等因素影响，养老金投资收益率短期内出现了一定程度的回调。其中，企业年金全市场平均收益率为 1.21%，录得正收益，成立以来年均投资收益率 6.26%④。职业年金自 2019 年启动投资运营以来，年均投资收益率 4.37%⑤。个人养老金产品中，储蓄类产品平均收益率在 1.67%~3.39%，高于同期限普通存款 0.5~1.0 个百分点⑥；理财类产品平均年化收益率 3.13%⑦；基金类产品算术平均收益率-0.59%，亏损面较大，但高于同期养老目标基金普通份额收益率（-4.10%）⑧；保险类产品中，专属商业养老保险稳健型账户结算利率为 2.10%~4.15%，平均为 3.57%，进取型账户结算利率 2.50%~4.25%，平均为 3.84%，较 2022 年有所降低⑨。

---

① 《2023 年全国职业年金基金市场化投资运营情况》，人力资源和社会保障部，https://www.mohrss.gov.cn/xxgk2020/fdzdgknr/shbx_ 4216/shbxjjjg/qynjjd/202404/t20240403_ 516167.html。
② 《我国个人养老金开立账户超 5000 万人》，新华社，http://www.xinhuanet.com/20240110/d5b9f0f505dc405086e1aa27b379c0bf/c.html。
③ 《2023 年度人力资源和社会保障事业发展统计公报》，人力资源和社会保障部，https://www.mohrss.gov.cn/xxgk2020/fdzdgknr/ghtj/tj/ndtj/202406/t20240617_ 520366.html。
④ 《2023 年度全国企业年金基金业务数据摘要》，人力资源和社会保障部，https://www.mohrss.gov.cn/xxgk2020/fdzdgknr/shbx_ 4216/shbxjjjg/qynjjd/202403/t20240327_ 515755.html。
⑤ 《2023 年全国职业年金基金市场化投资运营情况》，人力资源和社会保障部，https://www.mohrss.gov.cn/xxgk2020/fdzdgknr/shbx_ 4216/shbxjjjg/qynjjd/202404/t20240403_ 516167.html。
⑥ 数据来源于各银行官网。
⑦ 数据来源于 Wind。
⑧ 数据来源于 Wind。
⑨ 数据来源于各保险公司官网。

（二）养老服务金融：产品类型全面扩容，市场需求空间广阔

1. 养老财富积累产品持续扩容，产品谱系日渐丰富

养老财富积累是指社会成员在工作期，自发进行的养老财富积累活动，需要金融机构针对养老资产储备需求开发专业化养老金融产品和服务。得益于一系列政策的推动，银行、证券、保险、信托等行业积极探索养老金融产品创新，借鉴国内外成熟经验，推出了包括养老储蓄、养老理财、养老目标基金、商业养老保险、商业养老金、养老金融信托等在内的创新型养老金融产品，各类产品风险收益特征区分度较高，可满足不同群体个人养老金投资需求，为国民提供了丰富、多元的养老财富储备选择。

银行业开发了特定养老储蓄产品和养老理财产品，其中，特定养老储蓄产品具有安全性高、收益稳定的特征，包括整存整取、零存整取和整存零取三种类型；养老理财产品突出"稳健、长期、普惠"特征，重视持有人体验，主要为中低风险的固收类理财，截至 2024 年 6 月底，规模为 1045.08 亿元，同比增长 2.7%[①]。

基金业养老金融产品的主体是养老目标基金产品，具体包括养老目标风险基金和养老目标日期基金两种产品。截至 2024 年 6 月底，共有 479 只养老目标基金产品（包括个人养老金 Y 份额），管理规模达到 648.95 亿元，较上年同期大幅增加。其中，养老目标风险基金 275 只，规模为 435.77 亿元；养老目标日期基金 204 只，规模为 213.18 亿元[②]。

保险业主要涉及专属商业养老保险、养老年金保险、两全保险、商业养老金等产品。专属商业养老保险方面，截至 2023 年底，累计保费规模 106 亿元，投保件数 74 万件，其中新产业、新业态从业人员和灵活就业人员投

---

① 数据来源于 Wind。
② 数据来源于 Wind。

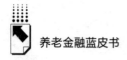

保超过 8 万件①。养老年金保险、两全保险与部分专属商业养老保险共同被纳入个人养老金产品名单，截至 2024 年 6 月底，总计上市 137 只个人养老金保险产品②，成为保险行业养老金融产品供给中的又一重要力量。商业养老金于 2023 年试点推出，支持锁定账户与持续账户双账户管理，截至 2023 年底，累计开户数量超 59 万，规模达 180 亿元③。

2. 养老财富消费产品推陈出新，满足多元化老年需求

养老财富消费是指社会成员在老年期将其养老财富储备用于消费的过程，同时需要金融机构针对人在老年阶段的消费需求提供针对性产品或服务。近年来，金融机构不断创新养老金融产品形式，开创了将不动产转化为养老资金的住房反向抵押模式，也探索了将养老资金和养老服务融合的服务模式，形成了一系列养老财富消费的金融产品体系，在一定程度上丰富了老年群体的经济保障和服务保障渠道。其中，住房反向抵押贷款是银行针对"房产富人、现金穷人"现象进行的养老金融模式探索，需同时具备至少三个条件，即房屋价值较高、观念上能够接受、具有客观养老资金需求。目前仅有少量几家银行开展了该项业务，实际的参与量也非常小。适老金融服务是银行业探索满足老年人综合需求的重要方式，通过将金融产品与服务相结合，涵盖了理财、信贷、结算和增值服务等领域，同时融入健康管理、法律咨询等非金融服务，成为大多数关注养老金融业务的银行的主打思路。住房反向抵押养老保险则是保险业在养老财富消费领域的重要产品，允许老年人抵押自己的房产以换取养老资金或服务，自 2014 年开始试点以来，经过 10 年的发展，相关产品仍供给不足，实际参与者较少。养老消费信托产品的重点在于丰富养老消费权益及对资金安全的保障，以满足受益人特定的养老消

---

① 《奋力推动商业养老保险高质量发展　助力加快建设金融强国》，国家金融监督管理总局，https：//www. cbirc. gov. cn/cn/view/pages/ItemDetail. html？ docId＝1147627&itemId＝4238&generaltype＝0。
② 《个人养老金保险产品名单》，中国银保信，http：//www. cbit. com. cn/zgbxgw/gsyw/381744/398501/index. html。
③ 《金融服务经济社会高质量发展》，中国政府网，https：//www. gov. cn/zhengce/202401/content_ 6928326. htm。

费为目的，目前市场规模相对有限，仍处于起步阶段。长期护理保险通过保障老年人因失能、失智等长期护理需求的费用，帮助缓解个人和家庭的护理负担，为有护理需求的老年人提供了一种可靠的养老保障选择，自 2016 年开始试点以来，截至 2023 年末，已有 1.83 亿人参保[①]。

（三）养老产业金融：市场主体积极参与，产融结合推动行业发展

1. 政策双轨并进，支持产业发展与防范金融风险并重

2023 年以来，养老产业支持政策力度不减，监管着力防范金融风险。一方面，随着养老金融成为国家未来金融重点工作之一，支持养老产业发展的政策信号进一步加强，2024 年 1 月 15 日，国务院办公厅印发《关于发展银发经济增进老年人福祉的意见》，首次明确"银发经济"概念范畴，并提出通过多种方式培育、支持银发经济相关产业，推进产业集群发展。另一方面，规范"养老+金融"业务成为金融监管的重中之重，2024 年 1 月 16 日，习近平总书记对"着力防范化解金融风险特别是系统性风险"作出具体部署，提出"金融监管要'长牙带刺'、有棱有角"，保险、银行、基金、信托等各行业均出台了相关文件，推进建设持续有效的常态化监管机制。

2. 金融积极参与银发经济，持续深入产业布局

2023 年以来，金融行业各类主体持续参与银发经济，推进养老产业纵深发展。第一，保险行业以"重资产—中资产—轻资产"方式深入布局养老产业。70%以上的人身险公司启动养老业务战略，通过自建、租赁、合作等方式纷纷布局养老产业，特别是千亿元保险业务收入的头部保险公司，90%开始进军养老产业，以期在资产端获取养老产业中长期投资收益，在负债端与客户需求相匹配。其中，千亿元营收人身险公司多通过重资产方式进行康养产业布局，锁定核心康养产业资源，打造差异化康养产品服务模式；百亿元营收人身险公司多通过资源合作方式，构建康养产业生态圈，形成康

---

① 《2023 年全国医疗保障事业发展统计公报》，国家医疗保障局，https：//www.nhsa.gov.cn/art/2024/7/25/art_ 7_ 13340.html。

养产品服务体系，全面服务客户康养需求；百亿元以下营收人身险公司多通过轻资产合作方式布局康养产业。第二，银行以贷款端和服务端双轮驱动，推动养老产业发展。在贷款端，以国家开发银行为代表的政策性银行和以全国性大型银行、股份制银行为代表的商业银行通过为养老企业提供优惠贷款的方式，降低养老产业融资成本，推动增加养老产业供给。在服务端，多数银行制定养老金融战略，纷纷布局养老产业，借助集团其他金融和产业服务能力，协同开展养老金融业务。第三，以私募股权为主的产业基金通过股权投资的方式，广泛投资于养老机构、生物医药、基因检测、健康管理等产业领域。第四，信托公司则采取资产证券化服务信托模式，在银行间交易市场发行债券来募集资金。总体来看，金融市场各类主体多措并举，共同助力养老产业项目融资。

3. 一、二级市场活跃度不减，聚焦差异化创新赛道

伴随资本市场整体性降温，养老产业一、二级市场逐渐回归理性。从一级市场来看，资本关注热点集中于医养结合、社区居家、智慧康养赛道，且养老产业相关企业多处于早期融资轮次，资本投资整体偏谨慎，成规模、相对成熟的企业数量仍然较少。从二级市场来看，养老产业相关企业通过 A 股、港股、新三板及北交所等多种渠道积极寻求上市，主要涉及养老服务、智慧养老、医养结合等盈利模式确定性较高的领域。在资本市场的助力之下，一批持续深耕养老产业的上市企业被培育出来，随着产业逐渐走向规模化和专业化，养老产业的稳定性和抗周期性逐渐显现。

二　中国养老金融发展面临的挑战

（一）养老金金融：体系发展不平衡不充分，顶层设计有待完善

1. 第一支柱：制度参数逐渐老化，远期面临较大财务压力

在不考虑财政补贴的情况下，中国城镇企业职工基本养老保险基金当期收支在 2015 年开始出现 498 亿元的赤字，每年依靠财政补贴才能实现"收

支相抵，略有结余"的目标，究其原因，一是长期存在的缴费基数不合规问题，《中国企业社保白皮书2024》数据显示，缴费基数完全合规的企业为28.4%，与前几年基本持平[1]。虽然我国从2020年开始推行税务部门征收社会保险费，但由于民营企业成本压力较大，多数省份仍采取"社保核定、税务代征"模式，据实征缴任重道远。二是基本养老保险采取属地化管理，基金管理分散，市场化投资运作比重较低，截至2023年底，基本养老保险委托全国社保基金理事会投资规模1.86万亿元，仅占累计结余的约24%[2]，保值增值受到影响。三是受人口老龄化快速发展和社会经济因素的影响，未来基本养老保险基金收支和财务可持续性面临较大压力，亟须开源节流。

2. 第二支柱：企业年金覆盖率提升缓慢，职业年金虚账做实难度大

企业年金的参与企业及员工数量近年来呈现持续上升趋势，但整体增速不高，且覆盖率偏低。《2023年度全国企业年金基金业务数据摘要》数据显示，全国建立企业年金的企业数为14.17万家，参与职工人数为3441.04万人，占参与城镇职工基本养老保险职工的9.07%，反映出企业年金主要是少数国央企及大型私营企业员工所享有的保障。究其原因：一是建立企业年金计划的成本较高，不论是直接经济成本，还是建立和管理企业年金计划需要付出的间接成本，不少企业仍处于观望态势；二是建立规则复杂，不仅要将企业盈利情况作为硬性条件，而且要求员工代表大会表决通过，不具备客观条件的企业均不允许加入或建立企业年金计划；三是税收优惠对民营企业的吸引力有限，不同于优惠性税率、加计扣除等直接减征企业所得税额的方式，企业年金享受税收优惠的前提是以增加缴费为前提；四是企业年金激励效果不明显，与现金激励、股权激励等手段相比，企业年金存在支取不够灵活、难以定向激励、雇主决策相对被动等问题。

在职业年金缴费中，部分单位缴费以记账形式记录缴费及收益，没有进行实际积累，增加制度管理成本。一方面，虚账运行财政负担更大。考虑到

---

① 《中国企业社保白皮书2024》，51社保网，https：//report.51shebao.com/73U4ZHP。

② 《2023年度人力资源和社会保障事业发展统计公报》，人力资源和社会保障部，https：//www.mohrss.gov.cn/xxgk2020/fdzdgknr/ghtj/tj/ndtj/202406/t20240617_520366.html。

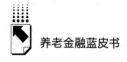

资金的时间价值，只要投资收益率高于通货膨胀率，做实更具有性价比。据测算，在5%~7%的长期回报率下，虚账模式下未来财政负担为实账模式下据实缴费成本的1.26~1.87倍。另一方面，虚账运行影响了制度性质和运作效率，增加制度运行成本。一是改变了职业年金基金积累的性质。虚账运行形成了财政对个人的负债，本质上属于现收现付制，容易导致财政被错认为是职业年金的责任主体；二是增加了制度的管理成本。因个人职业发生变化或退休而需要做实虚账部分时，需要参保单位、人社部门、财政部门等多个部门进行协调处理，增加了操作的复杂性和行政负担。

3.第三支柱：个人养老金稳步推进，制度吸引力尚显不足

个人养老金制度在36个城市和地区先行试点已有一年多时间，运行平稳有序、成效显著，截至2023年底，共有5000多万人开立了个人养老金账户，约占全国纳税人数的76%。但是，现阶段仍然面临缴费人数相对较少的困境，截至2023年底，缴存人数仅占开户人数的22%，人均缴存金额仅为约2000元，远低于个人养老金账户1.2万元的缴存上限。究其原因，一是税收优惠模式存在完善空间。我国个人所得税在整体税收结构中的比重约为10%，而当前实行的"EET"税优模式对于不需要纳税或少纳税群体存在负向激励。二是产品吸引力不足。个人养老金产品主要分为储蓄、理财、基金和保险四大类别，与市场其他金融产品没有显著区别，尚未形成差异化竞争格局，其养老属性仍有待进一步深化。

（二）养老服务金融：参与主体潜力有待发掘，养老服务市场供需错位

1.养老财富储备规模有限，面临收入与认知双重约束

坚实的经济基础、良好的金融素养是国民参与养老服务金融的重要前提。我国相当大一部分居民的可支配收入有限，社会多数群体参与养老服务金融的能力受到限制。与此同时，公众整体的养老金融知识素养尚有较大的提升空间。《中国养老金融调查研究报告2023》调查结果显示，部分公众不能准确地分辨利率、复利等基础知识；对养老金融产品的认识也比较有限，

抱有不切实际的"低风险、高收益"期望；对金融政策法规、市场运作、金融产品特性及风险的认知不足，有限的金融素养制约了国民参与养老金融储备和养老金融投资方案选择。

2. 养老金融产品同质化严重，与需求匹配度欠佳

当前我国养老金融市场呈现产品同质化严重、功能定位不清晰的问题。大多数产品仍局限于传统金融框架，未能充分体现养老属性和风险管理特征。例如，许多养老理财产品在投资门槛、期限结构和收益特性等方面与常规理财产品趋同，缺乏针对性的长期资产配置策略和退休收入现金流管理机制。供给侧的结构性失衡导致产品无法有效满足老年群体的异质性需求和全生命周期财富管理需求。为此，金融机构需要深化对人口老龄化背景下养老需求的研究，开发具有显著养老特征的创新型产品。同时，监管部门应当完善养老金融产品的标准体系和评估机制，引导市场向专业化、差异化方向发展，提高养老金融供给的有效性和精准度。

（三）养老产业金融：产业模式尚不清晰，投融资渠道偏窄

1. 养老产业叫好不叫座，发展模式仍处于探索阶段

随着人口老龄化的逐步加深，加之社会经济的快速发展，广大老年人的养老需求呈现多元化趋势，国家也出台了一系列政策支持养老产业发展，然而从发展的现状来看，养老产业"叫好不叫座"，还没有找到产业可持续发展的模式和规律，难以吸引资本大规模涌入。造成这种困局的原因是多方面的，其中一个关键因素是对养老产业的定位和发展模式存在认识误区。事实上，养老领域存在"事业"和"产业"之分，二者目标一致、相辅相成，但主体对象和筹资渠道存在差异。养老事业主要面向中低收入群体，在解决兜底性养老服务供给基础上向普惠养老服务拓展，重在提供基本保障；养老产业则是主要面向中高收入群体，通过市场机制满足个性化养老需求。养老产业的发展模式应以后者为探索目标，本质上属于产业政策范畴，适用于"金融为主、财税支持"的政策手段。

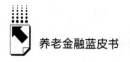

2. 养老产业投融资渠道偏窄，潜在投资者态度谨慎

当前中国养老产业的投融资仍以政策性工具为主，超90%的金融支持源于政府，市场化金融工具的应用范围和深度明显不足。具体而言，私募股权基金、首次公开募股（IPO）、普通债券发行以及并购等纯市场化融资方式在养老产业中的应用较为有限。从实践来看，养老产业尚未形成成熟、可复制的商业模式，盈利前景不明朗，导致投资者和金融机构参与积极性不高。与此同时，现有的养老产业政策在精准性和可操作性方面存在缺失，难以有效激活市场主体的投资意愿，不仅制约了养老产业的资本获取能力，也在一定程度上阻碍了产业创新和规模化发展。

三 中国养老金融发展未来趋势研判

（一）养老金金融：委托投资步伐加速，私人养老金成为焦点

1. 推进第一支柱优化完善，着力提升财务可持续性

为解决基本养老保险基金地区间收支失衡问题，2021年12月，国务院办公厅发布《关于印发企业职工基本养老保险全国统筹制度实施方案的通知》（国办发〔2021〕48号），决定于2022年1月1日推进全国统筹改革，标志着城镇职工基本养老保险从省级统筹逐步向全国统筹模式过渡。随后，党的二十大报告、2024年政府工作报告均提出"完善养老保险全国统筹"，体现了中央对养老保险全国统筹的高度重视，未来将持续推动养老保险制度的优化，促进全国统一。

此外，优化基本养老保险相关参数也被提上改革日程。根据2024年9月全国人民代表大会常务委员会通过的《关于实施渐进式延迟法定退休年龄的决定》，从2025年1月1日起，我国将用15年时间，逐步将男职工的法定退休年龄从原60周岁延迟到63周岁，逐步将女职工的法定退休年龄从原50周岁、55周岁，分别延迟到55周岁、58周岁，有助于缓解人口老龄化高峰期的养老保险基金收支压力。展望未来，通过合理降低政策费率、做

实缴费基数、建立精算平衡机制等多项改革措施，将多管齐下增强制度的财务稳健性，促进养老保险制度可持续发展。

2. 着力推动私人养老金发展，构建完备的三支柱养老金体系

从中国三支柱养老金体系发展实践来看，第一支柱基本养老保险一支独大，第二支柱的企业年金覆盖率偏低，第三支柱个人养老金试点城市缴存积极性不高，发展不平衡不充分问题突出。面对日益加剧的人口老龄化趋势，仅仅依靠现收现付制的第一支柱难以实现"全覆盖、充足性、可持续"的战略目标。因此，构建结构合理、功能明确的三支柱养老金体系显得愈加紧迫，需要大力推进私人养老金的发展。具体而言，第二支柱方面，未来的工作重点为进一步扩大企业年金的覆盖面，通过简化参与门槛、提高领取灵活度、增强政策激励性等制度改革，吸引更多企业参与其中；第三支柱方面，个人养老金试点已满一周年，即将在全国范围内全面铺开，在政策支持和市场竞争的双重推动下，预计未来个人养老金覆盖面和参与人群将进一步扩大。

（二）养老服务金融：财富储备紧迫性凸显，优质产品需求广阔

1. 人口老龄化进入加速期，养老财富积累紧迫性提高

中国人口老龄化进程正迅速演进，预计于 2032 年前后进入超老龄化社会。根据联合国经济和社会事务部人口司《2024 年世界人口展望》的预测，65 岁及以上人口占总人口的比重将从 2024 年的 14.7%迅速提高到 2032 年的 20.0%，至 2070 年提高到 39.9%，随后维持高位至 21 世纪末。由此来看，进入超老龄化社会前的数十年时间为养老服务金融发展的关键期与窗口期，为防止出现"未备先老"的潜在风险，社会各界需要共同努力，积极倡议国民为老年生活进行财富规划，从而实现体面的养老生活。在此过程中，势必对长期、稳定、优质的养老金融产品的需求不断增加。展望未来，养老服务金融需求有望在未来数十年内呈现爆发式增长，为金融机构开拓新的蓝海市场，同时也为构建更加稳健、可持续的养老保障体系奠定基础。在这一背景下，政府、金融机构和个人需要协同努力，加快养老金融产品创

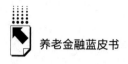

新，优化资源配置，以应对即将到来的人口老龄化高峰，确保国民享有更加安全、充足的养老生活保障。

2. 养老金融产品前景广阔，供给端创新势在必行

随着我国人口老龄化进程加速和养老金体系日趋完善，养老金融产品市场正迎来前所未有的发展机遇。第二、第三支柱的快速发展为"投资养老"提供制度安排，市场需要同步匹配合适的养老财富积累产品和养老财富消费产品，为供给侧金融机构的创新发展提供广阔空间，推动传统金融产品与养老服务深度融合。例如，保险行业需要将人寿保险与未来养老服务需求挂钩，设计跨代际养老保障产品等；面对长寿时代的养老金管理难题，资管行业需要提升全生命周期资产配置的专业实力；同时，需要将不动产等主要家庭资产转化为养老资金，这些都亟须金融创新来解决。此外，针对高龄、失能、失智和失独老人的特殊金融服务，以及金融资产代际传承等领域，都是养老金融创新的重要方向。借鉴国际经验、立足中国国情，鼓励制度创新，形成中国特色的养老金融体系，是应对人口老龄化的必然选择。

（三）养老产业金融：产融深度结合，科技赋能养老产业

1. 资本持续入局，产融深度结合构建养老产业生态圈

在中国人口老龄化进程加速及金融"脱虚向实"改革深化的双重背景下，养老产业将成为未来资本市场的新兴焦点，持续吸引资本流入。金融机构深度参与养老产业，能够在销售端吸引核心客户，在服务端提供更加全面的服务，并与金融主业形成协同效应。对于保险公司而言，布局养老产业可推动保险产品创新，降低客户老年期支付风险；银行机构能够拓展普惠金融服务范畴，开发针对性的养老信贷产品；信托公司则可在家族财富传承和养老资产管理方面发挥独特优势；基金机构通过投资养老产业相关金融工具，可以扩大资产配置范围，不仅能够提升投资组合的稳定性和潜在回报，还能分享行业长期增长红利。

2. 科技赋能，智慧康养产业加快发展

银发经济覆盖面十分广泛，但现阶段相关产业主要集中在餐饮、护理、保健等基础养老需求方面。随着社会经济的进步与发展，老年人多元化、差异化、个性化的需求尚未得到有效满足。针对这样一些产业短板弱项，国务院办公厅于 2024 年 1 月印发的《关于发展银发经济增进老年人福祉的意见》结合供给端的发展基础，依据老龄群体和备老人群的需求特征，从老年人自身需要的老年用品、智慧健康养老产品和康复辅助器具，到抗衰老、养老金融和老年旅游等高品质服务，再到全社会适老化改造，重点谋划了七大潜力产业。其中重点提到要"打造智慧健康养老新业态"，即主要利用物联网、云计算、大数据、智能硬件等新一代信息技术，围绕老年人的生活起居、安全保障、保健康复、医疗卫生等方面需求，提供智能化的产品和服务。

四　中国养老金融发展的建议与思考

（一）养老金金融：优化体系结构，促进三支柱协调发展

1. 厘清责任、科学测算，做实做大第一支柱基金储备

长远来看，我国第一支柱的可持续发展需要同步考虑历史债务问题与未来支出压力，并提前做好政策准备。第一，机关事业单位养老保险制度转轨成本尚未得到明确安排，需要加强研究，充分认识制度并轨带来的财政压力。2019~2023 年，机关事业单位基本养老保险的财政补贴占比明显高于企业职工基本养老保险，平均达到 37%，反映出制度并轨后个人账户空账的严峻现状。为缓解日益增大的财政兜底压力，建议深入研究转轨成本补充机制，科学测算并优化未来财政负担。第二，作为国家战略储备的全国社保基金，应加快做大储备规模应对人口老龄化高峰期的支出需求。目前，全国社保基金的覆盖能力呈下降趋势，仅能满足约 5 个月的基本养老保险支出。为应对未来人口老龄化高峰期，建议在有限时间窗口内，通过多种方式加快扩大全国社保基金储备规模，以增强其作为储备基金的保障能力。

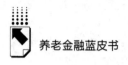

2.简化企业年金设立程序，探索建立简易企业年金计划

当前多数企业未选择建立年金计划主要原因包括经济实力欠缺、建立流程烦琐、参与门槛较高等。在制度方面，可以将简化企业年金订立程序和参与门槛作为优先事项，一是不再将集体协商、企业盈利能力作为前提条件，并优化企业备案流程；二是放宽 5 倍高平差政策、允许优秀人才优先参保，发挥企业年金在留人用人方面的激励作用。进一步地，可以探索以市或者省为单位，建立简易企业年金计划。其核心是，在政府部门指导下，引入专门的简易年金计划运营机构，建立并管理简易年金计划平台，为参与单位和职工提供专业服务。而拟建立企业年金的企业，只需要申请加入该简易年金计划，不需独立完成较为复杂的申报手续，并在加入后为其开设简易企业年金计划账户。更为重要的是，省去了企业年金计划建立后基金投资运营过程中相关专业工作。同时，对于中小企业来说，加入政府牵头的简易企业年金计划，还能实现聚少成多的规模效应。

3.政策端与产品端共同发力，增强个人养老金吸引力

扩大个人养老金覆盖面，增强个人养老金制度吸引力，提高个人参与积极性是重中之重。第一，多措并举增强个人参与积极性。一是允许夫妻双方为对方个人养老金账户缴费；二是鼓励用人单位为员工参与提供专业支持；三是探索对灵活就业人员、独生子女、失独父母等特定群体提供配套财政补贴，发挥杠杆效应。第二，完善个人养老金税收优惠政策。一是建议个人养老金可以统筹使用个人所得税专项扣除额度。个人未使用的专项扣除项，可定向调剂给个人养老金统筹使用，加大税收优惠支持力度。二是考虑采取"TEE"税优模式。将领取阶段的 3% 税收前置，改为在缴费阶段缴纳。由于我国目前暂不征收资本利得税，缴纳阶段设置 3% 的税率，不仅适当提升了对中高收入群体的激励作用，也避免了对不缴纳个人所得税群体的负向激励。

（二）养老服务金融：供需双方协同推进，激发市场潜力

1.增强国民经济基础，推行养老金融教育

国民养老储备与经济收入水平和养老金融素养密切相关。经济收入水平

方面，国民收入差距过大会严重影响国民养老储备能力，需要通过促进实现充分就业目标、初次分配和再分配相结合的手段，拓展国民收入来源渠道，提高国民收入水平。养老金融素养方面，养老金融教育作为人口老龄化国情教育的重要内容，有助于提高国民的养老金融素养和长期养老规划意识，提升养老金融专业知识水平，增强风险防范意识，培养健康理性的投资理念。未来，需要充分发挥政府部门的主导作用、行业协会的指引作用和金融机构的主体作用，建立完备的养老金融教育体系。

2. 规范养老服务金融市场，创新养老金融产品供给

人口老龄化加速和养老需求多元化对高质量养老金融产品提出了迫切需求，需要加快推进养老服务金融市场的供给侧改革，建议从产品创新和市场监管体系优化两个维度协同推进。在产品创新方面，金融机构应开展充分的市场调研，利用金融科技手段，深入挖掘老年群体的异质性需求，开发具有差异化风险收益特征和生命周期适应性的养老金融产品组合。与此同时，相关部门应重点完善市场监管框架，构建统一的信息披露平台，强化行业标准和审慎监管指引，以提升市场透明度和运行效率，从而避免"劣币驱逐良币"现象。产品创新与监管升级的双轮驱动，有助于构建公平、透明、规范的养老服务金融市场，为市场主体丰富和创新养老金融产品的供给提供可能，并增强消费者信心。

（三）养老产业金融：构建多层次供给体系，畅通多元化融资渠道

1. 构建多层次供给体系，推动养老产业创新与可持续发展

养老产业的发展离不开资金支持，面对当前投资回报率较低的融资困境，关键在于构建"低端有保障，普惠有供应，高端有选择"的多层次供给体系，以匹配供需并实现稳定盈利。行业参与者需深入研究老年群体的多样化需求及其支付意愿，开发针对性产品与服务。在满足基本养老需求的前提下，为大众提供价格合理、质量可靠的普惠性服务，同时满足高端市场对个性化、高品质服务的需求。通过构建多层次供给体系覆盖不同收入水平和需求层次的老年群体，既确保社会公平，又激发市场活力。通过持续创新和

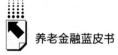

精准定位，养老产业不仅能够提升服务质量，还能形成可持续的商业模式，从而吸引更多资本的长期投入，推动整个行业的良性循环和健康发展。

2. 拓宽市场主体融资渠道，打通养老产业资本上市及 REITs 通道

养老产业重资产养老项目投资体量大、投资回收周期长，目前仍以政府主导的投资为主，需要畅通融资渠道，降低融资成本，激发市场主体活力。一方面，建议政府出台鼓励优质养老企业上市的专项政策，打通资本通道；另一方面，鉴于养老产业与商业不动产的高度相似性，建议打通养老产业资本上市和 REITs 通道，由此，开发商能够有效提升资金回笼速度，投资者则通过长期持有优质资产获取稳定收益，实现养老产业不同环节的风险收益合理分配，有助于建立起稳定可持续的养老产业发展模式，推动行业长远健康发展。

参考文献

董克用、姚余栋主编《中国养老金融发展报告（2023）》，社会科学文献出版社，2023。
董克用、姚余栋主编《中国养老金融发展报告（2022）》，社会科学文献出版社，2022。
董克用、姚余栋主编《中国养老金融发展报告（2021）》，社会科学文献出版社，2021。
董克用、姚余栋主编《中国养老金融发展报告（2020）》，社会科学文献出版社，2020。

分 报 告

B.2

养老金金融：政策持续完善，
收益率中枢缓降

孙　博*

摘　要：　2023 年，我国养老保险制度改革持续深化。基本养老金运行总体平稳、全国统筹稳妥推进，企业年金制度扩面加速，个人养老金制度试行阶段发展平稳有序。投资监管和市场化运作不断加强。优化多项社保基金管理政策，持续加强年金合规监管，稳步推进基本养老保险委托投资。从投资效果看，年金长期收益水平可观但总体呈下行趋势，不同类型个人养老金产品受市场波动影响差异显著。从发展趋势来看，近年来，基本养老金收支缺口持续增大，全国社保战略储备增速放缓，投资收益处于低位，财政承压增大，制度改革受限，养老金的可持续性面临挑战。未来，建议多措并举提升基本养老保险制度可持续性、加强企业年金制度提质扩面、完善个人养老金制度并提升参与度，全面推动我国多层次、多支柱养老保

---

* 孙博，管理学博士，金融学博士后，信安金融集团中国区首席养老金融专家，清华五道口养老金融 50 人论坛副秘书长，主要研究方向为养老金融。感谢桑敏、崔陈晨、朱智慧、杨海燕对本文的贡献。本文仅代表个人观点，与供职单位无关。

险体系高质量发展。

关键词： 社保基金 基本养老金 企业年金 职业年金 个人养老金

一 年度行业情况

（一）全国社保基金：基金规模稳步扩大，多措并举提升长远储备能力

第一，全国社保基金储备规模持续扩大。2023 年末，社保基金资产总额 3.01 万亿元，扣除短期负债，社保基金权益总额为 2.66 万亿元。截至 2023 年末，财政性拨入全国社保基金资金和股票累计 1.14 万亿元，其中一般公共预算拨款 3798.36 亿元，国有股减转持资金和股票 2841.32 亿元，彩票公益金 4612.32 亿元，国有资本经营预算 100.00 亿元，罚没股票划转充实社保基金 88.71 亿元。①

第二，优化投资政策，修订社保基金投资管理办法并征求意见。2023 年 12 月 6 日，财政部联合人力资源和社会保障部发布《全国社会保障基金境内投资管理办法（征求意见稿）》（简称《管理办法》），向社会公开征求意见，进一步规范投资行为。对于立法定位，明确《管理办法》主要针对全国社保基金境内投资。对于投资范围，一是将此前专项批复进行整合；二是结合金融市场发展变化，参考基本养老金和企业年金投资政策，调整全国社保基金投资范围；三是根据金融市场发展，适当增加套期保值工具。对于管理费率，考虑到已形成投资规模效应，适度下调管理费率上限。对于投资监管比例，将全国社保基金投资品种按照存款和利率类、信用固收类、股票类、股权类进行划分，并将境内和境外投资全口径纳入监管比例，并明确股票类、股权类资产最大投资比例分别为 40% 和 30%。

---

① 数据来源于全国社会保障基金理事会《全国社会保障基金 2023 年度报告》。

第三，出台专门政策，进一步规范划转国有资本的运作。2024 年 3 月，财政部、人力资源和社会保障部、国务院国资委印发《划转充实社保基金国有股权及现金收益运作管理暂行办法》（简称《办法》）。《办法》规定，扣除按规定上缴用于弥补企业职工基本养老保险基金缺口后的现金收益，中央层面由社保基金会进行投资运营；地方层面将不低于上年底累计现金收益的 50%，委托给社保基金会进行投资运营。此外，社保基金会管理的现金收益投资范围涵盖存款和利率类、信用固收类、股票类、股权类产品。《办法》对每类产品的投资比例作出了规定，明确应当按照公允价值计算。《办法》的出台有利于规范划转的国有资本运作管理，促进划转的国有股权及现金收益安全，同时也为承接主体开展国有股权和现金收益运作管理提供政策依据。

第四，充分发挥长期资金、耐心资本作用，深入服务实体经济。2023 年 7 月，社保基金会主导设立社保基金中关村自主创新专项基金，通过市场化方式为科创企业提供长期稳定的权益资金，支持科创企业发展，在服务高水平科技自立自强和建设现代化产业体系中实现保值增值，同时助力北京国际科技创新中心和中关村世界领先科技园区建设。此外，社保基金会在与中央企业加强合作，携手加快建设现代化产业体系方面，不断探索实践路径。

（二）基本养老金：基金运行总体平稳，全国统筹稳步实施

第一，养老保险覆盖面进一步扩大，基金收支总体平衡，稳妥推进全国统筹。根据人力资源和社会保障部统计公报数据[①]，截至 2023 年底，全国基本养老保险参保人数达 10.7 亿人，比 2022 年底增加 1336 万人。其中，城镇职工基本养老保险参保人数为 5.2 亿人，比上年末增加 1766 万人；城乡居民基本养老保险参保人数近 5.5 亿人，比上年末减少 430 万人。从基金结余情况来看，2023 年城镇职工基本养老保险基金收入 7.05 万亿元，基金支出 6.38 万亿元；历史累计结余由 2022 年末的 5.69 万亿元增加到 2023 年

---

① 人力资源和社会保障部：《2023 年度人力资源和社会保障事业发展统计公报》，https://www.mohrss.gov.cn/SYrlzyhshbzb/zwgk/szrs/tjgb/202406/W020240617617024381518.pdf。

末的 6.36 万亿元，增幅 11.86%。城乡居民基本养老保险累计结余由 2022 年末的 1.30 万亿元，增加到 2023 年末的 1.45 万亿元，增幅 12.13%。财政补助力度不断加大，2023 年中央财政安排基本养老保险补助资金约 1 万亿元，重点向基金收支困难的中西部地区和老工业基地倾斜。企业职工基本养老保险全国统筹制度也在稳妥推进，2023 年全国统筹调剂资金规模达到 2716 亿元，有效解决了地区间养老负担和基金结余分布不均衡问题。

第二，基本养老金待遇持续提升。2024 年 6 月 18 日，人力资源和社会保障部与财政部联合印发《关于 2024 年调整退休人员基本养老金的通知》，明确从 2024 年 1 月 1 日起，为 2023 年底前已按规定办理退休手续并按月领取基本养老金的企业和机关事业单位退休人员提高基本养老金水平，总体调整水平为 2023 年退休人员月人均基本养老金的 3%，较上一年 3.8% 的涨幅下调 0.8 个百分点。截至 2024 年，基本养老金待遇已经实现连续 20 年上涨。此次调整继续采取定额调整、挂钩调整与适当倾斜相结合的调整办法。

第三，基本养老保险基金委托运营工作稳步推进。截至 2023 年末，基本养老保险基金实际投资运营规模 1.86 万亿元（包括地方养老基金权益 1.85 万亿元和风险基金 94.17 亿元两部分），较 2022 年末增加 0.24 万亿元，涨幅 15%。涨幅在近 5 年持续下跌后实现小幅反弹，当年委托权益增量为近 3 年最高（见图 1）。2023 年 6 月 20~21 日，人力资源和社会保障部召开社会保险基金监管工作座谈会，动员部署社会保险基金管理巩固提升行动，推动健全社保基金保值增值和安全监管体系，切实担负起保障基金安全的政治责任。

（三）年金基金：积累规模突破5万亿元，第二支柱扩面提速

第一，年金基金发展势头良好，整体规模超 5 万亿元。企业年金方面，2024 年企业年金发展迎来 20 周年①，市场规模增速探底回升。截至 2023 年末，企业年金积累基金规模达到 3.19 万亿元，首次突破 3 万亿元；较上年

---

① 2004 年 5 月 1 日，《企业年金试行办法》（劳动和社会保障部令第 20 号）、《企业年金基金管理试行办法》（劳动和社会保障部令第 23 号）正式落地实施，至 2024 年 5 月，企业年金制度实施满 20 年。

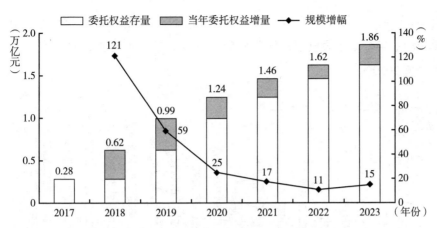

图1 2017~2023年基本养老保险基金委托权益规模及增长情况

资料来源：全国社保理事会。

末增加 3156 亿元，规模增速重回两位数至 10.99%（见图 2）。建立年金的企业数 14.2 万家，年度增速较上年提升至 10.71%；参加职工数超 3144 万人，较上年新增 134 万人，年度增速 4.44%（见图 3）。建立计划总数 1895个，较上年新增 35 个，年度增速下降至 1.88%，达到历史低点（见图 4）。集合计划规模首超 3000 亿元，规模增速在经历 2022 年的低速增长后，提升至 17.52%。职业年金方面，投资运营稳步推进，投资运营规模持续扩大。截

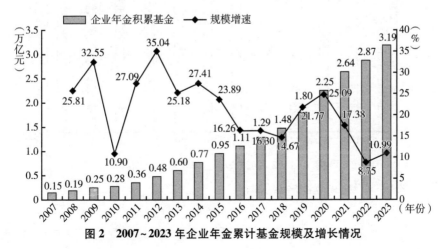

图2 2007~2023年企业年金累计基金规模及增长情况

资料来源：人力资源和社会保障部。

至 2023 年末，全国 31 个省（自治区、直辖市）、新疆生产建设兵团和中央单位职业年金基金投资运营规模 2.56 万亿元，较上年增加 0.44 万亿元，规模增速 20.9%。

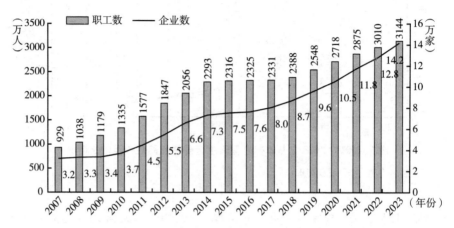

图 3　2007～2023 年企业年金建立企业数及参加职工数

资料来源：人力资源和社会保障部。

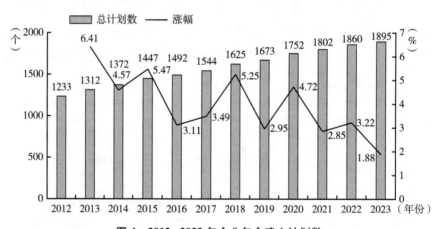

图 4　2012～2023 年企业年金建立计划数

资料来源：人力资源和社会保障部。

第二，年金养老金产品规模保持低速增长，产品数量进一步减少。规模方面，截至 2023 年末，全市场年金养老金产品总规模 2.29 万亿元，较 2022

年增加1145亿元，增速进一步下降至5.26%（见图5）。数量方面，2023年全市场共运作年金养老金产品586只，较2022年减少9只，同比减少1.51%，产品数量连续两年下降（见表1）。产品化率方面，截至2023年末，全市场产品化率为40.09%，较2022年下降3.90个百分点。从产品规模和年金基金规模的增长幅度来看，2023年产品规模增长率（5.26%）低于年金规模增长率（15.49%）。受托直投业务方面，截至2023年末，全市场受托直投年金养老金产品规模为429.34亿元，较2022年减少53.93亿元，下降11.16%。受托直投规模占年金养老金产品总规模的比重从2022年的2.22%进一步下降到1.88%；占企业年金总规模的比重也从2022年的1.74%下降到1.36%。

图5　2013~2023年年金养老金产品规模及年度增长率

资料来源：人力资源和社会保障部。

表1　2019~2023年年金养老金产品数量和增幅

单位：只，%

年份	产品数量	增量	增幅
2019	456	132	40.74
2020	546	90	19.74
2021	604	58	10.62
2022	595	-9	-1.49
2023	586	-9	-1.51

资料来源：人力资源和社会保障部。

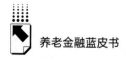

第三，营造良好年金行业生态，促进安全合规运营。2023年，人力资源和社会保障部开展了为期一年的年金基金安全规范投资运营宣传教育活动，要求各年金基金管理机构自行组织开展系列宣传教育活动，正确宣导年金基金管理政策，引导理性认识资本市场风险收益，传导符合年金基金特征的长期投资、价值投资、稳健投资理念，强化安全规范和合规运营意识。同时，人力资源和社会保障部常态化开展年金基金管理机构现场检查和非现场监管，进一步规范年金基金合规运营，促进年金业务健康发展。

第四，年金制度扩面持续推进，各地陆续出台推动中小企业建立或加入年金计划的相关政策。对于国有企业，力推全员覆盖，允许各类用人单位采取低缴费比例起步、逐步扩大职工覆盖比的方式。对非公经济组织等，支持先行为骨干人员、核心人才建立企业年金。如江苏、浙江、北京、上海、安徽出台人才年金集合计划，允许企业发展所需的人才在依法参加基本养老保险的基础上，自愿加入企业年金计划。此外，部分地区还将机关事业单位非编人员纳入年金覆盖范围。例如，上海多所高校已为约4000人的科研及管理序列的编外人员建立企业年金计划；苏州为200多家机关事业单位的公益性岗位人员建立了企业年金计划。

同时，部分经济条件较好的地区，鼓励为参加企业年金集合计划的人员提供财政补贴。如江苏省无锡市惠山区在全国首创"惠山工匠"激励年金计划，通过专门设立"惠山工匠"基金，为进入惠山工匠名单的职工缴纳企业年金；上海临港新片区管委会对参加人才年金计划的员工给予适度资金激励，激励资金直接计入人才企业年金个人账户下的激励资金子账户，激励资金额度按照人才层次标准设定为每人每年2500元、5000元、7500元、10000元四档。

（四）个人养老金：稳步推进先行试点，"开户热、缴费投资冷"现象突出

第一，个人参与制度积极性高。截至2023年末，个人养老金参与人数

已经突破 5000 万[1]。从覆盖率来看，36 个先行城市（地区）基本养老保险参保人为 2.75 亿人，剔除已领取基本养老金的人数后，"合格"制度参与人约为 2 亿人[2]，个人养老金覆盖率在 25% 左右。此外，在政府、机构和媒体的大力推动下，个人养老金制度的宣传普及率已达到相对较高水平。《麦肯锡中国退休养老调研》数据显示，在调查样本人群中，"了解过""了解""非常了解"个人养老金的比重近 80%。

第二，养老金融产品供给矩阵初步形成。一方面，个人养老金产品稳定扩容、持续优化。截至 2023 年末，共 753 只产品纳入可投产品目录，其中个人养老金储蓄 465 只、个人养老金理财 19 只、个人养老金保险 107 只、个人养老金基金 162 只。各类产品风险收益特征区分度较高，可满足不同群体个人养老金投资需求。另一方面，金融机构持续探索创新，形成系列养老金融试点产品，为个人养老金产品供给形成优质产品储备池。2023 年，保险行业推出商业养老金试点，支持锁定账户与持续账户双账户管理。截至 2023 年末，商业养老金累计开户超 59 万个，规模达 180 亿元[3]。

第三，活跃参与人比重不高。一是缴费人数占参与人数比重较低。以 2023 年第一季度数据为例，相对于 4030 万开户人数而言，实际缴存的活跃参加人仅为 900 万人[4]，缴费人数远低于开立账户的人数，且占比过低，仅为 22%。二是账户平均缴费额较低。以 2023 年第一季度数据为例，按两年税优额度上限（2.4 万元/人）计算，参与人缴费上限应为 9672 亿元，但参与人实际缴存金额是 182 亿元，仅占上限额度的 1.9%。三是有效投资不足。以 2023 年第一季度数据为例，实际投资 110 亿元，仅占缴费金额 182 亿元的 61%，其余缴存资金均沉淀为开户银行的活期存款。

---

① 数据来源于人力资源和社会保障部 2024 年 1 月 24 日新闻发布会。根据 2024 年 5 月 24 日人力资源和社会保障部披露最新数据，截至目前，已有超过 6000 万人开通了个人养老金账户。

② 按国际通行统计方式，合格制度参与人为 15~64 岁人群。

③ 《金融服务经济社会高质量发展》，中国政府网，https://www.gov.cn/zhengce/202401/content_6928326.htm。

④ 人力资源和社会保障部仅公布了个人养老金开户数、2022 年 12 月和 2023 年 3 月的缴费户数和缴费金额。故以 2023 年 3 月数据为样本，观察个人参与个人养老金整体情况。

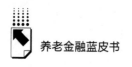

二 年度投资运营情况

（一）全国社保基金

2023 年，受多重经济挑战和政策调整影响，全球资本市场整体呈现增长放缓、风险上升的态势。在此背景下，全国社保基金 2023 年投资收益额 250.11 亿元，投资收益率 0.96%（扣除非经常性损益后的投资收益率为 1.02%），相较 2022 年已回升至正收益水平（见图 6）。截至 2023 年末，社保基金实现成立以来累计投资收益额 1.68 万亿元，年均投资收益率达 7.36%。

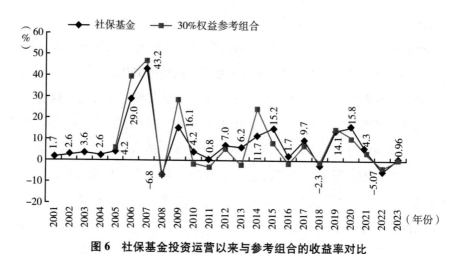

图 6 社保基金投资运营以来与参考组合的收益率对比

资料来源：全国社会保障基金理事会及 Wind 等公开数据整理。

参考基金运作实践，我们构建了权益 30%、固收 70% 的参考组合，作为社保基金的基准组合，客观评价社保基金投资运作情况。选取沪深 300 全收益指数和中证全债指数分别模拟权益和固收资产，按照年度进行再平衡，并选取指数基期（2004 年 12 月 31 日）进行测算。数据显示，社保基金 2005 年以来年化投资收益率为 8.37%，略高于同期参考组合 8.27% 的年化投资收益水平。此外，分别以近 10 年、5 年和 3 年口径计算，社保基金都能获得一定超额收益（见表 2）。

表 2　社保基金与参考组合中长期业绩对比

单位：%

测算周期	社保基金年化收益率	30%权益参考组合年化收益
长期（2005~2023 年）	8. 37	8. 27
近 10 年（2014~2023 年）	6. 36	6. 02
近 5 年（2019~2023 年）	5. 72	4. 96
近 3 年（2021~2023 年）	-0. 02	-0. 16

资料来源：全国社会保障基金理事会及 Wind 等公开数据整理。

（二）基本养老金

截至 2023 年末，基本养老保险基金资产总额 22315.52 亿元，扣除在投资运营中形成的短期负债后的权益总额 18555.03 亿元。2023 年社保基金会受托管理的地方养老基金投资收益率为 2.42%，较上年上涨 2.09 个百分点，保持了年度正收益。自 2016 年底受托运营以来，地方养老基金累计投资收益额 3066.71 亿元，年均投资收益率 5.00%。此外，风险基金于 2023 年正式独立投资运营，投资收益率 2.41%（见图 7）。

为客观评价基本养老金投资运作情况，我们参考基金运作实践，构建了权益 15%、固收 85%的参考组合作为投资基准，并用沪深 300 全收益指数和中证全债指数分别模拟权益和固收资产，按照年度进行再平衡。测算显示，基本养老金投资运营以来 5.00%的实际年化投资收益，高于同期参考组合 4.46%的年化收益水平，体现了基本养老金投资的超额收益获取能力。

（三）职业养老金

1. 企业年金

企业年金投资运作规模增速及组合总数增幅较上年均有所回升。2023

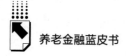

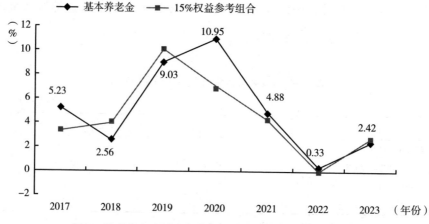

图7 基本养老金投资运营以来与参考组合的收益率对比

资料来源：全国社会保障基金理事会及 Wind 等公开数据整理。

年全国企业年金建立投资组合数 6002 个，较 2022 年增加 615 个，组合数增速 11.42%。实际投资运营规模 3.15 万亿元，较上年末增加 3157 亿元，同比增长 11.31%（见表3）。

表3 2014~2023 年企业年金投资管理规模以及建立组合数情况

年份	投资资产净值（万亿元）	涨幅（%）	总组合数（个）	涨幅（%）
2014	0.74	28.00	2740	8.77
2015	0.93	25.09	2993	9.23
2016	1.08	16.15	3207	7.15
2017	1.25	16.56	3568	11.26
2018	1.45	15.67	3929	10.12
2019	1.77	21.98	4327	10.13
2020	2.21	25.21	4633	7.07
2021	2.61	17.73	4965	7.17
2022	2.83	8.61	5387	8.50
2023	3.15	11.31	6002	11.42

资料来源：人力资源和社会保障部。

长期收益水平可观，但总体呈下行趋势。2023 年企业年金市场当年加权平均收益率为 1.21%，录得正收益（见图 8）；2021~2023 年年化收益率从 2020~2022 年的 4.48% 下滑至 1.53%；2019~2023 年年化收益率从 2018~2022 年的 4.94% 小幅下滑至 4.57%。2023 年，单一计划收益率 1.16%，低于集合计划平均收益率 1.66%。细分来看，单一含权组合收益率 0.95%，略高于公募二级债基（与单一含权年金组合股债配比类似）同期平均收益率 0.40%；单一计划固收组合 2023 年的收益率为 3.46%，略低于同期中长期纯债基金平均收益率 3.66%①。此外，集合计划固收、含权组合 2023 年的收益率分别为 3.05%、0.53%，均略低于单一固收、权益组合同期收益。2007 年至 2023 年末，企业年金累计投资收益率达 180.62%，年化平均收益率为 6.26%。

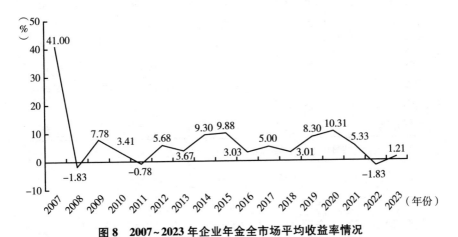

图 8　2007~2023 年企业年金全市场平均收益率情况

资料来源：人力资源和社会保障部。

为客观评价企业年金基金投资运作情况，我们参考企业年金运作实践，构建了权益资产占比分别为 10%、15% 和 20% 的三个参考组合，并用沪深 300 全收益指数和中证全债指数分别模拟权益和固收资产，按照年度进行再平衡。测算结果显示，受近几年市场持续低迷影响，截至 2023 年末，企业

---

① 按照 Wind 基金分类，选取运作满期基金，规模加权计算所得。

年金近 5 年年化投资收益率为 4.57%，近 10 年年化投资收益率为 5.28%，虽整体较好保持了正收益水平，但与参考组合相比，均低于 10%、15% 和 20% 权益资产参考组合同期表现（见表 4）。

表 4　2014~2023 年企业年金投资运营与参考组合业绩对比

单位：%

项目	企业年金	10%权益参考组合	15%权益参考组合	20%权益参考组合
2014 年	9.30	15.32	17.57	19.83
2015 年	9.88	8.58	8.51	8.43
2016 年	3.03	0.88	0.31	−0.25
2017 年	5.00	2.12	3.35	4.58
2018 年	3.01	5.60	3.97	2.35
2019 年	8.30	8.38	10.09	11.80
2020 年	10.30	5.73	7.07	8.42
2021 年	5.33	4.73	4.27	3.81
2022 年	−1.83	1.16	−0.01	−1.18
2023 年	1.21	3.57	2.74	1.91
近 10 年年化收益率	5.28	5.53	5.67	5.80
近 5 年年化收益率	4.57	4.69	4.77	4.85

资料来源：人力资源和社会保障部及 Wind 等公开数据整理。

2. 职业年金

截至 2023 年底，全国 31 个省（自治区、直辖市）、新疆生产建设兵团和中央单位职业年金基金投资运营规模 2.56 万亿元。自 2019 年启动投资运营以来①，全国职业年金基金年均投资收益率 4.37%，整体稳健良好。

测算显示，与参考组合相比，职业年金 2019 年以来年化收益低于企业年金同期整体收益水平，也低于 10%、15%、20% 权益仓位的模拟组合同期年化收益水平（见表 5）。

---

① 2019 年 2 月 27 日，中央国家机关及所属事业单位（壹号）职业年金计划第一笔缴费划入受托财产账户，职业年金正式开启市场化投资运营。

表5　2019~2023年职业年金投资运营业绩对比

单位：%

项目	近5年(2019~2023年)年化收益率
职业年金	4.37
企业年金	4.57
10%权益参考组合	4.69
15%权益参考组合	4.77
20%权益参考组合	4.85

资料来源：人力资源和社会保障部及Wind等公开数据整理。

3. 年金养老金产品

2023年全市场投资运作的年金养老金产品当年整体实现投资正收益，为2.31%。近5年年化投资收益率为4.94%，略高于企业年金整体年化收益率4.57%（见表6）。

表6　2019~2023年年金养老金产品整体投资收益情况

单位：%

项目	2019年	2020年	2021年	2022年	2023年	近5年年化收益率
整体收益率	7.99	9.27	5.34	0.08	2.31	4.94

资料来源：人力资源和社会保障部等公开数据整理。

分产品类型看，2023年股票型养老金产品录得投资运作历史上第四次负收益，当年平均收益率-10.38%，但仍要高于偏股混合型基金-13.91%的年度收益率；混合型养老金产品业绩重回正收益，当年投资收益率为1.42%，高于二级债基0.40%的年度业绩表现；固定收益型养老金产品整体收益率较2022年有小幅提升，当年平均收益率为3.74%，略高于中长期纯债基金业绩3.66%；货币型养老金产品当年平均收益率为2.92%，也高于同期货币型基金1.93%的年度收益率。总结来看，各类型年金养老金产品2023年投资收益率均高于对标的公募基金平均收益，体现了年金投资管理人较好的投资能力。

其中，混合型养老金产品与企业年金单一含权组合资产配置相似，业绩具有一定可比性。混合型养老金产品 2023 年业绩（1.42%）明显高于企业年金单一计划含权组合市场平均收益（0.96%）（见图 9）。固收普通型养老金产品与企业年金单一计划固收组合资产配置相似，对比来看，2023 年固收普通型养老金产品当年收益率略高于企业年金单一计划固收组合（见图10）。从近 5 年和近 10 年维度来看，混合型养老金产品表现整体也要优于企业年金含权标准组合，对应平均收益率分别为 5.18% 和 4.73%、6.17% 和5.43%；固收普通型养老金产品与企业年金单一计划固收组合的长期收益率比较结果也呈相同趋势，分别为 4.46% 和 4.38%、5.46% 和 4.98%。在一定程度上体现出年金养老金产品集聚了投管人的优质资源，其作为资产配置工具在提升运营效率和投资收益上能够起到重要作用。

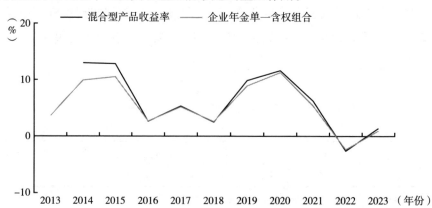

图 9 2013~2023 年混合型养老金产品与企业年金单一含权组合投资收益率对比

资料来源：人力资源和社会保障部。

（四）个人养老金

一是储蓄产品收益稳定，较普通存款具有利率比较优势。截至 2023 年末，有 22 家银行发行的 465 只储蓄产品纳入个人养老金产品目录。利率从高到低依次为城商行、股份行、国有行。期限越长，利率越高，平均利率在1.67%~3.39%。专属存款高于同期限普通存款 0.5 个百分点左右，特定养老储蓄高于同期限普通存款 1 个百分点左右（见表 7 和表 8）。

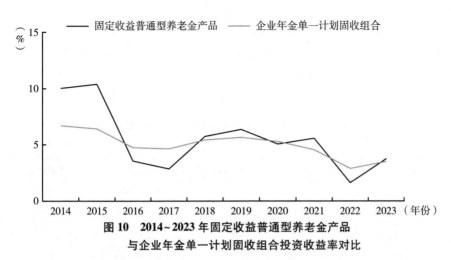

**图10　2014～2023年固定收益普通型养老金产品
与企业年金单一计划固收组合投资收益率对比**

资料来源：人力资源和社会保障部。

表7　不同类型专属存款利率平均值

单位：%

存期	六大国有行	11家股份行	5家城商行
1年	1.67	1.96	2.12
2年	1.86	2.16	2.53
3年	2.28	2.59	3.16
5年	2.33	2.66	3.39

资料来源：公开信息整理。

表8　某股份银行专属存款利率分布

单位：%

存期	个人养老金专属存款	普通存款
1年	1.95	1.45
2年	2.15	1.65
3年	2.60	1.95
5年	2.65	2.00

资料来源：某股份银行官网。

　　二是受资本市场波动影响，基金产品亏损面较大。截至2023年末，162只养老目标基金Y份额纳入个人养老金产品目录，59只为目标日期基金，

103 只为目标风险基金。其中，运作满 1 年的产品 133 只，仅 17 只产品实现正收益。2023 年的平均①收益率为-4.09%，中位数为-3.88%，最高收益为3.97%，最低收益为-15.99%（见表9）。

表9 2023 年个人养老金基金收益表现情况

单位：%

产品一级分类	产品二级分类	平均收益率	细分类别	平均收益
养老目标基金（Y 份额）-4.09	目标日期基金	-7.01	2025~2030 年	-3.73
			2033~2035 年	-6.22
			2038~2040 年	-7.31
			2043~2045 年	-8.11
			2050 年	-11.01
	目标风险基金	-2.33	1 年持有期	-1.27
			3 年持有期	-4.49
			5 年持有期	-8.29

资料来源：济安金信养老金研究中心。

三是保险产品结算利率稳健，进取账户收益普遍高于稳健账户。截至2023 年末，107 只保险产品纳入个人养老金产品目录。其中，税延商业养老保险产品 49 只②，专属养老保险产品 11 只，年金保险产品 31 只，两全保险产品 16 只。其中，2023 年 10 只专属商业养老保险产品③的稳健账户的平均结算利率为 3.57%，进取账户的平均结算利率为 3.84%（见表10）。

四是理财产品收益相对稳健，固收类产品收益优于混合类产品。截至2023 年末，5 家理财子公司发行的 19 只理财产品进入个人养老金产品目录。其中固定收益类产品 16 只，混合类产品 3 只。2023 年个人养老金理财产品平均收益 2.31%，固定收益类产品平均收益 2.54%，混合类产品平均收益 1.12%。

---

① 采用简单算术平均。
② 税延商业养老保险为未在售产品，2024 年不包含在个人养老金产品目录中。
③ 1 只产品在 2023 年 12 月停售，未公布结算利率。

表10 2023年专属商业养老保险产品结算利率情况

单位：%

名称	稳健账户结算利率	进取账户结算利率
国民共同富裕	4.15	4.25
新华养老盈佳人生	4.00	3.60
泰康臻享百岁	3.90	4.10
人保寿险福寿年年	3.85	4.00
国寿鑫享宝	3.80	3.30
康臻享百岁B款	3.80	4.00
太保易生福	3.60	3.80
新华保险卓越优选	3.50	3.50
太平盛世福享今生	3.00	3.80
太平岁岁今生	2.10	4.00
平均收益	3.57	3.84

资料来源：各保险公司官网。

三 行业发展趋势与挑战

（一）基本养老金与全国社保

1.基本养老金缴费和支出缺口持续增加，财政补贴压力巨大

近年来，职工养老保险基金保持着年度收支平衡。根据财政部披露的历年全国社会保险决算数据，企业职工基本养老保险和机关事业单位基本养老保险加总后的历年结余金额，大约与一年的基金支出相当。但是如果进一步分析可以看到，基金能够维持收支平衡离不开每年一定占比的财政补贴。以表11中列示的近年决算收支数据为例，过往5年职工基本养老保险基金的年均结余为55106亿元，相对稳定。但从基金收入结构看，历年征缴的保费收入无法完全覆盖当期基金支出，需要依靠财政补贴以实现当期收支平衡。

从财政补贴占比情况看，近5年财政补贴占当年基金总收入的年均占比为21.4%。从另一个角度看，2023年剔除财政补贴后的基金收益差额为-6969亿元，虽较上一年有所收窄，但从近5年维度看，剔除财政补贴后的当期基金收支缺口整体呈现扩大态势，基金实现收支平衡的压力在逐步增大。未来，随着经济增速逐步下行，财政自身压力将愈加增大，对基本养老保险基金的支持力度也将面临更大挑战。

表11 2019~2023年职工基本养老保险基金决算收支情况

单位：亿元，%

年份	基金收入	其中：缴费收入	占比	其中：财政补贴收入	占比	基金支出	基金结余	剔除财政补贴后基金收支差
2019	52631	39515	75.1	10319	19.6	48747	54448	-6434
2020	44633	28968	64.9	11720	26.3	51049	48532	-18136
2021	60196	44176	73.4	12763	21.2	56314	52415	-8880
2022	63150	47609	75.4	13020	20.6	58874	56691	-8744
2023	70329	53478	76.0	13722	19.5	63575	63444	-6969

资料来源：财政部历年全国社会保险基金收入/支出/结余决算表，包括企业职工基本养老保险和机关事业单位基本养老保险。

2. 退休人员养老金调整力度逐步下降是长期趋势，但要考虑与养老成本相挂钩

我国退休人员基本养老金的调整自2005年起开始实施。《关于完善企业职工基本养老保险制度的决定》（国发〔2005〕38号）明确，根据职工工资和物价变动等情况，国务院适时调整企业退休人员基本养老金水平。因此，养老金的调整受多重因素影响。从历史情况看，我国自2005年以来，连续20年调涨，但调增幅度自2016年出现拐点，调整力度呈逐步下降趋势。到2024年，年度调涨已从最初的两位数涨幅降至3%。这是在综合考虑我国经济发展和人口老龄化新形势后，适应我国经济社会发展逐步放缓趋势的审慎决策。通过表12中数据可以看出，我国GDP增速自2010年以后降到个位数的增长，2015年起基本降至7%以下；居民消费价格涨幅在

2012 年以后全部为 3% 以下；社平工资涨幅在 2012 年以前能稳定保持 10% 以上增长。

表 12　2005~2023 年基本养老金调整幅度及相关指标

单位：%

年份	基本养老金调整幅度	GDP 增速	CPI 涨幅	社平工资涨幅	养老成本指数涨幅
2005	8.5	11.4	1.8	14.3	—
2006	14.9	12.7	1.5	14.6	—
2007	9.9	14.2	4.8	18.5	—
2008	10.0	9.7	5.9	16.9	—
2009	10.0	9.4	−0.7	11.6	—
2010	10.0	10.6	3.3	13.3	—
2011	10.0	9.6	5.4	14.4	—
2012	10.0	7.9	2.6	11.9	—
2013	10.0	7.8	2.6	10.1	—
2014	10.0	7.4	2.0	9.5	—
2015	10.0	7.0	1.4	10.1	—
2016	6.5	6.8	2.0	8.9	—
2017	5.5	6.9	1.6	10.0	1.09
2018	5.0	6.7	2.1	10.9	2.50
2019	5.0	6.0	2.9	9.8	12.02
2020	5.0	2.2	2.5	7.6	0.96
2021	4.5	8.4	0.9	9.7	−0.52
2022	4.0	3.0	2.0	6.7	3.34
2023	3.8	5.2	0.2	5.8	−2.45

资料来源：人力资源和社会保障部、国家统计局、中国保险资产管理业协会。

　　虽然退休人员养老金调整力度已呈逐步下降的长期趋势，但仍需要考虑与养老成本相适应。进入退休阶段后，老年生活成本将与年轻时处于工作状态的生活需求有显著不同。因此，需要有专门的指标以精准反映居民的养老

成本变化。以中国保险资产管理业协会发布的中资协—生命资产中国养老成本指数[1]为例，自指数 2017 年发布以来，截至 2023 年末，近 7 年年均涨幅为 2.33%。从历史数据看，同期基本养老金的平均年度调整幅度高于该指数涨幅水平。因此，未来在调整基本养老金给付水平时，亦可参考养老成本指数等专门反映养老生活成本的指数情况，保障基本养老金调整幅度可满足正常的退休生活需要。

3. 全国社保基金规模增速下降，应对老龄化高峰期压力增加

近年来，我国养老金领取人数和支出规模不断增长。以城镇职工基本养老保险为例，领取人数已从 2019 年的 1.2 亿人增长至 2023 年的 1.4 亿人，近 5 年涨幅 15%。从基金领取规模情况看，以财政部公布的近 5 年城镇职工基本养老保险决算数据为例，基金年度支出由 2019 年的 4.9 万亿元逐步增长至 2023 年末的 6.4 万亿元，年度支出金额逐年增长。在我国老龄化趋势加剧的大背景下，养老金远期负担呈加重态势。

但从作为我国养老金储备支柱的全国社保基金看，其规模增速在逐步放缓。根据全国社保理事会披露的数据（见表 13），全国社保基金权益规模[2]虽然从 2019 年的 2.14 万亿元增长至 2023 年末的 2.61 万亿元，但从规模增速看已从 2019 年的 18.1% 显著下降至近两年的个位数，呈现逐步放缓态势。细分来看，全国社保基金权益规模的增长主要依靠财政拨付和投资增值两部分。数据显示，近年来，即便在全国社保基金受市场大幅调整影响、投资增值效果出现波动的情况下，历年累计财政拨付的规模增速都基本稳定在 3%~6%。这表明，财政对全国社保基金的支持力度是有限的。全国社保基金规模虽然在增加，但是增速下降，面临如何持续做大的挑战。在财政压力较大的情况下，全国社保基金增速放缓趋势可能持续。长此以往，全国社保基金作为战略储备资金应对老龄化的压力将增大。

---

[1] 《中资协—生命资产中国养老成本指数》，https://www.iamac.org.cn/xxyj/YLCB/201707/t20170731_4921.html。

[2] 不包括个人账户及部分省份委托投资部分。

表13　2019~2023年全国社保基金权益增长情况

单位：亿元，%

年份	全国社保基金权益	增速	累计财政拨付部分	增速	投资增值部分	增速
2019	21377	18.1	9596	5.1	11781	31.3
2020	24591	15.0	9910	3.3	14682	24.6
2021	25981	5.7	10271	3.6	15710	7.0
2022	25337	-2.5	10912	6.2	14425	-8.2
2023	26169	3.3	11420	4.7	14749	2.3

资料来源：历年《全国社会保障基金理事会社保基金年度报告》和《全国社会保险基金支出决算表》。

（二）职业养老金

1. 企业年金扩面各地均有探索，但是仍然存在明显制约

第一，以园区为主体限制了覆盖面和灵活性。目前，多地探索以开发区、高新区为单位的"区域性人才年金计划"，通过集体协商、自主加入的方式，建立涵盖园区内企业和员工的企业年金制度。但是，以园区为主体单位存在以下问题。一是园区企业覆盖面仍然较小，相当一部分单位参与人数较少，且员工流动性大，分散化程度高，影响整体管理效率。二是以园区为主体推进的速度相较其他扩面对象进展较慢。例如，苏州编外人员与园区人才企业年金计划的落地时间较为接近，但前者目前已基本实现对苏州市、县区级编外人员的广覆盖，而后者试点地区的参与企业和员工数仍较为有限。三是企业年金扩面探索需要协调人社、财政、金融等多个部门，形成合力推动制度创新与落实，而以园区为主体进行行政协同难度较大，在实施推进层面也较为困难。

第二，人力资源服务机构专业性不足，难以持续推进。目前，部分地区人才年金计划的推行主体是当地人力资源服务机构。但由于企业年金管理运营专业性强，需要管理机构在履行资产配置职能、提升机构管理能力、持续

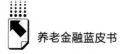

推进制度化和信息化建设等方面建立与年金精细化管理要求相匹配的管理手段和专业能力。人力资源服务机构对于年金管理领域的相关经验相对缺乏，同时缺少相应的专业人才配置，整体专业性不足。因此，以人力资源服务机构作为年金计划扩面推行主体，在进一步推进企业年金扩面方面可能存在一定局限。

2. 职业年金受制于经济和财政困难，虚账做实难度加大

一方面，目前国内改革发展任务艰巨繁重，经济下行压力加大。从政府的角度来看，需要更多的财力聚焦于经济发展。而职业年金虚账部分未来的支付问题，就是财政的远期负债。职业年金的虚账做实需要大量资金，在目前财政压力下，职业年金方面的财力投入更加困难，虚账做实压力难度加大。

另一方面，职业年金账户记账利率根据实账积累部分的投资收益率确定，实际收益率越高，财政支出的远期负担越大。在职业年金正式投资运作的4个完整年度里，经历了2020年、2021年较高的投资收益，参考公开的企业年金单一含权组合行业平均投资业绩，这两年职业年金虚账部分的记账利率累计超过17%，这样高水平的记账利率对于财政来说有做实的动力。但市场后续又经历了2022年、2023年的负收益和低收益，随之财政方面对于职业年金虚账做实的压力和意愿也在降低。

3. 年金基金收益率逐年走低，给各市场参与方都带来了较大压力

近年来年金投资环境出现较大变化，在利率长期下行和资本市场波动加剧趋势下，年金长期收益中枢下移，行业整体收益持续处于低位，过去三年的平均收益率仅为1.53%，这是年金基金市场化运营20年来前所未有的情况，给行业整体发展带来挑战。

一是年金计划参与者获得感不强。从近两年情况看，年金投资收益率持续低于定期存款，部分参与职工和委托人对年金投资能力产生了怀疑，特别是临近退休的员工群体，负收益或低收益在一定程度上会影响其领取金额。同时，员工获得感和满意度的下降，也对企业的年金管理思路和方式带来一定压力和影响。

二是市场各参与机构压力加大。年金投资收益率的持续回落，使委托人、代理人及受托人对年金投资正收益的诉求更加强烈。为达到收益目标，其对投管人的考核更加聚焦当下。在此情况下，投管人的投资操作容易追逐短期投资目标，偏离组合的风险偏好和投资政策，导致年金基金难以发挥其作为长期资金的优势。

三是不利于培育耐心资本和长期投资的行业文化。当前年金行业仍然受到短期投资理念驱动，难以建立长期投资评价体系，不利于打造长期投资文化。此外，虽然我国企业年金制度已实施 20 年，但仍然缺乏对年金计划参与者的持续投教，特别是对资产配置、长期投资、风险控制等既基础又重要的投资理念的普及，亟须进行中长期宣导。

（三）个人养老金

1. 第三支柱产品的养老属性有待进一步深化

个人养老金产品与市场其他金融产品没有显著区别是个人养老金发展的一大制约。这一现象出现的原因之一是，产品设计中对养老金融产品特有属性的理解和应用不足。第三支柱养老金融产品，较普通资管类金融产品，应具有以下三个方面的特性。一是目标更加多元。普通金融产品更多关注工作期的养老资产收益和积累，但养老金融产品不但要关注工作期积累，还要重视长达几十年的退休期的资产保值与稳定持续的养老金领取需求，是一类服务涵盖工作期和退休期全生命周期场景的金融产品。二是资金流特征不同。普通金融投资的资金流一般是一次性本金投入，或者本金加后续定投；而养老资金流则是在工作期逐步增加缴费，到退休时刻积累达到顶峰，然后出现持续领取至积累资金归零。三是风险承受曲线不同。普通投资主要是受投资者自身风险偏好的影响，而养老金投资还需考虑退休风险期的特殊情况。养老资金规模在退休前后达到顶峰，且这部分资金将作为整个退休期的主要生活资金来源之一，因此退休前后的投资风险承受能力实际较弱。整体来看，在设计开发第三支柱养老金融产品时，需要深刻理解养老资金投资的不同特点，以体现该类产品的差异化优势。

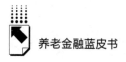

2. 现有部分产品模式应对资本市场波动和调整灵活性不足

净值型资管产品是个人养老金产品的一大类别，具有结构清晰、投资范围稳定、运作透明的优点。但是，由于其投资比例与范围已事先约定，故而在应对市场调整和波动时，灵活性稍显不足。以个人养老金基金产品为例，目前该类产品均为养老目标基金，采用 FOF 模式运作，主要投资于其他基金。按照投资策略，养老目标基金分为目标日期基金和目标风险基金，都采用成熟稳定的资产配置和投资策略，合理控制投资组合波动风险①。

但是我们也应该看到，较为稳定的策略难以应对资本市场的结构性调整。以 2023 年为例，资本市场波动较大，其中沪深 300、中证 500、创业板指数全线下跌，全年分别下跌 11.38%、7.42%、19.41%。同期养老目标基金收益表现受到较大影响。Wind 数据显示②，2023 年，养老目标日期基金平均回报为-7.42%，养老目标风险基金平均回报为-2.87%，平均最大回撤分别为-13.54% 和-7.24%。个人养老金基金表现介于二者之间，平均回报-4.09%，平均最大回撤-9.16%。尽管个人养老金作为长期资金，更加追求长期收益，但在制度刚刚起步阶段就遭遇收益率不佳的情况，影响了参与人的积极性，进而形成负向反馈效应。因此，在制度推行初期，金融产品需要稳健起步，以提升制度参与人的获得感，助力制度的整体纵深推进。

四 思考与建议

（一）基本养老金与全国社保基金

1. 加强对机关事业单位养老保险制度转轨成本的研究测算

数据显示，财政补贴对机关事业单位基本养老保险的支持效用最大。根

---

① 目标日期基金随着所设定目标日期（一般可视为退休日期）的临近，逐步降低权益类资产的配置比例，增加非权益类资产的配置比例，从而匹配投资者的风险承受能力变化；目标风险基金基于事先设定好的风险等级水平，通过限制投资组合的权益类资产配置比例或组合波动率等方法，将基金整体风险控制在预先设定的目标范围内，使产品的风险收益特征保持相对稳定。

② 选取有年度回报的满期产品计算，涉及 TDF 141 只、TRF 200 只。

据财政部每年披露的全国社会保险基金决算数，2019～2023年，财政补贴占企业职工基本养老保险收入的年均比例为16%，但财政补贴占机关事业单位基本养老保险基金收入的年均比例为37%（见表14）。机关事业单位人员的收入依靠财政，且改制过程中还需考虑养老金水平的刚性要求。因此，随着退休金待遇的逐步提升，改革过程中财政承担的兜底压力越来越大，但财政的负担能力有限，这一矛盾如不及时应对，会对未来基本养老保险发展的可持续性带来挑战。

表14　2019～2023年企业和机关事业单位基本养老保险收入及财政补贴情况

单位：亿元，%

年份	企业职工基本养老保险			机关事业单位基本养老保险		
	基金收入	财政补贴	财政补贴占比	基金收入	财政补贴	财政补贴占比
2019	38175	5588	14.6	14456	4731	32.7
2020	30706	6271	20.4	13927	5448	39.1
2021	44454	6613	14.9	15742	6150	39.1
2022	47933	7106	14.8	15217	5914	38.9
2023	53370	7731	14.5	16959	5991	35.3

资料来源：财政部历年《全国社会保险基金收入决算表》。

造成这一现象的部分原因是机关事业单位养老保险制度改革转型的转轨成本没有明确安排。机关事业单位人员退休养老收入此前完全由财政负担，并没有个人账户积累。制度并轨后，机关事业单位养老保险的个人账户空账部分并没有专门的规划安排。因此，建议加强对机关事业单位养老保险制度转轨成本补充问题的研究，充分认识到制度并轨带来的财政压力，科学计算转轨成本，全面预估未来的财政负担情况。

2. 探索全国社保基金的合意规模

全国社保基金作为储备基金，其目标是应对人口老龄化高峰时期的养老金支付需要。从远期来看，社保基金应该通过精算方式，明确其在不同时点的规模，最终实现与养老金支付缺口的匹配。从短期来看，可以大致认为，当战略储备基金规模能相对充分覆盖当期养老金支出金额时，战略储备才能发挥特殊情况下的应急作用。考虑到目前基本养老保险基金结余基本可以满足 12 个月的支付需要，我们建议可以参考该情况来设置全国社保基金当期合意规模，即全国社保基金规模不能低于基本养老金 1 年的支付需要。从实践情况看（见表 15），近年来全国社保基金历年权益规模可覆盖约 5 个月的基本养老保险支出，且覆盖月数呈现缓慢下降趋势，作为储备基金的保障力度有所下降。因此，建议通过多种方式，利用我国人口老龄化高峰到来之前的有限时间窗口，加快做大全国社保基金规模。

表 15　2019~2023 年全国社保基金权益及当年基本养老保险支付情况

单位：亿元，月

年份	全国社保基金权益	基本养老当年支出	全国社保权益可以覆盖的当年基本养老金支出月数
2019	21377	52342	4.9
2020	24591	54656	5.4
2021	25981	60197	5.2
2022	25337	63079	4.8
2023	26169	68369	4.6

资料来源：全国社保理事会历年《全国社会保障基金理事会社保基金年度报告》和财政部历年《全国社会保险基金支出决算表》。

（二）职业养老金

1. 发展简易企业年金计划，着力扩大制度覆盖面

第一，解决现有运作模式下，中小企业建立年金计划难度较大的问题。

一是建立企业年金计划需经过集体协商、方案报备、管理人选择等复杂流程；二是年金方案设计专业性强，方案设计中需要明确参加人员范围、职工加入与退出流程、企业与个人缴费比例、企业缴费部分如何进行归属、职工离职后个人账户如何转移和保留等问题，均需要专人来管理；三是企业年金日常管理也较为复杂。在企业年金建立后，企业也面临员工加入与退出、企业及职工缴费、重大事项的决策等专业管理工作。在此背景下，建议探索

发展简易企业年金计划，便利中小企业参与。

第二，简易企业年金计划能够降低用人单位参与门槛。

一是一定区域内可建立统一简易年金计划，其核心是引入了专门的简易年金计划运营机构，通过专门化提高年金业务专业性。同时简化单个企业建立年金计划必需的烦琐工作和复杂成本，其主要责任仅包括前期加入简易年金计划和后期的单位缴费。

二是专门简易计划运营机构的职责是在政府部门指导下，建立并管理简易年金计划平台，为参与单位和职工提供专业服务。前端为辖区参与单位提供便捷高效的各类事务办理服务，后端负责简易年金计划的建立、报备和运营管理等。同时还负责辖区企业年金政策宣传、投资者教育等，助力辖区企业年金政策落地和长效运行。

三是简易年金计划可以有效管理保留账户①。企业年金制度实施时间越来越长，保留账户越来越多，委托原单位管理是一种不得已而为之的应对办法。如果有了简易年金计划，保留账户可以转移到简易年金计划下。特别是近年来，还出现了小部分企业年金计划因建立企业破产等原因而不复存在的情况，导致该年金计划缺乏实际委托人。在此情况下，简易年金计划也可以作为已破产企业年金计划管理的承接者，以专业委托人的角色确保年金计划有效运行。

第三，允许简易年金计划覆盖多主体、多区域，便利中小用人单位参与。

一是建议以行政区域为单位建立简易年金计划。目前企业年金扩面的相关探索，主要集中在各类园区。建议扩展到行政区域，具体可考虑以市级为单位，未来逐步探索以省级为单位建立。这主要是考虑到，一方面，园区层面的年金计划规模有限，运作成本高，同时碎片化程度较深；另一方面，参与职工转换工作往往会超出园区范围，但仍在同一个城市或者省份的概率较高。因此，以市级或者省级为单位，既能进一步增强简易企业年金计划的吸

---

① 企业年金保留账户指的是某职工已经在原单位参加企业年金，其转换工作后，由于新单位没有建立企业年金，其年金账户不得不留在原单位的情况。

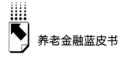

引力，同时因具有规模效应也能够降低参与成本。

二是允许机关事业单位非编人员参与简易年金计划。从实施对象上看，考虑到目前经济阶段性下行、经营压力大等原因，中小企业建立年金的意愿和能力不足。而以医院、高校等为代表的机关事业单位普遍存在一定比例的非编人员，未被纳入职业年金，其参与企业年金的意愿和缴费能力相对较强。但是非编人员呈现涉及单位众多、单个机构人数少的特点。如果每个单位单独建立企业年金，参与成本较高。因此，建议将其纳入简易年金计划覆盖范围，能够降低其参与年金的门槛，有助于扩大企业年金覆盖范围。

第四，探索商业银行等市场金融机构作为简易年金计划运营方。

具体而言，可以考虑由具备年金管理资格[①]的商业银行作为简易年金计划的运营机构，开展相关工作。首先，获得年金资格的商业银行普遍具有较为丰富的年金管理经验、较强的客户服务意识和较为扎实的信息系统建设等优势。同时，自中央提出做好"养老金融"大文章以来，各个银行都有动力和意愿深入参与年金业务。其次，商业银行分支机构较多、属地服务能力较强、挖掘潜在参与对象的抓手多，对于企业年金扩面有较强助力。最后，商业银行能够广泛触及服务各类型企业与机关事业单位，同时还可将其他业务与简易企业年金计划工作相结合，增加对年金参与单位和个人的当期吸引力，如无锡市已经推行的"人才贷款"等举措，有效融合并满足了企业年金参与者现阶段的资金需求以及未来的养老需求。

2. 职业年金应考虑多渠道筹措资金做实账户

截至 2023 年末，职业年金实账积累规模已达 2.6 万亿元，但仍然有一定规模的虚账。随着缴费时间的拉长，在工资维持一定增长率、职业年金长期收益率保持一定水平的情况下，职业年金虚账部分规模将持续增加。未来在待遇支付时，财政将需要消耗很大比例资金用于补贴。因此，着眼长期，应该充分厘清职业年金缴费成本、投资收益以及财政补贴等关键因素，适时

---

① 受托、托管和账管资格均可。主要是考虑各家银行在不同区域业务能力和优势不同，可由各地人力资源和社会保障部门根据当地条件选择。

多渠道、分阶段筹措资金，将职业年金虚账部分做实。

第一，地方政府可根据财力状况通过财政拨付做实虚账。难以整体做实的省份，可按照地区、分年度分批做实。例如，山东省近 200 个统筹区（区、县级）已经先行实现 70 个左右虚账做实，省本级和济南、青岛等市均有虚账做实的成功经验①。山西省长治市，通过两年时间，在 2023 年 7 月底完成了市本级职业年金虚账做实工作。考虑到地方财力状况不同，也可针对新人、老人分批做实，或按照单位缴费的一定比例分阶段做实。同时，对于少部分财政长期面临收支困难的地区，可以考虑中央财政转移支付来做实虚账。

第二，探索通过发行专门债券的方式筹集资金做实虚账。政府工作报告中提到，超长期特别国债专项用于国家重大战略设施和重点领域安全能力建设，而解决作为养老金第二支柱职业年金的虚账做实问题，是践行积极应对人口老龄化国家战略的具体举措。具体来看，目前 30 年期超长期国债收益已经低于 2.5%，意味着如果职业年金长期收益高于 3%，即便考虑相关费用成本，通过发行专门债券做实职业年金虚账，也能有效减轻未来财政压力。

（三）个人养老金

1. 多渠道增强个人参与积极性仍然是基础

一是允许夫妻为对方个人养老金账户缴费。我国正在实施鼓励生育的政策，多子女需要父母投入更多时间精力照顾，可能影响其求职和工作收入。如果允许夫妻为对方个人养老金账户缴费，对于一方收入较高、税率较高，另一方收入较低、不缴税或者全职抚养子女的夫妻来说，具有较高吸引力，也与我国目前生育政策目标导向保持一致。

---

① 《优化职业年金运行方式　促进养老保险制度可持续发展》，https：//mp. weixin. qq. com/s?_ _ biz=MzAxNjcwNTc0NA==&mid=2650452980&idx=3&sn=25fdf291fca647e99c7e304f895b23d7&chksm=83fea24bb4892b5d363744cf270bbd87b691dd4001754576310e362ec73f06baa822651cdfed&scene=27。

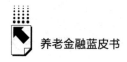

二是鼓励用人单位为员工参与提供支持。目前个人养老金参与人群多为职场人士，为进一步提升个人参与个人养老金的便利性，可鼓励单位发挥组织和引导作用，特别是部分企业已经建立年金计划多年，在职工养老金融教育、管理机构投资监督等方面积累了丰富经验，也可以鼓励企业发挥自身优势和能动性，为职工参与个人养老金提供专业支持。

三是探索对特定群体给予一定财政缴费补贴。从理论来看，养老金体系中缴费、税收优惠和财政补贴的本质是国家、单位和个人的责任共担机制。在基本养老金制度中，政府负有兜底的远期责任。我国经历了养老金改革，但对转轨成本没有明确责任归属，主要通过第一支柱企业和个人缴费来维持制度运行，这在一定程度上影响了职工参加个人养老金的缴费能力和制度发展空间。因此，财政适度补贴，也是一种制度间的平衡和补偿机制。从实际效果来看，向基本养老保险提供补贴只是简单履行政府责任，个人和单位缴费不会相应增加。但是在个人养老金里，在政府提供缴费补贴的情况下，个人会额外增加缴费，具有较好的杠杆效应。因此，向特定群体，如独生子女以及失独父母提供个人养老金财政补贴，具有一定探索价值。

2. 持续完善个人养老金税收优惠政策

一是建议在个人所得税专项扣除范围内，个人养老金可统筹使用额度。目前，个人所得税专项附加扣除项目包括子女教育、继续教育、大病医疗、住房贷款利息、住房租金、赡养老人、3岁以下婴幼儿照护七项。其中，大多数人不能完全享受七项税收优惠。但是，养老是每个人都必须面对的现实问题，而且如果个人能够为养老进行较为充分的准备，能够有效减轻政府远期的养老财务压力。因此建议个人未使用的专项扣除项，可定向调剂给个人养老金统筹使用，提升税收优惠支持力度。

二是建议将领取阶段的3%税收前置，改为在缴费阶段缴纳。我国个人养老金目前采取的是EET模式，即缴费和投资阶段不征税，领取阶段按照3%全额纳税。但是由于我国目前暂不征收资本利得税，导致在领取阶段纳税时，投资收益部分也要纳税，降低了制度吸引力。

此外，部分经济体二、三支柱养老金采取EET模式效果较好的原因，除了其能够免除投资阶段资本利得税外，还在于二、三支柱养老金虽然要缴纳个人所得税，但是由于个税免征额的存在，相当一部分领取额实际不纳税，因此二、三支柱养老金在领取阶段的实际纳税负担较小。而我国对个人养老金不设置免征额，采取全额纳税模式，因此领取阶段纳税对税收优惠效果相对有限。

因此，建议将个人养老金领取阶段 3% 的税收，改为在缴费阶段按照 3%（如有）征收，投资和领取阶段不再征税。其本质是将目前的 EET 改为 TEE 模式，一方面，实质上取消了投资收益部分的税收，与目前我国暂不征收资本利得税的情况保持一致；另一方面，允许目前不缴纳个人所得税的群体，以零税率参加个人养老金制度，也可参与投资个人养老金相关产品，扩大政策吸引力。

参考文献

董克用、姚余栋主编《中国养老金融发展报告 2023》，社会科学文献出版社，2023。
戴相龙：《戴相龙社保基金投资文集》，中国金融出版社，2013。
施文凯：《中国养老保险体系财政政策研究》，《财政科学》2024 年第 2 期。

B.3
养老服务金融：养老金融产品的差异化创新

张栋 孙博*

摘　要：　应对人口老龄化带来的挑战，养老服务金融作为关键的财富储备手段，正逐步受到重视。金融机构如银行、基金、保险和信托等正通过创新策略开发多样化的养老金融产品，为国民提供更灵活的养老财富储备选项。然而，国民财富积累的限制和对养老金融认知的不足，以及资本市场的不稳定性等因素的存在，制约了养老服务金融的有效参与。为提升养老服务金融的供给效率，需从完善收入分配政策、增强国民养老金融素养、丰富产品供给等多方面入手。此外，构建一个透明、稳定的养老金融市场环境，对于提高国民对养老金融产品的信任度和参与度也至关重要。通过这些措施，可以更好地满足国民日益增长的多元化养老需求。

关键词：　养老财富　养老服务金融　养老金融产品

一　养老服务金融概述

（一）老龄化与养老服务金融需求

在经历了 20 年持续老龄化增长阶段之后，中国老龄化呈现加速增长的

---

* 张栋，管理学博士，社会学博士后，中国农业大学人文与发展学院副教授，清华五道口养老金融50人论坛副秘书长，主要研究方向为养老金融；孙博，管理学博士，金融学博士后，信安金融集团中国区首席养老金融专家，清华五道口养老金融50人论坛副秘书长，主要研究方向为养老金融。本文仅代表个人观点，与供职单位无关。

趋势，将对老年人的养老生活以及整个社会的养老事业带来严峻的挑战。具体来看，老龄化发展不仅会导致传统家庭养老功能弱化转而更多依赖个人以及社会化的方式，而且在老年抚养比增加的前提下社会化的养老也面临风险。与此同时，随着社会进步和居民生活水平提高，老年人将面临多元化的养老需求，这些需求既表现为满足日常生活消费的经济需求，也表现为满足医疗、护理等方面的服务需求，而对于个体来说，这些需求的满足都需要一定的养老财富储备作为前提。因此，迫切需要国家、社会、家庭和个人共同努力，构建应对人口老龄化的养老财富储备体系，为满足多元化的养老需求打好经济基础，而这一养老财富储备需要贯穿整个生命周期，包括年轻时的养老财富储备和年老后储备的财富与养老需求的结合。

从中国养老财富储备体系的发展历程来看，来自家庭等非正式的支持系统和来自政府及其他社会组织的正式支持系统都发挥了重要的作用，老年群体的养老财富水平也有了较为显著的提升。但随着经济社会背景的变化，尤其是人口老龄化的逐步加深，老年人养老财富来源渠道有了较为明显的变化：一是随着老年人收入来源渠道日益多元，加上高龄化的影响，尽管老年人通过劳动就业补偿收入仍占有较大比例，但整体占比较十年前有较大幅度的降低；二是由于养老金体系的改革和完善，养老金收入、最低生活保障金等公共收入在老年收入来源中的占比有了较为明显的提高；三是由于人口老龄化程度加深，家庭结构日趋小型化，家庭功能开始逐步弱化，家庭其他成员供养占老年收入来源的比例有较大幅度的下降；四是随着金融行业的不断兴起以及金融工具的扩展，老年人财产性收入也有一定程度的上升，但总体占比仍十分有限（见表1）。

与此同时，也要清醒地认识到，当前的养老财富储备水平与国民多层次、多样化的养老需求还有较大差距，具体表现为国家的养老保险制度仅仅能够提供满足基本生活需求的保障，传统的家庭养老面临诸多挑战，居民个人养老财富储备的意识和能力仍有不足，等等。亟须全方位重视养老财富管理的诸多方面，促进养老财富管理事业发展壮大，为我国应对老龄化挑战做好准备。

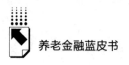

表1 2005~2020年中国老年人收入来源构成状况

单位：%

项目	2005 年	2010 年	2020 年
劳动收入	27.98	29.07	21.97
养老金收入	21.58	24.12	34.67
最低生活保障金	1.76	3.89	4.29
财产性收入	0.29	0.37	0.88
家庭其他成员供养	46.62	40.72	32.66
其他	1.77	1.83	5.53

资料来源：根据历次人口普查数据和国家统计局年度抽样数据计算。

近年来，不少金融机构开始利用自身特色，创新和开发了类别和形式多样的养老金融产品，为广大国民养老财富储备提供了新的渠道。但由于养老金融产品设计与国民实际需求之间存在偏差等问题，养老服务金融市场潜力远未得到有效利用，亟须进一步优化完善。

（二）养老服务金融的内涵与概念框架

作为养老金融的重要组成部分之一，养老服务金融指在国家养老金体系之外，金融机构围绕全体社会成员养老相关的投资、理财、消费及其他衍生需求采取的一系列有关金融产品与服务的创新金融活动，其本质是通过市场化的金融活动，满足和保障国民的多元化的养老需求。其核心涉及两方面的服务内容：一是养老财富积累，指的是在国家养老金体系之外，社会成员为更好满足老年需求，自发进行养老财富积累活动，需要金融机构针对养老资产储备需求开发专业化养老金融产品和服务，如养老理财、商业养老保险、养老投资基金，以及养老财务规划、养老投资顾问等；二是养老财富消费，指的是社会成员在老年期将其养老财富储备用于消费的过程，同样需要金融机构针对人在老年阶段的消费需求，提供针对性金融服务，比如住房反向抵押贷款/保险、老年财产信托等，如图1所示。

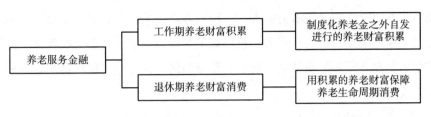

图1　养老服务金融的核心概念框架

（三）养老服务金融的特征

1. 资金的保值增值性

养老服务金融的保值增值特征体现在其对长期稳定增长的追求和对风险的有效管理。养老资金的长期属性要求投资不仅要考虑当前的经济环境，还要预见未来的变化，确保资金在不同市场条件下都能保值增值。这种长期视角促使投资者更早开始养老规划，利用时间的复利效应积累财富，同时提高对市场波动的适应能力。此外，保值增值的核心在于资金的安全性和收益性的平衡。养老服务金融通过稳健的投资操作，追求在风险可控的前提下实现资产的保值和增值，以应对通货膨胀等潜在风险。随着投资期限的延长，投资者能够更有效地利用经济周期，实现资金的跨周期增长，确保养老资金的购买力不受侵蚀。

2. 风险偏好的阶段性

养老服务金融的风险偏好具有明显的阶段性特征，这些特征与投资者的年龄、财富状况和行为模式紧密相关。在早期投资阶段，年轻投资者可能更倾向于承担较高风险以追求更高的潜在回报，因为他们拥有更长的时间来弥补可能的损失。随着投资者步入中年，他们的风险偏好逐渐降低，更加注重资金的安全性和稳定性，以确保退休后有足够的资金支撑生活。进入退休阶段，投资者的主要目标转变为保持现有资产的购买力，避免贬值，因此他们更偏好低风险、稳健的投资产品。这种阶段性的风险偏好变化要求养老服务金融提供者能够提供与投资者生命周期相匹配的金融产品。通过深入理解不同年龄段投资者的需求，养老服务金融能够设计出个性化的解决方案，满足

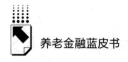

他们在不同阶段的保值增值需求。这种以客户需求为中心的产品设计，不仅增强了养老服务金融的吸引力，也提高了其在市场中的竞争力，确保了投资者在享受养老服务金融带来的便利和保障的同时，能够实现财富的合理配置和有效增长。

3. 资金使用的灵活性

养老服务金融的资金使用灵活性主要源于不同生命周期阶段的多样化需求。年轻投资者在早期规划时，可能更注重资金的流动性和投资机会的多样性，以便在市场出现有利时机时迅速调整投资组合。随着投资者逐渐步入中年，他们可能更倾向于平衡资金的流动性和收益性，确保在满足当前生活需求的同时，为未来积累足够的养老资金。进入退休阶段，投资者对资金的灵活性需求进一步增强，他们需要能够灵活支配的资金以应对突发的医疗开支或提升生活质量的需求。养老服务金融通过提供多样化的金融产品和灵活的资金提取机制，确保投资者在保持资金安全的同时，能够根据个人需求和市场变化灵活调整资金使用。通过满足投资者在不同生命周期阶段的资金使用需求，养老服务金融为投资者提供了更加个性化和人性化的养老规划服务，帮助他们在享受稳定收益的同时，实现资金的最优配置和有效利用。

4. 金融资产的服务化

随着年龄的增长，老年人对金融资产的需求从财富积累转变为对养老服务的实际应用。金融资产的服务化，即将金融产品与养老服务紧密结合，是满足老年人需求的关键。这包括利用储蓄或投资收益支付养老社区、居家护理或长期护理保险等费用，直接将资金转化为所需的养老服务。金融机构通过开发养老金领取计划、医疗保健储蓄账户等产品，提供与老年人健康状况和生活需求相匹配的个性化服务。同时，金融科技的应用，如大数据分析和人工智能，可以为老年人提供更加智能化的金融服务，推荐合适的养老服务产品，或提供健康管理和紧急响应服务。此外，政府和监管机构的角色也至关重要，他们需要制定政策，鼓励金融创新，同时确保产品的安全性和可持续性，以促进金融服务与养老服务的有效对接。总之，金融资产服务化是养老服务金融发展的重要方向，它提高了资金使用效率，为老年人提供了更全面的晚年生活保障。

二 养老服务金融政策演进与市场供给

（一）我国养老服务金融的政策基础

自 2013 年国务院发布《关于加快发展养老服务业的若干意见》首次提出将老年金融服务作为养老服务业的一部分以来，我国政府各部门已经认识到金融机构参与养老行业发展的重要意义，出台了一系列金融支持养老服务发展的政策指导意见，为银行、基金、保险、信托等金融机构养老金融业务发展指明了方向，为我国养老服务金融的规范化发展提供了相应的政策基础，如表 2 所示。2023 年 10 月，中央金融工作会议明确将"养老金融"列入推动金融高质量发展的"五篇大文章"之一，标志着养老金融发展将进入新的阶段。可以预见，作为市场化养老财富储备的主要表现形式，养老服务金融将迎来更大的发展空间。

表 2　养老服务金融相关政策演变历程

时间	文件	主要内容
2013 年 9 月 6 日	国务院《关于加快发展养老服务业的若干意见》	首次提出将老年金融服务作为养老服务业的一部分；开展老年人住房反向抵押养老保险试点；引导和规范商业银行、保险公司、证券公司等金融机构开发适合老年人的理财、信贷、保险等产品
2014 年 6 月 17 日	保监会《关于开展老年人住房反向抵押养老保险试点的指导意见》	在北京、上海、广州、武汉四地开展老年人住房反向抵押养老保险试点，试点周期为 2014 年 7 月 1 日到 2016 年 6 月 30 日
2016 年 3 月 21 日	中国人民银行等五部委《关于金融支持养老服务业加快发展的指导意见》	增强老年群体金融服务便利性；积极发展服务居民养老的专业化金融产品，鼓励银行、证券、信托、基金、保险等各类金融机构针对不同年龄群体的养老保障需求，积极开发可提供长期稳定收益、符合养老跨生命周期需求的差异化金融产品

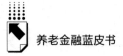

续表

时间	文件	主要内容
2016 年 7 月 4 日	保监会《关于延长老年人住房反向抵押养老保险试点期间并扩大试点范围的通知》	老年人住房反向抵押试点时间延长至 2018 年 6 月 30 日,并将试点范围扩大至各直辖市、省会城市(自治区首府)、计划单列市,以及江苏、浙江、山东、广东等部分地级市
2016 年 12 月 7 日	国务院办公厅《关于全面放开养老服务市场提升养老服务质量的若干意见》	发展适老金融服务,规范和引导商业银行、保险公司等金融机构开发适合老年人的理财、保险产品,满足老年人金融服务需求,鼓励金融机构建设老年人无障碍设施,开辟服务绿色通道;强化老年人金融安全意识,加大金融消费权益保护力度
2017 年 6 月 29 日	国务院办公厅《关于加快发展商业养老保险的若干意见》	丰富商业养老保险产品供给,为个人和家庭提供个性化、差异化养老保障;针对老年人养老保障需求,坚持保障适度、保费合理、保单通俗原则,大力发展老年人意外伤害保险、老年人长期护理保险、老年人住房反向抵押养老保险等适老性强的商业保险,完善保单贷款、多样化养老金支付形式等配套金融服务
2018 年 2 月 11 日	证监会《养老目标证券投资基金指引(试行)》	养老目标基金是指以追求养老资产的长期稳健增值为目的,鼓励投资人长期持有,采用成熟的资产配置策略,合理控制投资组合波动风险的公开募集证券投资基金
2018 年 2 月 27 日	全国老龄办等 14 部门《关于开展人口老龄化国情教育的通知》	倡导全社会树立积极老龄观,积极做好全生命周期养老准备
2018 年 8 月 8 日	银保监会《关于扩大老年人住房反向抵押养老保险开展范围的通知》	将老年人住房反向抵押养老保险扩大到全国范围开展,保险机构要加强老年人住房反向抵押养老保险业务的风险防范与管控;积极创新产品
2019 年 4 月 16 日	国务院办公厅《关于推进养老服务发展的意见》	鼓励商业养老保险机构发展满足长期养老需求的养老保障管理业务;支持银行、信托等金融机构开发养老型理财产品、信托产品等;扩大养老目标基金管理规模
2019 年 9 月 20 日	民政部《关于进一步扩大养老服务供给 促进养老服务消费的实施意见》	全方位优化养老服务有效供给,繁荣老年用品市场,加强养老服务消费支撑保障,培育养老服务消费新业态,提高老年人消费支付能力,优化养老服务营商和消费环境
2019 年 11 月 21 日	国务院《国家积极应对人口老龄化中长期规划》	从国家战略层面提出要夯实应对人口老龄化的社会财富储备,鼓励家庭、个人建立养老财富储备,稳步增加全社会的养老财富储备

续表

时间	文件	主要内容
2021 年 5 月 8 日	银保监会《关于开展专属商业养老保险试点的通知》	推动商业养老保险加快发展,自 2021 年 6 月 1 日起,在浙江省(含宁波市)和重庆市开展专属商业养老保险试点。试点期限暂定一年
2021 年 8 月 31 日	银保监会办公厅《关于开展养老理财产品试点的通知》	开展养老理财产品试点。自 2021 年 9 月 15 日起,工银理财有限责任公司在武汉市和成都市,建信理财有限责任公司和招银理财有限责任公司在深圳市,光大理财有限责任公司在青岛市开展养老理财产品试点。试点期限暂定一年
2021 年 10 月 15 日	银保监会办公厅《关于进一步丰富人身保险产品供给的指导意见》	围绕多元化养老需求,创新发展各类投保简单、缴费灵活、收益稳健的养老保险产品,积极开发具备长期养老功能的专属养老保险产品。提供收益形式更加多样的养老年金保险产品,丰富养老资金长期管理方式
2021 年 12 月 30 日	国务院《关于印发"十四五"国家老龄事业发展和养老服务体系规划的通知》	有序发展老年人普惠金融服务。鼓励金融机构开发符合老年人特点的支付、储蓄、理财、信托、保险、公募基金等养老金融产品,研究完善金融等配套政策支持。加强涉老金融市场的风险管理,严禁金融机构误导老年人开展风险投资
2022 年 2 月 15 日	银保监会办公厅《关于扩大专属商业养老保险试点范围的通知》	自 2022 年 3 月 1 日起,专属商业养老保险试点区域扩大到全国范围。在原有 6 家试点公司基础上,允许养老保险公司参加专属商业养老保险试点
2022 年 2 月 21 日	银保监会办公厅《关于扩大养老理财产品试点范围的通知》	扩大养老理财产品试点范围,进一步推动完善试点,加大养老理财产品供给。自 2022 年 3 月 1 日起,养老理财产品试点地区扩大至北京、沈阳、长春、上海、武汉、广州、重庆、成都、青岛、深圳十地。养老理财产品试点机构扩大至十家
2022 年 3 月 4 日	中国银保监会、中国人民银行《关于加强新市民金融服务工作的通知》	丰富养老金融服务产品,加大新市民养老保障力度。引导理财公司研发符合长期养老需求和生命周期特点的养老理财产品,拓宽新市民养老资金来源。支持保险机构针对新市民养老需求和特点,探索开发安全性高、保障性强、投保简便、缴费灵活、收益稳健的商业养老保险产品。支持商业银行研究养老储蓄产品,探索开展养老储蓄业务试点
2022 年 7 月 15 日	银保监会办公厅、中国人民银行办公厅《关于开展特定养老储蓄试点工作的通知》	自 2022 年 11 月 20 日起,由工商银行、农业银行、中国银行和建设银行在合肥、广州、成都、西安和青岛市开展特定养老储蓄试点。试点期限暂定一年

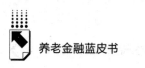

续表

时间	文件	主要内容
2022年11月24日	银保监会办公厅《关于开展养老保险公司商业养老金业务试点的通知》	推出由养老保险公司作为主体经营的商业养老金业务。自2023年1月1日起，在北京市、上海市、江苏省、浙江省、福建省、山东省、河南省、广东省、四川省、陕西省等10个省（市）开展商业养老金业务试点。试点期限暂定一年
2023年10月20日	国家金融监督管理总局《关于促进专属商业养老保险发展有关事项的通知》	推动专属商业养老保险发展，明确符合条件的人身保险公司可以经营专属商业养老保险
2024年5月9日	国家金融监督管理总局《关于银行业保险业做好金融"五篇大文章"的指导意见》	其中提到扩大商业养老金试点范围；探索包含长期护理服务、健康管理服务的商业健康保险产品

（二）养老服务金融——养老财富积累的市场供给与发展现状

在一系列政策支持和巨大的市场潜在需求的推动下，各金融行业纷纷布局，关注养老与金融行业的结合，银行、基金、保险、信托等不少金融机构在养老财富积累方面进行了有益尝试和探索，如图2所示。

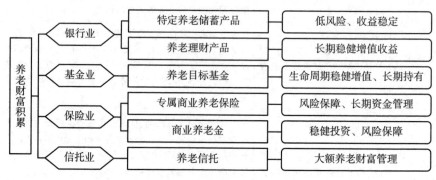

图2 各金融行业养老财富积累的实践探索情况

1.银行业养老财富积累的市场供给与发展现状

（1）特定养老储蓄产品

银行特定养老储蓄产品以稳健性和长期性为核心特征，主要面向风险偏好较低、追求长期稳定收益的老年投资者群体。自 2022 年 11 月启动试点以来，中国工商银行、中国农业银行、中国银行和中国建设银行在合肥、广州、成都、西安和青岛首次发行，标志着我国养老金融产品供给的进一步丰富。特定养老储蓄产品具备多种期限选择，包括 5 年、10 年、15 年和 20 年的长期储蓄选项，以及整存整取、零存整取和整存零取三种存款方式，满足了不同储户的个性化需求。储户在同一试点银行的存款总额被限制在 50 万元以内，如表 3 所示。

表 3　特定养老储蓄产品试点基本情况

项目	说明
主体	中国工商银行、中国农业银行、中国银行、中国建设银行
试点城市	合肥、广州、成都、西安、青岛
发售时间	2022 年 11 月 20 日起，为期 1 年
产品期限	5 年、10 年、15 年、20 年
存取类型	整存整取、零存整取、整存零取
利率	略高于大型银行五年期定期存款的挂牌利率
本金上限	50 万元
发售限额	100 亿元（单家银行试点）

此外，根据产品条款，储户需达到 55 岁并且储蓄产品到期后才能进行支取。对于不同期限的产品，还有额外的年龄要求，即购买者的年龄加上产品期限需超过 55 岁，例如，20 年期产品仅对 35 岁以上的居民开放，而 5 年期产品则要求购买者至少 50 岁。相较于普通定期存款，这些产品的利率略高，为储户提供了更具吸引力的回报。尽管产品设计为长期储蓄，但也提供了一定的资金灵活性，允许储户在紧急情况下提前支取，尽管这可能会损失部分利息收益。此外，特定养老储蓄产品还可能享有国家层面的税收优惠政策，进一步增强了其吸引力。

截至目前，特定养老储蓄的总额已达原银保监会设定的 400 亿元的总额度上限，但为期 1 年的试点已经结束，目前尚未有进一步拓展特定养老储蓄产品的文件出台，总体来看，该产品试点范围和参与人数有限。值得期待的是，该产品自试点以来，公众参与的积极性较高，如进一步推开，应该会有

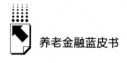

较大的吸引力。

（2）养老理财产品

银行养老理财产品以稳健性和长期性为核心特征，主要面向风险偏好较低、追求长期稳定收益的老年投资者群体。自 2021 年 9 月中国银保监会宣布开展养老理财产品试点以来，包括工银理财、建信理财等在内的多家理财公司在武汉、成都、深圳和青岛等地区进行了试点发行，募集资金规模上限为 100 亿元。这些产品通常具有较长的封闭期，以 5 年期为主，强调资产配置的稳健性，固收类资产配置比例较高，业绩比较基准年化收益率一般在 5%~8%，同时设置较低的投资起点，通常 1 元起购，具有明显的普惠性质。此外，养老理财产品还引入了收益平滑基金、风险准备金等多重风险保障机制，以增强产品流动性和风险抵御能力。从 2023 年开始，为了对接个人养老金账户资金，监管部门将部分理财产品列为个人养老金理财，允许其对接个人养老金账户资金。

截至 2024 年 4 月底，全市场养老理财产品主要包括试点发行的 54 只养老理财产品和 23 只个人养老金理财产品。其中，养老理财产品的存续总资产规模为 1037.61 亿元，54 只养老理财产品成立以来的绝对收益率集中在 2%~4% 的区间内，仅有 3 只养老理财产品绝对收益超过 4%，另有 8 只养老理财产品成立以来的绝对收益低于 2%。个人养老金理财产品的规模为 473.54 亿元，23 只个人养老金理财产品的收益率集中在 2%~5% 的区间，有 2 只个人养老金理财产品区间收益率超过 5%，另有 1 只个人养老金理财产品区间收益率为−1.13%，在考察区间出现了亏损的情况。

2. 基金业养老财富积累的市场供给与发展现状

养老目标基金是提供给投资者一种为退休生活设计的长期投资工具，该类产品主要采用目标日期策略（TDFs）和目标风险策略（TRFs），以适应不同年龄段和风险偏好的投资者需求。目标日期基金随着预设的退休日期逐渐临近，会自动调整投资组合，从偏重风险较高的股票类资产转向风险较低的债券类资产，以降低波动性和保护资本。而目标风险基金则提供不同风险水平的投资选择，保持资产配置的稳定性。政策的支持和市场的需求推动了产品种类的多样化和规模的增长。养老目标基金的专业化管理，由经验丰富的基金管理人负责，旨在实现资产的稳健增值，同时提供风险控制。

自 2018 年首批养老目标基金在中国推出以来，这一市场经历了快速的发展，持有人户数保持快速增长，截至 2023 年末，养老目标基金持有人共544.38 万户。在管理规模上，截至 2023 年末，养老目标基金管理规模约 706亿元，较上年下降 20%，其中，目标风险基金规模为 490 亿元，占比 69%，以稳健型为主，占比 72%；目标日期基金规模为 216 亿元，占比 31%，以 2040年和 2035 年为主，均占比 24%。从投资绩效来看，养老目标风险基金风险控制能力更强，成立时间在 1 年以上的 112 只养老目标风险基金 2023 年简单平均收益率为 -3.28%，成立时间在 1 年以上的 84 只养老目标日期基金 2023 年简单平均收益率为 -7.45%，同期沪深 300 指数为 -11.38%，投资收益不佳在很大程度上受制于近年来金融市场环境，同时这也可能是近年来养老目标基金管理规模下降的重要原因。但事实上，养老资金具有典型的长期属性。从金融市场的发展经验来看，良好业绩的获得都需要长期投资操作，投资期限越长，对于投资期间的风险容忍度越高，越有机会使自己的投资跨过完整的牛熊市以控制风险并实现收益，从而实现养老资金的保值增值。未来随着我国资本市场的逐步完善，养老目标基金仍具有较大的发展空间。

3. 保险业养老财富积累的市场供给与发展现状

（1）专属商业养老保险

专属商业养老保险是中国为适应人口老龄化趋势、满足多样化养老需求而推出的创新型保险产品。该产品于 2021 年 6 月在浙江省和重庆市开始试点，并于 2022 年 2 月扩展至全国范围，2023 年 10 月，进一步拓展开展该项业务的保险公司范围，符合条件的人身保险公司都可以经营专属商业养老保险[1]。专属商业养老保险以养老保障为目的，要求被保险人达到法定退休年龄或年满

---

① 符合以下条件的保险公司可以经营专属商业养老保险：①上年度末所有者权益不低于 50 亿元且不低于公司股本（实收资本）的 75%；②上年度末综合偿付能力充足率不低于 150%、核心偿付能力充足率不低于 75%；③上年度末责任准备金覆盖率不低于 100%；④金融监管总局规定的其他条件。养老主业突出、业务发展规范、内部管理机制健全的养老保险公司，可以豁免第一款关于上年度末所有者权益不低于 50 亿元的规定。

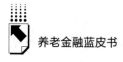

60 周岁才能开始领取养老金，强调资金的长期锁定和长期性管理，具体产品形态如表 4 所示。

表 4　专属商业养老保险产品设计形态

项目			说明
产品设计	缴费方式		账户式管理,包括趸交、期交、灵活缴费在内的多种保费交纳方式
	产品命名格式		保险公司名称+说明性文字+专属商业养老保险
	收益模式		保证+浮动;保险公司应为消费者提供一个以上的投资组合,不同投资组合保证利率可以不同。投资组合保证利率一经确定,不得调整
	投资组合转换		积累期可转换投资组合,但须约定一定期限内可转换次数、转换金额,以及转换费用收取标准等
保障责任	年金领取	领取年龄	60 周岁及以上
		领取方式	定期领取、终身领取等,同时制定领取转换表,养老金领取可衔接养老、照护服务,但须另行签署相关服务合同
		领取期限	不低于 10 年
	身故责任		积累期内身故:赔付金额不低于账户价值
			领取期内身故:不得低于保证领取剩余部分与养老年金转换时账户价值扣除已领取金额的较大者,累计给付金额与赔付金额之和不得低于养老年金转换时账户价值
	其他责任		鼓励保险公司以适当方式提供重疾、护理、意外等其他保险责任
退保规则	积累期		前 5 个保单年度内退保,退保现金价值不得高于累计已交保费;第 6~10 个保单年度内退保,退保现金价值不得高于累计已交保费和75%账户累计收益部分之和;第 10 个保单年度后退保,退保现金价值不得高于累计已交保费和90%账户累计收益部分之和
	特殊情况退保		消费者罹患中国保险行业协会颁布的《重大疾病保险的疾病定义使用规范(2020 年修订版)》中定义的重大疾病或遭遇意外且伤残程度达到人身伤残保险评定标准 1~3 级的,可以申请特殊退保

资料来源:根据《国家金融监督管理总局关于促进专属商业养老保险发展有关事项的通知》(金规〔2023〕7 号)整理。

　　根据国家金融监管总局发布的数据，截至 2023 年底，专属商业养老保险承保保单合计 74 万件，累计保费 106 亿元，其中，新产业、新业态从业人员和灵活就业人员投保保单件数近 10 万件，显示出较大的吸引力。在结算利率方面，2023 年 34 个账户结算利率多数超 3.5%，但无论是稳健型账户还是进取型账户，2023 年的整体结算利率与 2022 年相比都有所下降，2023 年专属养老保险的所有账户，结算利率下降幅度在 0.4~2.6 个百分点，表现较为分化，如表 5 所示，其原因主要在于受外部利率和资本市场环境影响。但总体来看，伴随银行存款利率的不断下调，再加上资本市场持续震荡导致基金等产品收益不理想，专属商业养老保险产品凭借"长期且锁定利率"的优势，备受消费者的青睐。

表 5 2022~2023 年部分专属商业养老保险产品保证利率和结算利率比较

单位：%

公司简称	产品名称	账户类型	保证利率	2022 年结算利率	2023 年结算利率
国民养老	国民共同富裕专属商业养老保险	稳健型	3.00	5.15	4.15
		积极型	0	5.60	4.25
泰康人寿	泰康臻享百岁专属商业养老保险	稳健型	2.85	5.05	3.90
		进取型	0.50	5.50	4.10
	泰康臻享百岁 B 款专属商业养老保险	稳健型	2.85	4.80	3.80
		进取型	0.50	5.00	4.00
人保寿险	人保寿险福寿年年专属商业养老保险	稳健型	3.00	4.80	3.85
		进取型	0.50	5.10	4.00
	人保寿险福寿年年专属商业养老保险（B 款）	稳健型	2.50	—	3.85
		进取型	0.50	—	4.00
	人保寿险福寿年年专属商业养老保险（C 款）	稳健型	2.50	—	3.85
		进取型	0.50	—	4
平安养老	平安富民宝专属商业养老保险	稳健型	2.50	4.30	3.90
		进取型	0.60	4.50	3.80
太保寿险	太保易生福专属商业养老保险	稳健 A	2.00	4.30	3.60
		进取 A	0.50	4.80	3.80
		稳健 B	2.00	4.50	3.80
		进取 B	0.50	5.00	4.00
新华养老	新华养老盈佳人生专属商业养老保险	稳健型	2.50	4.60	4.00
		进取型	0.50	4.60	3.60
中国人寿	国寿鑫享宝专属商业养老保险	A 账户	2.00	4.50	3.80
		B 账户	0	5.00	3.30

续表

公司简称	产品名称	账户类型	保证利率	2022年结算利率	2023年结算利率
新华保险	卓越优选专属商业养老保险	稳健型	2.50	5.00	3.50
		进取型	1.00	5.15	3.50
太平养老	太平盛世福享金生专属商业养老保险	A账户	3.00	5.10	3.00
		B账户	0.55	5.70	3.80
太平人寿	太平岁岁金生专属商业养老保险	A账户	2.00	4.00	2.10
		B账户	0	5.10	4.00
恒安标准养老	信天翁·启航专属商业养老保险	稳健型	2.50	5.00	2.60
		进取型	1.20	5.60	3.00
泰康养老	泰康福享百岁专属商业养老保险	稳健型	2.50	—	3.00
		进取型	0.60	—	2.50
大家养老	福满万家专属商业养老保险	稳健型	2.50	4.50	—
		进取型	0.50	5.25	—

资料来源：13精资讯。

（2）商业养老金

为充分利用养老保险公司在发展养老金融方面多年的客户服务和养老金投资管理经验，满足人民群众多样化的养老资金管理要求，银保监会于2022年11月发布《中国银保监会办公厅关于开展养老保险公司商业养老金业务试点的通知》（银保监办发〔2022〕108号，简称《试点通知》），推出由养老保险公司作为主体经营的商业养老金业务。自2023年1月1日起，在北京市、上海市、江苏省、浙江省、福建省、山东省、河南省、广东省、四川省和陕西省等10个省（市）开展商业养老金业务试点，试点期限暂定一年（见表6）。

自2023年1月4日首只商业养老金产品成立以来，截至2023年底，四家试点机构共计成立商业养老金产品22只，全年四家试点机构累计开立商业养老金账户60.71万户，去掉年内因服务合同解约等原因减少的账户数量，截至2023年底四家试点机构管理存量商业养老金账户共计54.37万户，累计存量资产规模179.20亿元，户均规模为3.30万元。产品类型方面，2023年上市的22只产品包含13只混合类产品、5只固定收益类产品和4只流动性管理类产品，混合类产品中还包含 4 只期限保本型和 4 只目标日期型特殊类型产品。

表 6　商业养老金产品试点情况与产品设计形态

项目		说明
试点区域		北京市、上海市、江苏省、浙江省、福建省、山东省、河南省、广东省、四川省、陕西省等 10 个省（市）
试点公司		人民养老、人寿养老、太平养老和国民养老
产品特征		账户与产品相结合。为个人建立信息管理账户，提供不同期限、风险、流动性等特征的商业养老金产品，满足客户稳健投资、风险保障、退休领取等养老需求
覆盖人群		个人客户年满 18 周岁均可自愿与养老保险公司签订商业养老金服务合同
缴费要求		每笔缴费最低金额为 100 元，支持全线上开户、缴费、领取、查询、信息变更等
缴费去向	锁定养老账户	锁定期年满 60 周岁（含）可领取，提前支取需缴纳相应费用。每笔缴费分配至锁定账户的比例随年龄增加逐步从 5% 增加至 40%，年满 60 周岁后无限制
	持续养老账户	按照产品规则赎回资金，记入持续账户的养老资金及相关权益不设锁定期限，满足客户的资金流动性需求
产品类型		流动性管理类产品，固定收益类产品，权益类产品，混合类产品［含目标日期型、期限保本型（收益浮动）等特殊类型产品］
费用设置		账户管理费、产品管理费、托管费、赎回费、解约费等。若客户发生身故、罹患重疾、1~3 级意外伤残等符合合同约定的特殊解约情形，免收解约费和赎回费
领取方式		定额分期、定期分期、长期年金化领取等

在产品收益方面，业务试点首年，各家试点机构共同搭建了以运作稳健、具备较低风险特征的产品为主，目标日期型和流动性管理类产品为辅的行业产品布局，其中，期限保本型和固定收益类产品占据绝对的主导地位，其年化收益率的算术平均值分别为 1.99% 和 3.40%，其他混合类产品和流动性管理类产品收益率也在 2%~4%，受 2023 年投资市场震荡和产品成立时间较短的双重因素影响，4 只目标日期型产品投资表现欠佳，成立以来年化收益率的算术平均值为-3.62%，如表 7 所示。

表7　2023年不同类型商业养老金产品的规模和业绩表现

产品类型		产品数量（只）	总规模（亿元）	年化收益率（%）
固定收益类		5	68.48	3.40
混合类	期限保本型	4	91.87	1.99
	目标日期型	4	—	-3.62
	其他混合类	5	—	3.14
流动性管理类		4	—	2.39

4. 信托业养老财富积累的市场供给与发展现状

养老信托是指委托人基于对受托人的信任，将其财产委托给受托人，由受托人按委托人意愿为受益人管理和经营受托资产，信托到期后，由受托人给委托人提供养老经济保障或者服务保障等。相较于其他金融服务模式，信托的财产隔离和独立性、连续性设计与养老需求匹配度较高，可有效保障养老资产的安全、跨周期管理；信托公司高效的事务管理能力可围绕养老场景实现康养医疗、子女教育、财富传承、遗产分配等多样化的特定目的。2022年，招行私人银行联合信托公司推出集养老财富管理、家族信托、人身保险和养老增值服务于一体的"养老信托"服务。该服务在半年内为近百个家庭定制了养老信托，由招行为客户计算养老资金需求，配置理财产品和保险，确保资产的保值增值，并考虑养老消费需求。同时，利用家族信托的财产独立性，确保资金专用于受益人的养老需求，提供持续的养老支持。

（三）养老服务金融——养老财富消费的市场供给与发展现状

养老财富消费是年老退休后将潜在的养老资源转化为养老所需的资金或服务的过程。近些年，金融机构不断创新养老金融产品形式，开创了将不动产转化为养老资金的住房反向抵押模式，也探索了将养老资金和养老服务融合的服务模式，形成了一系列养老财富消费的金融产品体系，如图3所示。

1. 银行业养老财富消费的实践探索情况

（1）住房反向抵押贷款

住房反向抵押贷款，作为一种应对人口老龄化挑战的金融创新，主要面

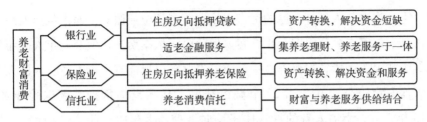

图3　各金融行业养老财富消费的实践探索情况

向资产富足但现金流有限的老年群体。它允许老年人以其房产作为抵押，换取定期的贷款收入，用以补充养老金，而无须在有生之年偿还本金和利息。尽管在中国等地区尚处于发展初期，面临传统观念束缚和市场认知不足的问题，但随着政策支持的增强和市场教育的推进，这种贷款产品正逐步被公众所接受。但由于受到房价不确定性、老年人遗产倾向等因素的影响，目前仅有少量几家银行开展了该项业务，实际的参与量也非常小。

（2）适老金融服务

适老金融服务体现了银行将金融产品与服务有机结合的策略，以满足老年人群在经济安全、健康管理和生活质量等方面的综合需求。这种服务模式涵盖了理财产品定制、信贷服务、便利结算和增值服务等，同时融入了健康管理、法律咨询和财产保障等非金融服务。以中国工商银行的"金色年华"养老服务品牌为例，它提供了包括专属养老理财产品、便利的结算服务、信用贷款以及针对老年人的增值服务，全面考虑了老年客户的金融和非金融需求。再如，招商银行推出的"颐养享老"计划，不仅涵盖了养老理财和信贷产品，还特别强调了健康管理服务和法律顾问，确保老年客户在财务规划的同时，也能获得必要的健康支持和法律援助。这些银行通过综合性适老金融服务的推出，展现了对老年市场细分需求的深刻洞察和创新服务的能力，致力于构建一个更加人性化、安全和便捷的养老金融服务生态，从而帮助老年人实现更加安稳和有尊严的退休生活。

2. 保险业养老财富消费的实践探索情况

住房反向抵押养老保险是保险业养老财富消费的一种创新式养老金融模

式，它允许老年人抵押自己的房产以换取养老资金或服务，通常包括大房换小房、入住养老公寓等多元化方案。保险公司依据房产估值及老年人的年龄和健康状况等因素，提供养老年金或养老服务。目前有幸福人寿、人民人寿和人保寿险等公司在全国 29 个城市开展了住房反向抵押养老保险业务。2015 年 3 月，幸福人寿的首款住房反向抵押养老保险产品"幸福房来宝"获批上市销售，标志着"以房养老"试点进入实质性运作阶段。根据幸福人寿提供的数据，截至 2023 年 11 月底，共有 214 位老人（147 户家庭）参与"以房养老"项目，平均投保年龄 71 岁。幸福人寿已发放养老金 9700余万元，参保客户人均月领取养老金近 8000 元，抵押房产总值近 4 亿元。尽管业务量不大，但住房反向抵押养老保险作为一种补充养老方式，为老年人提供了一种新的财务选择，使他们能够在保留房产所有权的同时，获得额外的养老金收入，从而提高退休生活质量。

3. 信托业养老财富消费的实践探索情况

养老消费信托的养老属性则不限于财富的分配与传承，而更注重受益人特定的养老消费目的，如家政、护理、医疗、心理关怀等。养老消费信托的目的可伴随老年人消费形态的不断变化而延伸，如社交、旅行等。养老消费信托产品分为普惠型和高端型，以满足不同经济水平人群的养老需求。普惠型养老服务信托，如光大信托的"安心颐养计划"，起投金额为 30 万元，投资者可追加投资，每次追加不低于 10 万元。产品无固定期限，最短存续期为 2 年，适合自然人对未来养老进行规划。投资者通过购买该信托产品，可提前锁定光大养老社区的长期居住权，并享受相关旅居权益。信托公司负责使用信托资金支付养老机构的服务费用，闲置资金可投资于低风险金融产品，如图 4 所示。高端型养老服务信托通常起投金额在 1000 万元以上，属于家族信托范畴，部分产品与保险金信托、遗嘱信托等创新融合。例如，中航信托推出的"鲲瓴养老信托"，设立门槛为 1000 万元，结合养老、传承和投资需求，提供综合金融服务方案，支持将终身寿险保单纳入信托。总体来看，养老服务信托产品通过多样化的设计，为不同需求的投资者提供了养老规划的新选择，实现了资产的保值增值与养老服务的有机结合。

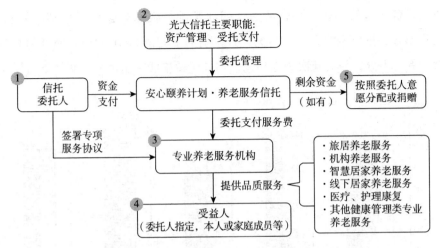

图 4　光大信托安心颐养计划·养老服务信托模式

资料来源：光大信托官微。

三　养老服务金融的需求与参与意愿

为更好地了解国民养老服务金融的需求与参与意愿，2023 年中国养老金融 50 人论坛开展了第五期中国养老金融调查项目，旨在从国民金融基础知识与风险认知、养老金融知识与教育认知、养老金融行为与偏好三方面出发，了解中国当前社会公众养老金融知识及需求。本次调查采用随机抽样方法，通过线上网络平台和线下调研相结合的形式，充分考虑不同地区、年龄层次、收入水平人员的养老金融方面的意愿与需求，面向 31 个省（自治区、直辖市）定向、定量投放问卷，调查共回收有效样本 12019 份。

（一）养老服务金融的基础认知

1. 养老金融知识和素养

（1）基础金融知识水平待提高，对通货膨胀的认识亟待加强

总体来看，调查对象对利率、投资风险有较为清晰的认识，但对通货膨

胀的了解还有待加强。综合考虑这四项基础金融知识题目（单利、复利、通货膨胀、投资风险）计算情况，其正确率平均值为 61.11%，换算为百分制为 61.11 分，与近几次调查相比，均处于及格线左右水平（见图 5）。

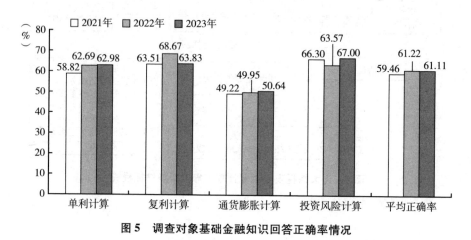

图 5　调查对象基础金融知识回答正确率情况

（2）自评养老金融知识乐观，存在一定程度上的养老金融知识高估现象

养老金融知识反映了居民对于养老金融活动的了解程度，也是居民参与养老金融市场活动的基础。居民需要具备一定的养老金融知识，才能做好自身的养老财富储备和规划，通过自身特征匹配不同风险水平的养老金融产品，从而获得理想的投资收益，实现养老财富的保值增值。

为更好地了解公众对养老金融知识的自我认知情况，本次调查设计了调查对象对自己养老金融知识自评得分的题目：您觉得您养老金融知识掌握如何？0 分为完全不了解养老金融知识，100 分为非常了解养老金融知识，打分在 0~100 分表示养老金融知识递增。调查结果显示，2023 年调查对象的养老金融知识自评的平均分是 65.77 分，与前两年相比，有所下降，这可能是由于 2021~2022 年整体金融市场走势较好，投资者自信心大增，而 2022年下半年以来金融市场开始走下坡路，让很多投资者开始认识到自身的金融知识的不足（见图 6）。

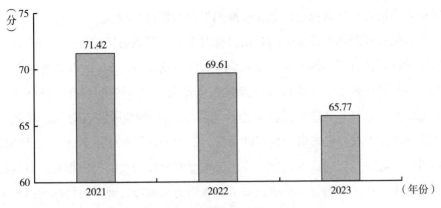

图6 调查对象自评养老金融知识平均得分

前文中的结果显示，调查对象基础金融知识的客观得分为61.11分（见图7）。这一数值低于调查对象养老金融知识的主观自评得分，而实际上由于养老金融涉及的周期长、需要考虑的因素更多，需要的金融知识应该更专业，这在很大程度上可以表明调查对象主观上存在对自己的金融知识的高估，并且这一现象在过去几年的调查中均存在。

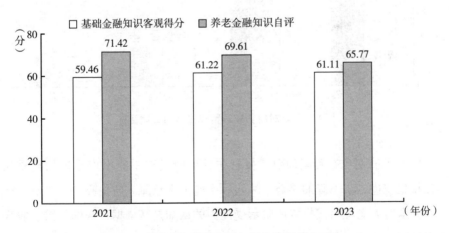

图7 调查对象养老金融知识主客观得分对比

2. 养老金融投资目标与风险偏好

（1）养老金融投资目标中安全性最受关注，观念偏向保守，但几年的

调查趋势反映出公众投资理念在逐渐向保值增值目标转变

居民对养老理财或投资的长期目标对个人的养老财富储备、养老产品的选择和投资都有深刻的影响。本次调查结果显示，48.63%的调查对象认为养老理财或投资最重要的目标是确保本金安全；32.43%的调查对象认为追上通货膨胀率是养老理财或投资的长期目标；16.54%的调查对象选择超越通货膨胀作为其养老理财或投资的目标；2.40%的调查对象不清楚自己的投资目标。与前三年的调查相比，将确保本金安全作为长期投资理财的目标的占比整体呈现下降趋势；将追上通货膨胀作为长期投资理财的目标的占比呈整体增加趋势。不过，养老金融投资的安全性仍然最受关注，养老金融投资观念整体偏向保守（见图8）。

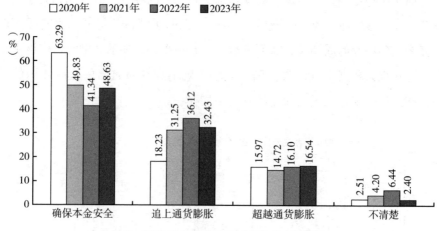

图8　调查对象养老理财或投资的长期目标

（2）调查对象在养老理财或投资中任何时候都不能出现亏损的比重较前几年呈现进一步下降的趋势，风险承受能力和意愿有所提高

公众对养老理财或投资风险承受能力的认知是其依据自身的年龄、收入等多种因素的综合判断，公众的风险承受能力往往决定着其投资目标的确定，从而影响其对养老金融市场产品的选择。

调查数据显示，28.01%的调查对象认为在养老理财或投资中任何时候都不能出现亏损，52.80%的调查对象可以阶段性承受10%以内的亏损，

16.95%的调查对象可以阶段性承受 10%~30% 的亏损，2.25%的调查对象可以阶段性承受 30% 以上的亏损。总的来看，调查对象在养老理财或投资中任何时候都不能出现亏损的比重较前三年的调查数据呈现进一步下降的趋势。在一定程度上反映出调查对象的风险承受能力有所提高，对于风险和收益的依存关系有了更新的认识，这可能也与其金融知识的提高有一定的关系（见图9）。

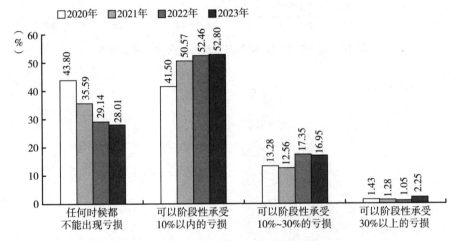

图9　调查对象养老理财或投资风险承受能力

3. 养老生活品质关注情况与养老预期

（1）养老需求呈现多元化趋势，高品质的养老服务备受关注

调查对象最关注的养老生活品质排在前三位的分别是医疗服务、资金保障、社交环境，同样关注度较高的还包括护理服务、与子女亲人团聚、居住和服务设施等方面（见图10）。

（2）传统养老观念发生转变，自我养老成为最可靠的养老预期方式

在家庭结构日益小型化的背景下，大多数调查对象认为传统的家庭养老模式已不具备基础，需要通过自我储备和政府支持等多种社会化的方式实现相应的养老保障。传统的"养儿防老"观念和对政府的福利依赖现象正在逐步弱化，人们更愿意选择通过养老投资的方式解决未来的养老难题（见图11）。

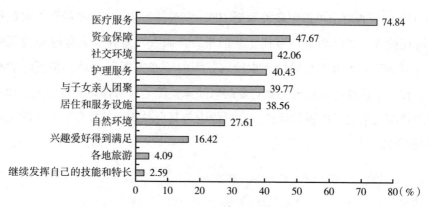

图 10　调查对象对未来养老生活品质关注的总体情况

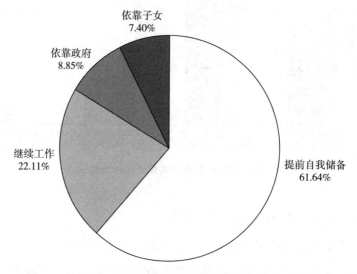

图 11　调查对象预期最可靠的养老方式

（二）养老服务金融参与的实际情况

（1）超过半数养老投资/理财主要偏好是银行存款，其次是商业养老保险、银行理财等其他形式，风险相对较高的产品参与度不高，同时部分群体尚未进行任何养老财富储备

除了参与国家养老保险制度外，调查对象还通过金融市场上不同的渠道

进行了养老财富储备。具体来看，调查对象养老投资/理财偏好最大的依然是银行存款，占比达到71.20%，其次是商业养老保险（32.65%）、银行理财（25.23%）、房产（17.09%）、基金（14.90%）、企业/职业年金（14.57%）。此外，也有一些调查对象通过购买股票、信托产品、国债等进行养老财富储备，但仍有5.96%的调查对象尚未进行任何养老财富储备（见图12）。

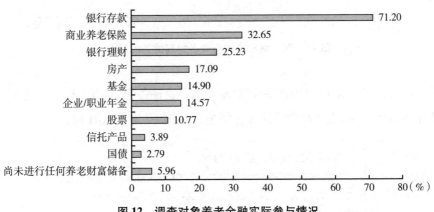

图12　调查对象养老金融实际参与情况

调查结果表明，银行存款、商业养老保险等传统的投资理财方式依然是不少人的首选，这与目前广大公众相对保守的投资偏好紧密相关。但随着我国金融市场的逐步完善，养老理财、基金、股票等多元化的金融产品也开始成为不少居民养老投资理财的重要选择。

进一步了解部分群体尚未进行任何养老财富储备的原因，有34.92%的群体认为自己比较年轻，尚未进行养老财富储备规划，进一步了解该群体的年龄特征，53.63%的群体为18~29岁，20.67%的群体为30~39岁，确实属于相对年轻的群体；此外，产品了解有限、专业金融知识不足、风险担忧、收入限制等也是重要的原因（见图13）。

（2）养老财富储备的规模整体较为有限，超七成（71.63%）调查对象储备金额在50万元以内，仅28.37%的储备金额超过50万元

从养老财富储备量来看，超七成（71.63%）调查对象的储备金额在50

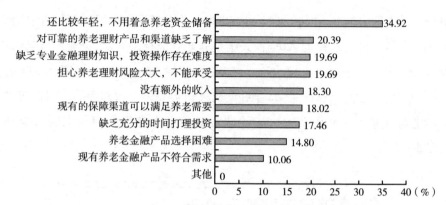

图13 调查对象未进行养老财富储备的原因

万元以下，其中有14.02%的调查对象养老财富储备在10万元以下，将近三成（28.37%）的调查对象的储备金额超过了50万元（见图14）。

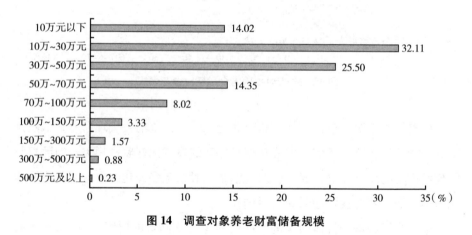

图14 调查对象养老财富储备规模

（三）养老服务金融参与意愿

1. 养老金融市场未来参与意愿

（1）国民已经具备一定的养老储备意识，超六成调查对象认为应该在40岁以前就开始进行养老财富储备

养老财富储备开始时间认知是反映国民退休养老准备的意识情况，也有

利于金融机构更精准地为养老财富储备对象开发适当的金融产品。调查数据显示，超过六成（66.12%）的调查对象认为应该在 40 岁以前就开始进行养老财富储备，其中，23.60% 的调查对象更是认为应该在 30 岁以前就开始做好养老准备。不过仍有 7.52% 的调查对象认为 50 岁及以后才需要开始进行养老财富储备。与过去两年的调查数据相比，2023 年的调查中调查对象认为需要在 40 岁以前就开始进行养老财富储备的比例明显上升，在 40 岁及以后才开始进行养老财富储备的比例下降明显，养老财富储备年龄预期呈现年轻化趋势（见图 15）。

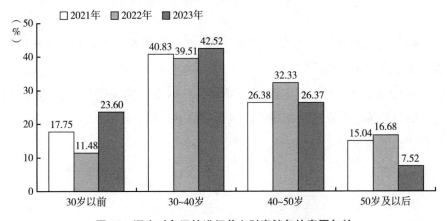

图 15　调查对象开始进行养老财富储备的意愿年龄

（2）近六成调查对象认为整个养老期间财富储备规模在 100 万元以内即可满足养老需求，约四成调查对象认为养老财富储备需达到 100 万元及以上

超过八成（80.62%）的调查对象认为整个养老期间的财富储备规模在 200 万元以内即可满足养老需求，同时，有近六成（57.06%）的调查对象认为整个养老期间所需的财富储备规模在 100 万元以内，21.96% 的调查对象认为 30 万~50 万元的财富储备规模即可满足养老需求，还有 6.88% 的调查对象认为 30 万元以内的财富储备规模即可满足养老需求，只有不到两成（19.38%）的调查对象认为养老财富储备规模需要达到 200 万元以上（见图 16）。

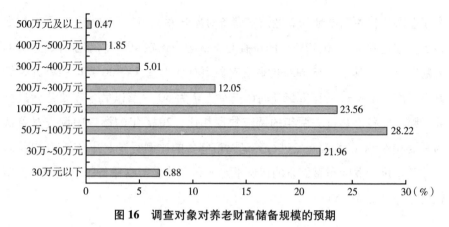

图16 调查对象对养老财富储备规模的预期

（3）养老财富储备现实与预期规模存在较大差距，多数调查对象已储备养老资产尚未达到预期

调查对象对于整个养老期间的养老资产储备预期的平均值为1248952元，而目前调查对象已经储备的养老资产的平均值为456052元，目前的储备量还远不及预期（见图17）。

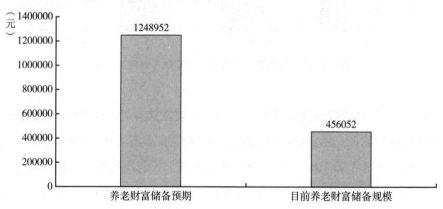

图17 调查对象养老财富储备规模预期与目前储备情况的比较

从调查对象已储备养老资产满足预期的情况来看，不到两成（19.39%）的调查对象已储备的养老资产已经达到预期，大多数调查对象已储备的养老资产则尚未达到预期。当然，其中很多调查对象仍处于正在进

行养老财富储备的过程之中，未达预期也是情理之中。同时，这也反映了未来中国养老金融市场前景广阔（见图18）。

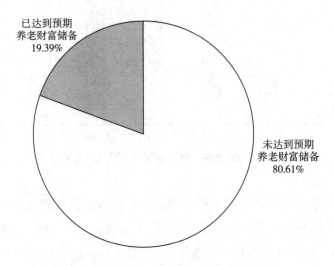

图18　调查对象已储备养老资产满足预期情况

（4）调查对象养老财富储备金额占收入比例意愿的均值为25.30%，未来我国养老金融市场存在巨大的发展空间

国民愿意将多少比例的收入用于养老理财，从某种程度上反映了其对于养老金融活动的参与意愿和参与程度，也在一定程度上显示当前我国养老金融市场的发展空间。调查数据显示，近七成（66.25%）调查对象愿意将30%以内的收入用于养老财富储备；从调查对象养老财富储备金额占比意愿的具体数值来看，调查对象养老财富储备金额占收入比例意愿的均值为25.30%，表明未来我国养老金融市场存在巨大的发展空间（见图19）。

（5）调查对象期望通过多元渠道为未来进行养老财富储备，但仍以银行存款、现金储备等传统产品为主，与前几次调查趋势一致

国民对养老金融产品类型的期待，一方面反映了其对不同金融产品的偏好，另一方面也能够体现国民投资理财习惯。调查数据显示，调查对象期望

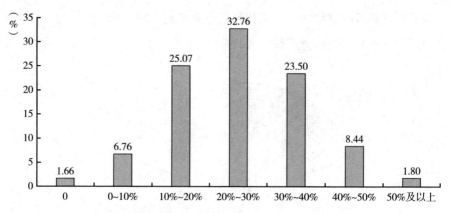

图 19　调查对象养老财富储备（占收入比重）意愿

通过多元渠道为未来进行养老财富储备，但仍以银行存款（68.12%）、现金储备（37.96%）为主，其次是商业保险（30.73%）、银行理财（21.14%）、房产（19.91%）、基金（17.83%）、股票（14.04%）。此外，也有一些调查对象希望通过购买信托产品、债券等进行养老财富储备（见图 20）。

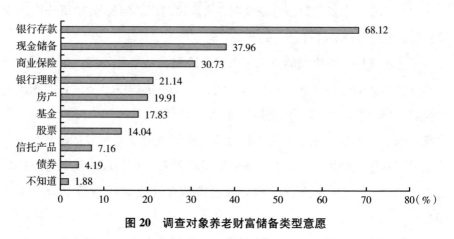

图 20　调查对象养老财富储备类型意愿

（6）养老金融产品特征偏好排在首位的是安全稳健，这与调查对象相对保守的养老金融投资目标与风险偏好基本一致

进一步了解调查对象在选择养老金融产品时所关注的主要要素发现，在

首要考虑的要素中，安全稳健这一要素超过了其他关注要素，有近四成（37.52%）的调查对象认为安全稳健是个人养老金融产品选择所考虑的第一要素，其次是跑赢通胀和附加养老服务等（见图21）。

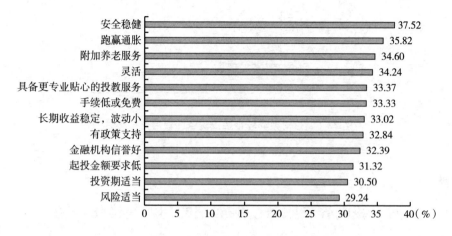

图21　调查对象养老金融产品关注的首要要素

2. 养老金融投资咨询费用的支付意愿

养老金融投资是一项相对专业的工作，不少国民因养老金融知识不足，在选择养老金融产品的过程中往往难以筛选出合适的产品，从而影响其储备充足的养老财富以及实现养老财富的保值增值。近年来，市场上出现了形式多样的养老金融投资顾问服务，受到了社会各界的广泛关注，为广大国民开展更科学的养老金融投资提供了帮助。

由于养老金融投资咨询属于商业行为，为保证其运作的有效性，收取一定的投资咨询费用是提高咨询服务质量的重要保障。调查数据显示，超过八成（85.91%）的调查对象愿意为养老金融投资咨询支付相应的费用。在支付费用的方式上53.47%的调查对象倾向于按照资金规模支付固定比例的费用，25.93%的调查对象倾向于根据投资收益情况支付浮动费用，6.50%的调查对象倾向于不论管理规模大小支付固定费用，表明未来养老金融投资咨询业务具有较为广阔的发展空间（见图22）。

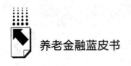
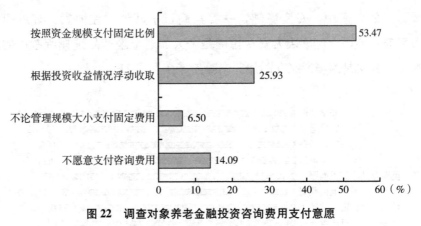

图 22　调查对象养老金融投资咨询费用支付意愿

四　我国养老服务金融面临的问题与优化路径

（一）我国养老服务金融面临的问题

1.参与障碍：收入制约与认知局限的双重困境

一方面，国民收入有限在一定程度上制约了养老服务金融的参与能力。随着中国经济的快速发展和社会主义市场经济体制的逐步完善，国内生产总值（GDP）持续增长，跃居世界第二大经济体。然而，尽管人均 GDP 显著提升，截至 2017 年达到 64521 元，实现了总体小康目标，但国民收入差距依然显著，基尼系数多年超过 0.4 的国际警戒线。国家统计局的数据显示，2023年，我国前 20% 高收入群体的人均可支配收入达到 95055 元，而最低 20% 群体仅为 9215 元，暴露出收入分配的不均衡性。这一差距限制了大部分居民的可支配收入水平，进而影响了他们参与养老服务金融市场的能力，导致养老服务金融需求的不足。另一方面，养老金融储备意识不足限制了其养老服务金融参与意愿。在儒家文化影响下，中国长期以"家庭养老"和"养儿防老"为主流养老模式，加之基本养老保险制度的不断完善，国民对养老保障的预期有所提升。但这种传统观念也导致国民对养老金融储备的意识不足。此外，国民对养老金融产品的认识有限，对理财产品持有不切实际的"低风险、高收益"期望，对金融政策法规、市场运作、金融产品特性及风险的认知不足，这种认知局限与储备意识的不足共同抑制了养老投资的参与意愿。

2. 供需错位：产品同质与市场适应不足

尽管市场涌现出各类冠以"养老"名义的金融产品，但它们在设计上往往未能突破传统金融产品模式的框架，缺乏对老年消费者特定需求的深入挖掘和创新性思考。这种同质性问题严重限制了产品对老年人个性化和多样化养老需求的满足能力，导致市场供给与老年人实际需求之间出现了明显的错位。同时，不少养老服务金融产品的养老功能不显著。许多产品虽然以"养老"命名，但在产品设计和运作上，并未充分体现出养老金融产品应有的特性和优势。例如，一些养老理财产品在门槛、周期和收益等方面与传统理财产品相差无几，缺乏针对性的养老风险管理和资产配置策略。此外，一些所谓的养老金融产品在到期后，并未对资金的使用方向做出限制或引导，使国民可以随意将资金用于非养老目的，这在一定程度上削弱了养老金融产品的功能性和实效性。

3. 环境约束：市场透明度与监管体系有待完善

由于缺乏集中统一的信息发布机制，老年消费者难以获取关于养老金融产品的性能、风险和预期收益等关键信息。这种信息不对称不仅增加了老年人选择合适的金融产品的难度，也使他们更容易成为金融诈骗的目标，从而损害了市场的公平性和效率。此外，由于养老服务金融具有较强的产融结合属性，而养老产业与养老金融监管链条并未完全打通，监管机制的缺失使对市场发展过程中的问题应对不足。例如，目前缺少统一的行业标准和业务规范，导致市场运行存在混乱，消费者信任度下降。不完善的监管为不法机构提供了可乘之机，增加了金融诈骗和其他风险事件的发生概率。又如，老年人对于稳定和低风险的养老金融产品有较高的需求，市场上却充斥着风险不明、收益波动的产品。此外，监管的不足使一些养老机构在产品设计和营销过程中存在误导性宣传，导致老年人面临金融诈骗，进一步加剧了市场的混乱和消费者的不信任。

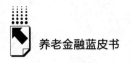

（二）我国养老服务金融的优化路径

1. 增强国民经济基础与养老金融认知

为应对国民收入制约与认知局限的双重困境，政策需从两方面入手。第一，通过实施包容性增长策略，提高低收入群体的收入水平，确保他们具备参与养老服务金融市场的经济基础。第二，加强养老金融教育，提升国民对养老金融产品的认识和理解，特别是对年轻一代进行早期养老规划教育，培养其长期养老储备的意识。同时，政府和金融机构应联合开展针对老年人的金融知识普及活动，构建一个均衡的养老金融知识体系，如通过讲座、研讨会、在线课程等形式，提高老年人对金融市场和养老金融产品的认识，帮助他们树立科学的投资观念和风险管理意识。此外，政府应鼓励和支持社区与非政府组织参与养老金融知识普及活动，提高教育的覆盖面和有效性。

2. 创新养老服务金融产品与服务模式

金融机构应深入研究老年人的养老需求和消费习惯，推动差异化的养老金融产品创新。开发多样化、定制化的养老金融产品，以及提供个性化的财务咨询和规划服务。满足老年人在安全性、流动性和收益性方面的不同需求，并加强产品的宣传和解释工作，提高老年人对产品的认知度和接受度。同时，政策应鼓励金融机构利用金融科技，如大数据分析和人工智能，更好地理解客户需求，提供定制化的解决方案，从而提高市场供给的适应性和有效性。

3. 构建透明的信息平台与强化监管框架

为解决市场透明度不足和监管系统性缺陷，一方面，应建立和完善养老服务金融市场的信息披露机制，提升市场信息的透明度。通过建立统一的信息发布平台，为老年人提供准确、及时的金融产品信息，帮助他们做出更为明智的投资选择，并加强对金融机构信息披露的监管，确保信息的真实性和完整性。另一方面，加强监管框架的建设，制定和实施统一的养老服务金融行业标准和业务规范，提高监管的一致性和预见性，包括加强对金融机构的合规性检查，确保其营销活动的真实性和准确性，防止误导消费者，从而提高市场的公平性和效率，增强消费者对养老服务金融市场的信心。

参考文献

董克用、姚余栋主编《中国养老金融发展报告（2023）》，社会科学文献出版社，2023。

董克用、孙博、张栋：《从养老金到养老金融：中国特色的概念体系与逻辑框架》，《公共管理与政策评论》2021年第6期。

张栋：《银发经济破局中国养老之困》，《中国社会科学报》2024年第2919期。

张栋、张琳：《基于供需匹配的商业养老财富储备体系路径优化研究》，《西南金融》2024年第8期。

中国信托业协会：《资产服务信托——养老信托》，https：//www.163.com/dy/article/IAOIL5910519QIKK.html。

B.4
养老产业金融：多方参与，
金融推动养老产业高质量发展

曹卓君　秦　婧*

摘　要： 2023年10月中央金融工作会议中，养老金融作为国家金融工作"五篇大文章"之一被正式提出，"养老金融"首次被列入国家金融的重点工作，养老产业金融迎来政策机遇。一方面，以保险、银行、基金和信托为代表的各金融主体纷纷参与养老金融的建设；另一方面，养老产业资本市场逐步回暖，一级市场医养结合、社区居家、智慧养老板块热度进一步提升，同时上市公司也在持续加深布局。未来，随着我国养老产业向银发经济扩展和延伸，金融支持养老产业的深度和广度进一步扩大，深度产融结合将逐步推动产业深度发展。

关键词： 金融赋能养老　养老生态体系　产融结合

一　养老产业金融年度政策趋势

（一）中央金融工作会议定调，养老金融上升为金融工作"五篇大文章"之一

2023年中央金融工作会议明确提出，养老金融是金融工作"五篇大文

---

* 曹卓君，和君咨询合伙人，和君集团·和伊咨询副总经理，和君集团康养事业部副主任，国际注册管理咨询师，民政部养老服务业专家委员，国开行专家委员会产业专家，清华五道口养老金融50人论坛特邀研究员，主要研究方向为康养产业；秦婧，和君咨询高级咨询师，国际注册管理咨询师，和君集团康养事业部研究员，主要研究方向为养老产业金融。本文仅代表个人观点，与供职单位无关。

章"之一，养老金融成为国家未来金融重点工作之一。在 2024 年的政府工作报告中，有 13 处提及"养老"，其中养老金融被再次提及。这为各金融机构开展养老金融工作提出明确的政策信号。从 2016 年五部门发布《关于金融支持养老服务业加快发展的指导意见》，鼓励银行、证券、信托、基金、保险等各类金融机构支持养老产业发展，到 2023 年养老金融上升为国家金融重点工作，支持金融机构参与养老金融建设政策信号进一步加强。

（二）银发经济被提出，鼓励养老金融产品研发与健康、养老照护服务衔接

2024 年 1 月 15 日，国务院办公厅印发《国务院办公厅关于发展银发经济增进老年人福祉的意见》。官方第一次明确"银发经济"概念范畴，银发经济是向老年人提供产品或服务，以及为老龄阶段做准备等一系列经济活动的总和，涉及面广、产业链长、业态多元、潜力巨大。在养老金融方面，明确提出要丰富发展养老金融产品，支持金融机构依法合规发展养老金融业务，提供养老财务规划、资金管理等服务。丰富个人养老金产品，推进专属商业养老保险发展。积极发展商业医疗保险和商业长期护理保险，开展人寿保险与长期护理保险责任转换业务试点工作，加强养老金融产品研发与健康、养老照护等服务衔接，为养老金融指明了方向。

（三）金融监管"长牙带刺"，规范"金融+养老"业务

党的十八大以来，习近平总书记高度重视金融在经济发展和社会生活中的重要作用，2024 年 1 月 16 日，在省部级主要领导干部推动金融高质量发展专题研讨班开班式上，习近平总书记再次对"着力防范化解金融风险特别是系统性风险"作出具体部署，"金融监管要'长牙带刺'、有棱有角"。

对于保险企业来说，为隔离养老产业运营与保险产品销售风险，2023 年银保监会发布《关于规范保险公司销售保险产品对接养老社区服务业务有关事项的通知（征求意见稿）》，对布局"保险+养老社区"的保险公司债净资产、综合偿付充足率、风险综合评级、公司治理评估、资产负债管理

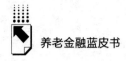

能力、责任准备金覆盖提出明确要求，并在保险产品设计、保险公司组织架构、风险控制方面进一步提升门槛。

对于银行来说，为引导银行更好服务实体经济，持续提升风险管理水平。2023 年 11 月，国家金融监督管理总局发布《商业银行资本管理办法》，进一步完善商业银行资本监管规则。

对于基金公司来说，2023 年 7 月国务院发布《私募投资基金监督管理条例》，将私募投资基金业务活动纳入法治化、规范化轨道进行监管。2023 年 4 月 28 日，中基协就《私募证券投资基金运作指引》对私募证券投资基金的募集、投资、运作管理等环节明确了底线要求，并针对重点问题予以规范，以完善私募证券投资基金运作规则体系。

对于信托公司来说，2023 年银保监会发布《关于规范信托公司信托业务分类的通知》，对照资管新规关于"破刚兑""去通道""去嵌套"等要求，完善信托分类标准和监管要求。按照最新信托业务三分类政策，养老信托更多与财富管理信托、行政管理服务信托以及资产管理信托相关，养老信托产品规范性进一步加强。

二 养老产业金融年度发展回顾

（一）金融机构积极参与银发经济产业发展

随着养老金融作为金融工作"五篇大文章"之一被提出，以保险、银行、信托、基金为代表的各个金融机构开始探索金融支持养老产业发展路径，发挥金融工具优势，推动产业发展。

1. 人身险公司全面布局，资产端带动负债端收益

和君康养事业部统计 74 家人身险公司①2023 年营业数据，10 家人身险公司保险业务收入超过千亿元，33 家人身险公司保险业务收入超过百亿元。

---

① 以寿险公司为主，未统计健康险及养老金管理公司。

为突破业务营收增长瓶颈，70%以上的人身险公司开启养老业务战略，通过自建、租赁、合作等方式纷纷布局养老产业。特别是千亿元保险业务收入的头部保险公司，90%开始进军养老产业，以期在资产端获取养老产业中长期投资收益，在负债端与客户需求相匹配。

千亿元营收人身险公司多通过重资产方式进行康养产业布局，锁定核心康养产业资源，打造差异化康养产品服务模式。具体布局情况如表1所示。

表1　千亿元营收人身险公司布局养老产业全景

单位：亿元

序号	公司名称	2023年保险业务收入	养老产业布局
1	中国人寿	6413.80	CCRC社区+养老机构+居家养老
2	平安人寿	4665.40	CCRC社区+居家养老
3	瑞众人寿	2691.00	—
4	太平洋人寿	2331.42	CCRC社区
5	泰康人寿	2031.88	CCRC社区+养老机构
6	太平人寿	1688.56	CCRC社区
7	新华人寿	1659.03	CCRC社区
8	大家人寿	1275（2022年数据）	CCRC社区+养老机构
9	中邮人寿	1098.66	健康驿站
10	人保寿险	1006.34	CCRC社区

资料来源：中国保险行业协会网站数据及公开信息，和君康养事业部整理。

百亿元营收人身险公司多通过资源合作方式，构建康养产业生态圈，形成康养产品服务体系，全面服务客户康养需求。具体布局情况如表2所示。

表2　百亿元营收人身险公司布局养老产业全景

单位：亿元

序号	公司名称	2023年保险业务收入	养老产业布局
1	阳光人寿	746	CCRC社区
2	友邦人寿	607.61	养老机构（合作）
3	信泰人寿	535.9	—
4	工银安盛	404.45	居家养老

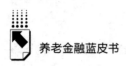

续表

序号	公司名称	2023 年保险业务收入	养老产业布局
5	国华人寿	400.26	CCRC 社区
6	建信人寿	397.13	旅居机构+健康驿站
7	招商信诺	346.46	养老机构（合作）
8	中信保诚	315.82	养老机构（合作）
9	农银人寿	301.64	——
10	中银三星	248.68	养老机构+居家养老（合作）
11	中意人寿	233.62	居家养老（合作）
12	中宏人寿	231.87	养老机构+居家养老（合作）
13	长城人寿	230.34	养老机构+居家养老（合作）
14	幸福人寿	224.88	以房养老
15	利安人寿	220.68	养老机构（合作）
16	交银人寿	216.67	养老机构（合作）
17	光大永明	194.73	养老机构（合作）
18	合众人寿	193.49	CCRC 社区
19	大都会人寿	187.41	居家养老（合作）
20	中英人寿	161.71	营养膳食+养老机构（合作）
21	招商仁和	145.01	养老机构
22	民生人寿	119.61	——
23	中荷人寿	118.19	居家养老（合作）
24	弘康人寿	119.01	居家养老（合作）
25	恒安标准人寿	105.08	——
26	前海人寿	未披露	CCRC 社区
27	百年人寿	未披露	CCRC 社区+养老机构
28	中汇人寿	未披露	——
29	富德生命	未披露	CCRC 社区
30	海港人寿	未披露	CCRC 社区
31	君康人寿	未披露	CCRC 社区
32	中融人寿	未披露	养老机构（合作）
33	珠江人寿	未披露	——

资料来源：中国保险行业协会网站数据及公开信息，和君康养事业部整理。

　　百亿元以下营收人身险公司多通过轻资产合作方式布局康养产业，具体布局情况如表 3 所示。

表3 百亿元以下营收人身险公司布局养老产业全景

单位：亿元

序号	公司名称	2023年保险业务收入	养老产业布局
1	渤海人寿	95.65	养老机构（合作）
2	东吴人寿	95.38	健康小屋
3	信美相互	90.84	旅居养老+养老机构+居家养老（合作）
4	财信吉祥	88.76	—
5	横琴人寿	85.2	旅居机构
6	国联人寿	84.34	居家养老（合作）
7	同方全球	81.75	养老机构
8	爱心人寿	74.93	养老机构
9	华泰人寿	73.12	养老机构（合作）
10	汇丰人寿	73.11	—
11	陆家嘴国泰	60.6	养老机构（合作）
12	北京人寿	57.44	CCRC社区
13	中华联合人寿	57.39	—
14	中德安联	53.87	—
15	上海人寿	未披露	—
16	北大方正	48.59	养老机构（合作）
17	华贵人寿	46.98	居家养老（合作）
18	复星保德信	43.46	CCRC社区+养老机构（合作）
19	长生人寿	32.39	养老机构（合作）
20	国富人寿	30.68	—
21	鼎诚人寿	28.67	养老机构（合作）
22	国宝人寿	24.04	
23	中韩人寿	23.8	养老机构（合作）
24	和泰人寿	23.25	—
25	君龙人寿	21.99	
26	德华安顾	19.77	居家养老（合作）
27	小康人寿	18.33	—
28	瑞泰人寿	15.97	—
29	海保人寿	11.29	—
30	三峡人寿	4.06	—
31	华汇人寿	0.04	—

资料来源：中国保险行业协会网站数据及公开信息，和君康养事业部整理。

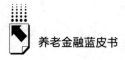

（1）以"重资产—中资产—轻资产"方式，通过资产端推动养老产业发展

重资产投资多以自建自营方式。以泰康人寿为例，公司从2007年开始尝试进入养老服务领域，2009年成为首个获得养老社区投资资格的保险企业，成为保险行业最早进行重资产布局的养老产业先行者。公司通过将人寿保险资金中用于不动产投资的一小部分，投资建设养老社区，构建全国最大的高品质连锁候鸟式养老社区。截至2024年4月底，泰康之家在全国35个重点城市布局40个项目，规划总地上面积约476万平方米，可容纳8.5万人，可提供5.6万个养老单位，医疗床位超过4400张，是全国最大的高品质连锁养老集团之一。泰康健投以"网络化"布局为模式特色，迅速占领全国核心一、二线城市，最大化口碑效应和规模效益。其中，北京、上海、广州、成都、苏州、武汉、杭州、南昌、沈阳、长沙、厦门、南宁、宁波、合肥、深圳、南京、重庆、郑州、青岛等19城20家社区已投入运营，在住居民超过1.2万人。

中资产投资则通过租赁物业进行养老项目运营。以大家保险为例，通过租赁核心城市中心、黄金地段、大三甲医院周边的商业建筑，将其改造为高端养老社区，以"中资产·重服务"方式，通过持续运营的收益回收改造投资。公司从2019年确定以养老为核心战略，开始在北京选址打造首批城心医养社区样本，截至2024年4月底，大家保险已经布局第17家城心医养社区，包括北京、上海、深圳、天津、成都、杭州、济南、武汉、合肥、南昌、太原、长沙、沈阳、郑州、石家庄等核心城市。大家保险旗下大家健投通过租赁物业模式运营养老社区，经过多年业务实践，已经将物业改造能力打造成公司的核心能力，特别是涉及老旧物业，包括产权、结构改造、消防、大楼使用性质等问题的解决，通过建立改建标准，逐步降低改建投入成本。

轻资产投资是以股权投资方式收购成熟养老服务公司。以百年人寿为例，其通过入股复星康养实现"保险+康养"的联动。作为复星集团旗下唯一的养老产业平台，复星康养从2012年开始布局养老产业。通过十多年运营，复星康养在全国范围内有 11000 张床位成熟项目，ROI 达到 20%，形成两个核心主力产品线，分别是面向专项护理市场的康护型机构和针对一线城市的自理养老客群的城市型 CCRC。2020 年百年人寿战略投资复星康养，实现投资协同和营销协同。在投资协同方面，复星康养进入每一个区域市场，都会优先考虑有分公司布局的城市，形成保险销售场景，通过养老服务拉动保险销售。营销协同方面，复星康养会在场景上通过体验式培训，进一步协助保司代理人队伍壮大。

整体来看，头部保险公司多以重资产方式进行产业布局，抢占核心城市核心养老社区资源，以保障养老服务的独占性和唯一性。中小保险公司多以轻资产链接养老产业资源，以养老产品和服务权益，促进负债端保单销售。中资产模式是一种介于重资产和轻资产之间的创新布局模式，探索该模式的保险公司较少。

（2）以负债端作为引导，服务保单客户健康养老需求

以合作方式搭建养老和健康消费场景。以中宏人寿为例，公司计划打造覆盖客户不同生命周期（自理、半自理、非自理老人）、兼顾不同养老模式（居家养老、社区养老、机构养老）的养老服务网络，以满足客户不同阶段定制化的养老需求。从资源整合方式来看，中宏人寿以业务合作模式，将健康服务、养老综合服务与年金险、寿险及健康险产品相衔接，为客户及其家人提供长期至终身的服务权益。从资源整合类型来看，一是重点整合居家养老服务商，包括上门康复护理服务、适老化改造、智慧养老服务、就医陪诊、住院护工等服务，以解决客户在健康方面的刚需。二是合作对接连锁型品质养老机构，采用轻资产模式与第三方机构合作对接，此类机构多经过几轮资本融资，且区域深耕多年，具备服务质量及服务能力。现公司养老服务网络已覆盖 40 多个核心城市、200 家以上机构。在此基础上，未来将进一步扩容，携手第三方优质养老机构进行深度合作，致力于满足客户家庭对于机构养老的需求。

建立独立管家团队，以"自建服务团队+多元合作伙伴"全面服务客户养老需求。养老和健康服务具备一定专业门槛，通过单独设置管家团队，为

客户提供专业化、专属化的对接服务。以友邦为例，其成立专门的康养管家团队，协助客户进行资源选择、方案安排，帮助客户做出合适的养老选择。康养管家作为友邦康养战略的一大核心要素，可以实现客户连接，帮助客户进行康养资源对接。2023年友邦推出3.0"康养管家"服务，通过"自建服务团队+多元合作伙伴"，整合医学专家团队、专案管理团队、7×24小时双语服务中心、康养专家团队和康养管家团队，持续夯实友邦的生态圈服务，持续为客户提供全旅程、一站式的健康服务。以"康养管家"服务为抓手的"养老生态圈"不断完善客户养老强能、弱能、失能各阶段需求的全生命周期服务。

整体来看，为满足保险公司核心客户家庭的养老和健康需求，负债端从以下几方面进行布局，一是整合刚需护理服务，以养老机构和养老社区为主，满足客户未来养老护理需求。二是整合活力养老服务，以居家养老、旅居养老服务为主，满足刚退休阶段客户活力养老需求。三是整合各类健康管理服务，包括基因检测、健康体检、三甲医院绿通，满足各年龄段客户日常健康需求。为保证服务品质和服务质量，建立管家团队，实现客户养老和健康需求的及时响应。

2.银行机构以贷款端和服务端双轮驱动，推动养老产业发展

（1）开展针对养老企业的专项贷款，推动养老产业金融发展

通过为养老企业提供低利率贷款，降低养老服务机构的融资成本，推动增加养老服务供给。以中国银行为例，2023年8月，为缓解养老服务机构融资难问题，中国银行上海市分行联动上海市民政局、上海市财政局及上海市融资担保中心，通过银政担三方合作，推出"养老服务批次贷"专项合作方案，成功发放上海市首笔三年期"养老服务批次贷"1000万元，为养老服务机构提供资金支持（见表4）。

（2）协同集团金融及其他业务板块，实现业务联动

12家股份制银行纷纷借助集团其他金融和产业服务能力，协同开展养老金融业务。以光大银行为例，光大银行以"打造股份制银行领先的养老金融综合服务"为目标，充分发挥一个"光大"协同禀赋，深耕"养老金

金融、养老服务金融、养老产业金融"。在养老产业金融方面，光大银行基于光大集团健康养老生态建设成果，强化与集团金融板块及实业板块企业协同，加大金融支持力度，推动养老产业转型升级，促进养老产业发展。同时，通过强化与光大永明保险的协同合作，整合养老机构资源，打造具有光大特色的、医养结合的"健康养老圈"服务体系。通过线上"颐享阳光"康养场景的打造，不断丰富养老场景，建立健全"数据—客户—渠道"和"场景—产品服务—数据"价值创造链（见表5）。

表4　2023~2024 年开展养老贷款的银行（部分）

序号	银行名称	专项贷款情况	贷款企业类型
1	中国农业发展银行	安徽萧县养老项目贷款，累计授信 6.14 亿元，贷款 3.64 亿元	县康养服务中心项目建设
2	中国工商银行	山东临沂"养老金融"普惠贷款授信 400 万元，贷款 10 万元	老年鞋制造
3	中国建设银行	重庆"银发安享贷"，最高额度 1000 万元	养老服务机构
4	中国农业银行	上海"农银养老批次贷"，已发放 300 万元贷款	养老服务机构
5	中国银行	上海"养老服务批次贷"，已发放 1000 万元贷款	养老服务机构
6	中国交通银行	上海"养老服务批次贷"，已发放 250 万元贷款	养老服务机构

资料来源：公开资料收集，和君康养事业部整理。

表5　2023~2024 年股份制银行布局养老产业金融情况

序号	银行名称	养老产业金融布局情况	定位
1	招商银行	福州分行养老产业上下游贷款（包括医疗器械、医药品生产批发销售、医药研发、医疗原料制造等），241 个融资主体，余额合计 29.41 亿元	八大特色金融之一
2	兴业银行	上海分行发放上海市首笔民非养老机构创业担保贷款	"商行+投行"战略下做好养老金融
3	中信银行	携手中信集团养老产业子公司以及外部优质养老资源，着力构建"财富""健康""医养""长寿"的养老金融服务闭环	全面升级"幸福+"养老金融服务体系
4	浦发银行	广州分行试行养老项目 50% 的按揭	"一体三翼"养老金融服务体系
5	平安银行	通过与平安寿险等兄弟公司联合，构建居家养老、康养社区养老两大解决方案	"平安颐年会"养老服务体系

序号	银行名称	养老产业金融布局情况	定位
6	光大银行	基于光大集团健康养老生态建设成果,强化与集团金融板块及实业板块兄弟企业协同	养老金融"12345"工程
7	民生银行	济南分行向某医养管理公司固定资产贷款人民币5亿元,10年期贷款	"民生悦享"养老金融服务体系
8	华夏银行	温州分行为本市某养老养生康复城项目贷款7000多万元	打造养老金融客户局部可闭环、可循环业务的主办行
9	广发银行	依托中国人寿集团健康养老业务优势,加大资源整合力度,丰富康养增值服务	强化"养老选国寿、开户在广发"品牌形象
10	浙商银行	—	"深耕浙江"战略
11	渤海银行	—	从简单养老产品服务升级到养老金融生态
12	恒丰银行	—	创建"月恒·岁享"老年客群服务品牌

资料来源:公开资料收集,和君康养事业部整理。

3.产业基金通过股权投资助力养老生态圈建设

根据中国证券投资基金业协会公开数据,截至2024年4月底,涉及养老的投资基金78只,排除养老金投资基金和正在清算期的基金,投资养老产业基金36家,以私募股权基金为主(见表6)。其中,保险投资基金8只,占比22%;12只基金仅投资单体地产项目,占比33%。为平衡基金收益,90%以上基金投资泛养老领域,投资方向包括养老机构、生物医药、基因检测、健康管理等。

表6 投资养老产业的基金情况

序号	基金名称	基金管理人	投向
1	苏州国发苏创养老服务业投资企业(有限合伙)	苏州国发资产管理有限公司	护理院、生物医药等
2	吉林省养老服务产业基金合伙企业(有限合伙)	吉林省养老服务产业基金管理有限公司	养老服务、康复服务等

续表

序号	基金名称	基金管理人	投向
3	天时养老产业投资基金（深圳）企业（有限合伙）	天时（天津）股权投资基金管理合伙企业（有限合伙）	健康管理、旅居等
4	湖南健康养老产业投资基金企业（有限合伙）	湖南医药发展私募基金管理有限公司	养老服务、医药等
5	内蒙古财康养老服务产业基金管理中心（有限合伙）	财盈咨华投资管理（上海）有限公司	单体养老项目
6	四川省健康养老产业股权投资基金合伙企业（有限合伙）	四川聚信发展股权投资基金管理有限公司	养老服务、生物医药等
7	湖北九州通高投养老产业投资基金合伙企业（有限合伙）	湖北高通投资基金管理有限公司	老年病医院、医药等
8	宜昌国投养老产业投资基金（有限合伙）	湖北高宜产业投资管理有限公司	养老服务、医院等
9	北京同仁堂养老产业投资运营中心（有限合伙）	北京同仁堂养老投资管理有限责任公司	养老服务
10	江西养老服务产业发展基金（有限合伙）	江西省财投股权投资基金管理有限公司	养老服务、健康管理
11	梅州久安养老产业投资合伙企业（有限合伙）	北京久银投资控股股份有限公司	单体养老项目
12	安徽省中安健康养老服务产业投资合伙企业（有限合伙）	安徽中安健康投资管理有限公司	养老服务、健康管理等
13	乌镇和谐雅达养老产业投资（桐乡）有限合伙企业	北京雅达资本管理有限公司	单体养老项目
14	赢翰资产上海香树湾国际养老项目专项投资私募基金	上海赢翰资产管理有限公司	单体养老项目
15	云寿（嘉兴）健康养老产业投资合伙企业（有限合伙）	北京保利艺术投资管理有限公司	单体养老项目
16	北京人保健康养老产业投资基金（有限合伙）	人保资本股权投资有限公司	养老服务、医疗服务等
17	国寿万科壹号（嘉兴）健康养老产业投资合伙企业（有限合伙）	深圳前海基础设施投资基金管理有限公司	单体养老项目
18	合肥星辉一号养老产业咨询中心（有限合伙）	安徽星辉睿智投资管理有限公司	单体养老项目
19	天津首厚晶安养老产业投资合伙企业（有限合伙）	北京厚朴融灏资本投资管理有限公司	单体养老项目

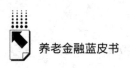
续表

序号	基金名称	基金管理人	投向
20	北京国寿养老产业投资基金(有限合伙)	国寿股权投资有限公司	养老服务
21	大家(深圳)健康养老私募股权投资基金合伙企业(有限合伙)	远见共创资本管理有限公司	养老服务
22	杭州萧山平安康养壹号股权投资合伙企业(有限合伙)	平安创赢资本管理有限公司	养老服务
23	攀枝花市金琨康养产业股权投资基金中心(有限合伙)	攀枝花市金实股权投资基金管理有限公司	康养农业等
24	昌吉川商康养建设基金合伙企业(有限合伙)	四川省商投志合股权投资基金管理有限公司	养老服务
25	石家庄冀旅康养投资基金中心(有限合伙)	河北旅投股权投资基金股份有限公司	—
26	湖南南粤七星文旅康养产业投资基金合伙企业(有限合伙)	湖南南粤基金管理有限公司	单体养老项目
27	广西旅发康养并购基金合伙企业(有限合伙)	广西全域旅游产业发展基金管理有限公司	健康管理、医疗服务等
28	广州越秀康养投资合伙企业(有限合伙)	广州越秀产业投资基金管理股份有限公司	养老服务
29	中能化十里莲江康养私募股权投资基金	中能化投资管理(天津)有限公司	单体养老项目
30	德鑫智慧康养(淄博)股权投资基金合伙企业(有限合伙)	深圳市蓦然投资基金有限公司	养老服务、医疗服务
31	宁波旦恩康养二期股权投资合伙企业(有限合伙)	深圳旦恩先锋投资管理有限公司	养老服务
32	垣曲县文化旅游康养产业发展基金合伙企业(有限合伙)	山西文旅集团股权投资基金管理有限公司	单体养老项目
33	湖北高投汉江伟光汇通康养产业投资基金合伙企业(有限合伙)	湖北教投创智股权投资基金管理有限公司	—
34	济南康养产业投资合伙企业(有限合伙)	山东致汇私募基金管理有限公司	智慧养老
35	宁波达康怡生创业投资合伙企业(有限合伙)	达风私募基金管理有限公司	养老服务
36	共青城当康股权投资合伙企业(有限合伙)	北京方圆金鼎投资管理有限公司	医学营养、康复辅具等

资料来源：中国证券投资基金协会官网，和君康养事业部整理。

目前专注于养老产业的私募基金较少，北京达风投资管理有限公司2014年开始关注养老领域，募资投资养老赛道。公司聚焦养老大健康中尤其是国内最具有投资价值的区域性龙头养老服务营运企业以及盈利模式清晰且具有并购价值的中高端医疗机构，对其中轻资产、连锁化养老服务机构和高发慢病医疗机构进行重点投资。投资案例有成都锦欣福星康养产业集团股份有限公司、无锡朗高养老集团股份有限公司、重庆合展养老产业发展有限公司等，均取得良好的退出收益。

4. 信托公司基于资产证券化服务信托，助力项目融资

截至2024年4月底，和君康养事业部根据各信托公司官网信息，统计55家已公开财务信息的信托公司2022年业务营收、利润规模以及布局养老产业情况，有25家信托公司布局养老产业，占比45.45%。其中，营业收入过百亿元的两家信托公司均有涉及养老产业的家庭信托产品。

业内正在探索养老项目的ABN模式①，是以项目所拥有的资产为基础，以项目资产可以带来的预期收益为保证，通过在银行间交易市场发行债券来募集资金的一种项目融资方式。信托公司参与资产证券化市场主要担任信贷ABS②发行人、企业ABS管理人和ABN发行与承销机构。

上海信托正在进行此类业务的探索。具体来说，重资产公司作为借款人，以物业资产/应收账款作为抵押，以项目未来收益设立资产支持票据信托（不动产ABN），该信托产品在银行间交易市场进行发行销售。该信托计划收益主要通过重资产公司股权分红和债权还本付息方式进行收益分配。该ABN模式可以实现资产估值的80%~100%。信托计划一般设立时间为20年，每两年设置一次开放期，开放期发行主体可选择退出信托计划，若退出，需对信托计划进行股权回购。所有资料备齐的情况下，

---

① ABN即资产支持票据，Asset-Backed Medium-term Notes的缩写。主要指非金融企业为实现融资目的，采用结构化方式，通过发行载体发行的，由基础资产所产生的现金流作为收益支持的，按约定以还本付息等方式支付收益的证券化融资工具。

② ABS即资产支持证券，Asset-backed Securities的缩写。主要指以特定资产组合或特定现金流为支持，发行可交易证券的一种融资形式。

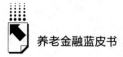

2~3个月可完成发行。发行票面利率随行就市，可参考中期票据利率（见图1）。

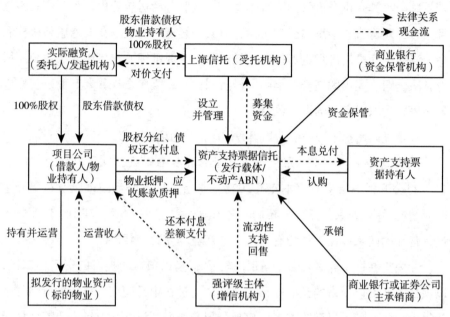

图1 上海信托探索的养老项目ABN交易结构

资料来源：和君康养事业部整理。

（二）私募股权市场回暖，医养结合、社区居家、智慧康养热度提升

1. 大健康领域整体投融资规模下降

根据《2023年医疗健康领域投融资年报》数据，2023年中国医疗健康领域一级市场共发生1647起投融资事件，同比下降16.82%，融资金额总计829.2亿元，同比下降34.41%，全国各地区一级市场融资热度明显下降，医药供应链融资明显上涨，人工智能及医疗器械融资大幅下跌，融资金额小，交易活跃度高，小步、快跑的投资方式更受推崇（见图2）。

2. 养老相关产业融资较多，投资领域分布更为分散

2023年，据不完全统计，我国与老年人相关性比较强的产业投融资事

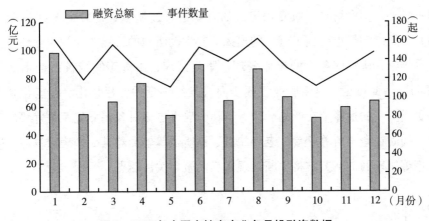

图 2　2023 年全国大健康产业各月投融资数据

资料来源：《2023 年医疗健康领域投融资年报》，和君康养事业部整理。

件共计约 63 起，集中在第二、三季度，第四季度资本投资活跃度较低（见图 3）。

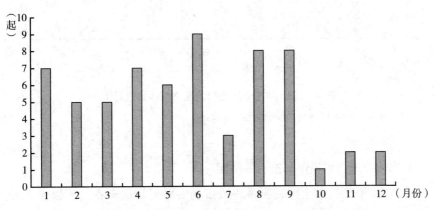

图 3　2023 年我国养老产业相关投融资事件月度数量分布

资料来源：公开市场数据，和君康养事业部整理。

　　从行业领域来看，2023 年我国养老相关产业投融资多集中在智慧医养、智能健康领域，包括智慧康复医疗、慢病数字健康管理、AI 智能健康、医疗人工智能、智慧养老、智能养老等；其次为照护服务、医药器械和健康管理领域，包括养老机构等服务运营、神经退行性疾病药物研发、可穿戴设备

103

等；另外，生命科技、康复服务、居家护理、助听器、医疗服务、功能食品、文娱旅游等也受到了资本的追捧，其中助听器的智能化、智慧化趋势比较受推崇，医疗服务中的疼痛管理、康复医疗、中医等领域较受推崇（见图4）。由此可见，养老产业正逐步向银发经济延伸，智慧化、智能化企业将更受资本的追捧，在产品、服务、运营管理层面具备差异化竞争优势的企业，同时在老年营养膳食、老年旅游、助听器等辅助器具、慢病康复与健康管理等领域的创新突破将不断涌现出新的资本关注热点。

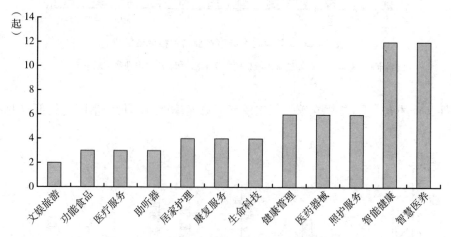

图4 2023年养老产业相关融资事件数量对比

资料来源：公开市场数据，和君康养事业部整理。

3. 整体投融资偏谨慎，投资偏早期

从2023年养老产业相关领域一级市场的融资轮次来看，多数银发相关企业的融资集中在Pre-A/A/A+轮次，其次为天使轮，两类融资轮次占比近64%，战略融资占比15%，并购融资占比5%，B轮及以上融资占比仅为17%（见图5）。在资本投资整体"寒冬"的背景下，养老产业相关投融资事件数量虽然相比2022年保持着较大的增长，但融资轮次仍然相对偏向早期，除了资本投资整体偏谨慎之外，也间接说明了与银发产业较为紧密的相关企业多数处于早期阶段，成规模、相对成熟的企业数量较少。

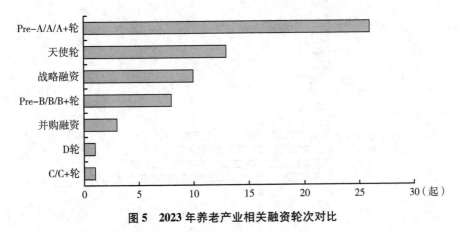

图5　2023年养老产业相关融资轮次对比

资料来源：公开市场数据，和君康养事业部整理。

（三）二级市场：上市企业动作不断，持续深入产业布局

1. 养老产业成为A股上市公司寻求第二增长曲线的重要领域

2023年，布局养老产业的A股上市公司共有62家，占布局养老产业所有上市公司的67%。对比其他资本市场布局养老产业上市公司，从体量和盈利能力来看，A股上市公司数量最多、市值最高、盈利能力最强。在人口老龄化背景下，涉足养老产业上市公司主业较为多元化，养老产业成为众多企业的选择之一。

制造业、医药和房地产企业纷纷布局养老领域。从62家A股养老上市公司主业来看，制造业企业14家，占比为22.6%，医药和房地产企业均有12家，各自占比19.4%，属于前三大布局养老领域的企业类型（见图6）。制造业企业布局模式多样，医疗器械制造和保健产品制造企业将产品进行适老化改造，布局适老用品。医药企业则是沿医药、医养、医疗进行产业延伸，全面服务消费者的全生命周期。房地产企业则是依托地产建设和销售优势，纷纷布局养老服务。

养老服务和医养结合成为核心细分赛道。养老服务与医养结合细分赛道盈利商业模式成熟，盈利性稳定，成为A股上市公司的首选。62家A股养

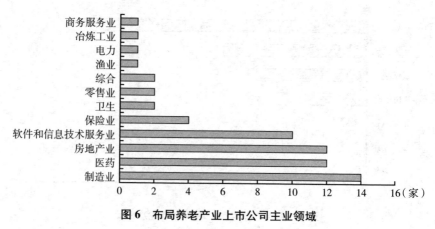

图6 布局养老产业上市公司主业领域

资料来源：各上市公司年报数据，和君康养事业部整理。

老上市公司中，28家（45%）通过并购或自建方式运营养老机构，以养老服务作为养老业务切入点，14家（22.6%）通过布局康复医院、老年病医院和护理院方式进入养老产业（见图7）。

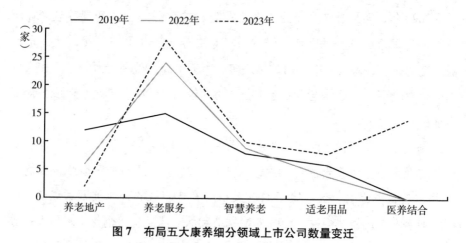

图7 布局五大康养细分领域上市公司数量变迁

资料来源：各上市公司年报数据，和君康养事业部整理。

与2022年相比，布局养老地产上市公司降到2家，布局养老服务、智慧养老、适老用品、医养结合企业数量增加。结合营收情况，涉足医养结合的企业在疫情期间仍保持营收稳定增长，从侧面验证医养结合领域盈利性较强。

2. 港股为养老企业提供上市资本通道

2023 年布局养老产业的港股上市公司共有 19 家，包括 6 家百亿元市值公司和 13 家亿元和数十亿元市值公司。主要涉及养老服务、医养结合和智慧养老领域。随着经济持续恢复，布局养老领域的港股上市公司收入持续上升，公布 2023 年营业收入的上市公司有超过 1/2 的企业营收实现增长，11家企业净利润为正。

19 家港股养老上市公司中，84.21% 的公司布局养老服务及医养结合。除福寿园以殡葬服务为布局方向，优必选、东软熙康以智慧养老为布局方向，其余 16 家均布局养老服务或医养结合。这从侧面证明，港股市场是养老企业优选资本市场之一。

19 家企业中，有 2 家主营业务为养老服务的港股上市公司，分别为嘉涛（香港）控股和恒智控股。虽然两家企业受港股整体环境和疫情影响，市值在 10 亿元以下，但通过港股上市，能够增加企业公开市场融资方式，为其提供资金通道支持（见表 7）。

表 7　2023 年港股养老上市公司

序号	股票代码	公司名称	市值（亿元）	营业收入（万元）	同比增长（%）	税后利润（万元）	领域
1	09880	优必选	725.1	105570	4.70	−126460	智慧养老
2	00966	中国太平	232.5	9938419	−1.30	950206	养老服务
3	02453	美中嘉和	201.6	53870	14.08	42640	养老服务
4	00123	越秀地产	153.8	8022201	10.78	457505	养老服务
5	01448	福寿园	119.0	262803	21.02	97592	殡葬服务
6	01833	平安好医生	112.8	467356	−24.68	−33486	医养结合
7	00165	光大控股	65.39	559132	−21.54	−162939	养老服务
8	01112	H&H（健合）集团	65.3	1392650	9.01	58180	医养结合
9	03377	远洋集团	19.0	—	—	—	养老服务
10	01526	瑞慈医疗	17.5	299270	26.01	36380	医养结合
11	02120	康宁医院	8.2	159627	7.50	8693	医养结合
12	00383	中国医疗网络	7.4	145375	9.35	1130	医养结合

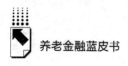

续表

序号	股票代码	公司名称	市值（亿元）	营业收入（万元）	同比增长（%）	税收利润（亿元）	领域
13	03689	康华医疗	7.0	204190	10.64	12110	医养结合
14	09686	东软熙康	7.0	53770	-21.78	-15490	智慧养老
15	02189	嘉涛（香港）控股	5.4	—	—	—	养老服务
16	02389	北京健康	3.9	12976	-15.70	-5707	养老服务
17	08405	恒智控股	2.7	19529	9.41	2423	养老服务
18	01778	彩生活	2.5	152318	16.18	3297	养老服务
19	08189	泰达生物	1.6	39800	-1.42	-106	养老服务

注：市值及人民币兑港币汇率数据更新至 2024 年 4 月 19 日。
资料来源：各上市公司年报及公开数据，和君康养事业部整理。

3. 新三板/北交所养老上市公司布局领域集中，创新能力较强

截至 2023 年底，新三板/北交所养老上市公司 20 家，主要市值在 10 亿元以下，规模体量较小，但业务创新能力较强（见表 8）。以海阳股份为例，在业务模式创新层面，一是积极与金融企业进行合作，持续完善公司现有金融养老服务模式。二是打通医养体系，依托互联网医院，逐步健全完善养老机构、医疗机构、医生、药店等端口的线上诊疗服务，构建医疗生态链，建设远程康养诊疗新模式。三是加大居家适老化改造服务的推广，推出家庭养老床位和家庭照护床位，深入布局居家养老领域。

表 8 2023 年新三板/北交所养老上市公司

排序	股票代码	资本市场	公司名称	市值（亿元）	营业收入（元）	净利润（元）	领域
1	832171	北交所	志晟信息	6.87	238868181.25	-19500894.28	智慧养老
2	839881	基础层	瑞尔康	9.30	8852925.24	-113724.71	养老服务
3	830921	创新层	海阳股份	7.74	417488558.68	65166843.73	养老服务
4	873449	基础层	盛泉养老	7.80	83680303.46	2858575.33	养老服务
5	832113	创新层	中康国际	5.00	340410792.93	2077192.60	医养结合
6	839367	基础层	朗高养老	4.98	244147940.09	9612170.19	养老服务
7	831718	创新层	青鸟软通	2.89	295372525.50	31925188.24	养老服务
8	832816	创新层	索克物业	4.61	495612040.34	43368982.57	养老服务

排序	股票代码	资本市场	公司名称	市值（亿元）	营业收入（元）	净利润（元）	领域
9	870037	基础层	京福安	3.83	1389901.93	−6446234.45	智慧养老
10	430165	基础层	光宝联合	2.25	193420404.28	18936214.19	智慧养老
11	831664	基础层	雅达养老	2.00	66508293.21	13407278.16	适老用品
12	832687	基础层	ST京东农	1.95	17820882.07	−5228485.69	养老服务
13	870925	基础层	爱侬养老	1.15	43342023.95	−1635328.23	养老服务
14	833390	基础层	国德股份	0.45	24748911.58	−2831820.10	养老服务
15	833111	基础层	国泰股份	0.20	325563945.46	143555.97	养老服务
16	831229	基础层	木兰花	0.08	42431627.46	−277373.54	养老服务
17	833219	基础层	软汇科技	0.05	1875257.60	715311.66	智慧养老
18	872682	基础层	国君医疗	—	157832804.33	10651211.88	医养结合
19	873651	基础层	湖南康复	—	121428830.16	−1911000.68	医养结合
20	831960	基础层	佳音在线	—	1311000.38	−674012.21	智慧养老

注：市值数据更新至 2024 年 4 月 19 日。

资料来源：各上市公司年报及公开数据，和君康养事业部整理。

新三板/北交所资本市场布局养老产业的上市公司的业务集中于养老服务、智慧养老、医养结合和适老用品四大养老细分赛道。与 A 股养老上市公司布局领域相同，新三板/北交所养老上市公司主要布局领域集中于养老服务，其次为智慧养老。布局养老服务和智慧养老的 A 股、港股、新三板、北交所企业较多，从上市公司布局角度来看，养老服务和智慧养老领域商业模式和盈利模式已经得到市场验证（见图 8）。

转板通道彰显资本价值，未来预期良好。随着转板通道的打通，新三板/北交所养老企业可实现 A 股市场转板，带来更多资本市场关注和市场流动性改善。北交所作为新兴市场，上市门槛相对较低，吸引了众多中小企业和创业公司，将其作为融资资本市场主要选择。特别是 2023 年 9 月 1 日，北交所发布了《关于高质量建设北京证券交易所的意见》，从投资端、交易端、企业端等各方面提出了 19 项举措，为北交所高质量发展打开了更大空间。2023 年 10 月 8 日，北交所修订了《北京证券交易所上市公司持续监管

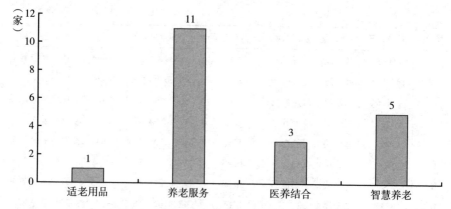

图 8 新三板/北交所养老上市公司布局领域

资料来源：公开市场数据，和君康养事业部整理。

指引第 7 号——转板》，本次优化转板机制，有利于加强多层次资本市场互联互通，更为北交所上市公司发展壮大提供了多元路径。

从新三板/北交所养老上市公司资本实践来看，志晟信息实现新三板向北交所的转板，天宸股份实现新三板创新层向 A 股转板。

三 问题与挑战

（一）养老领域投融资活跃度较高但交易规模下滑

随着从养老服务走向银发经济，养老产业资本投向所涉及的领域更加广泛，涵盖多个领域。根据《2023 年全球医疗健康投融资分析报告》，我国养老领域一级市场进入了震荡下跌周期，受资本市场大环境影响，交易规模回到了 2017~2018 年的水平，但相比 2022 年交易总额的环比腰斩，2023 年国内养老领域一级市场融资总额的降幅缩小至 30.1%。从投资轮次来看，以 B 轮之前融资为主，融资金额多不超过 1 亿元，从投资机构活跃度来看，国资背景的投资机构活跃度明显上升。

（二）流动性不足，公开资本市场融资难度增加

受经济增速放缓影响，各二级资本市场流动性不强。从 2023 年 A 股市场表现来看，市场信心的恢复将滞后于政策和经济周期的转折。可以看到，2023 年底 A 股估值处于历史中低水平，具有较大修复空间。同时，中长期资金引入力度不断加大，市场情绪逐步回暖，增量资金状况有望缓步改善。受美联储持续加息和国内经济放缓影响，港股市场出现流动性枯竭情况。一方面，美联储持续加息，推高了全球无风险利率包括港元及美元利率，导致外资流出港股；另一方面，中国内地经济增速放缓使投资者对香港市场的信心逐渐减弱，进而影响市场的流动性。新三板和北交所则是由于市场主体分散程度高，相对于 A 股市场，市场信息不对称现象严重，投资者对企业的了解程度也有差异，这使市场中出现很多买卖方需求难以配对的情况，造成市场流动性持续处于低位。

（三）养老企业 IPO 挑战较大

受限于老年群体整体消费能力有限，支持养老企业营收和利润持续增长有难度。随着我国老龄化率逐步提升，我国老年群体数量不断增加，但人均消费偏低。《第四次中国城乡老年人生活状况抽样调查》显示，2015 年我国城镇老年人年人均收入达到 23930 元，农村老年人年人均收入达到 7621 元，远低于欧美等发达国家。我国老年人缺乏收入保障，老年人消费需求难以释放。加之老年群体对商品价格和质量敏感度高，性价比成为养老产业的核心竞争力之一。这为养老企业营收和利润的持续增长带来挑战，也为养老企业 IPO 增加难度。

四 发展趋势

（一）投资需求多元化，产业化推动投融资模式创新

从养老产业相关投融资现状来看，一级市场比较活跃，二级市场相对冷

清。随着相关产业业态从养老服务逐渐延展到养老产业、银发产业，医疗服务、医药器械、康复辅具、营养膳食、智能科技等领域的为老产品和服务逐渐增多，一级市场的投融资事件以及二级市场的涉老上市企业才逐渐变多。随着银发经济的兴起，以及以扩大银发消费为导向的银发市场逐渐打开，相关资本不断涌入，未来根据不同养老项目的不同发展阶段，会匹配相应的产业资本，投资模式会不断创新，推动养老产业"产融深度结合"。

（二）金融机构支持养老产业发展力度将不断增强

随着"脱虚向实"改革深入，金融支持实体经济力度不断加大。养老产业作为实体经济的一部分，除了可助力金融机构在销售端吸引核心客户，在服务端提供更全面服务，也可助力金融主业。对于保险公司来说，布局养老产业，可推动产品创新，降低客户老年期支付风险。对于银行机构来说，可推动产品创新，扩展贷款范围。对于信托公司来说，在产品开发和支持家庭财富增长方面，实现信托价值。对于基金机构来说，扩宽投资标的选择范围，享受养老产业投资价值。因此，布局养老服务生态，可进一步带动金融主业发展。

（三）拥抱资本市场是必然，资本市场选择是关键

充分考虑企业营收利润，选择合适的资本市场，有助于企业良性发展。鉴于国内的金融体系，对于康养企业来说，积极拥抱股权市场是必然。除稳定的收入回报外，资本更希望分得企业在规模化发展中的红利。在一轮轮资本进入过程中，上市是康养企业的必然选择。不同收入规模的企业将以不同股权交易市场作为目标，新三板、北交所、A股、港股均可作为上市选择，鉴于康养产业发展阶段，选择港股和新三板较为可行。目前，几家具备利润空间的连锁化轻资产养老运营公司，均在规范管理体系，优化财务报表，积极与监管沟通，以期打通上市通道。当然，上市是第一步，真正步入资本市场后，需进一步加强市值管理、优化股东结构，利用可转债等金融工具，以进一步实现股权市场再融资，推动企业持续扩大规模，增加业务收入。

五　政策建议

（一）鼓励各金融主体解决养老支付端和服务端面临的挑战

养老产业尚处于规模化发展阶段，一方面，存在老年人支付能力不足，影响产业发展规模和速度的挑战；另一方面，养老产业产品和服务标准不统一，存在产品和服务质量参差不齐现象。各金融主体可发挥各自优势，推动产融结合。一是在金融产品设计方面，加大养老储备型金融产品的研发，从金融端增强老年群体支付能力。二是在客户端，优选养老产品与服务，整合式打包式提供给金融客户，从金融端推动养老产业产品和服务走向"低端有保障，普惠有供应，高端有选择"的供给体系。

（二）支持金融机构在资产端助力养老产业发展

随着金融机构核心客群的养老需求提升，通过投资或者合作方式布局养老产业成为金融机构的发展趋势。在控制金融风险的前提下，监管部门要鼓励金融机构加大对养老产业的布局力度和布局深度。在产业协同方面，一方面，以金融行业的风控能力，从投资端提升养老机构管理水平和标准化程度；另一方面，通过协同发展，提供客户需要的老年消费产品和服务，解决金融产品远期兑付挑战。在产品结合方面，鼓励金融机构将养老产品和服务与金融产品的附加权益相结合，鼓励金融直接兑付养老产品和服务，真正解决金融端客户的养老需求。

（三）建议打通养老企业资本上市、REITs 通道，拓宽养老市场主体融资渠道

现阶段，境内和香港二级市场低迷导致通过 IPO 实现养老企业融资难度加大，建议出台鼓励养老企业上市的专项政策，以打通养老企业发展中的资本通道。另外，随着对养老项目收费模式，特别是会员制的进一步规范，

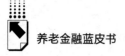

重资产养老项目前期投资缺乏资金回收渠道，建议尽快打通养老项目 REITs 通道，缩短重资产养老项目投资回收期。

参考文献

董克用、姚余栋主编《中国养老金融发展报告（2023）》，社会科学文献出版社，2023。

和君康养事业部：《2023～2024 中国健康养老产业年度报告——跨界竞争，生态共建，银发经济崛起》，2024。

黄奇帆：《重组与突破》，中信出版社，2024。

产 品 篇

B.5

养老理财产品：高质量发展之路的
经验总结与未来展望

陈 昊[*]

摘 要: 在养老理财 1 年试点到期之后，市场上并未再新增创设养老理财。与此同时，从 2023 年初开始，在监管部门的引导下，4 批共 23 只理财产品被纳入个人养老金账户资金的投资范畴。因此当前市场上存在养老理财与对接个人养老金账户的个人养老金理财两种养老类理财。通过对养老理财与个人养老金理财运营、产品设计情况及共同点和差异点的考察，结合对养老类理财当前发展挑战和困难的分析，本文对未来养老类理财的发展提出了一系列政策建议：一是推动养老理财与个人养老金理财融合发展，助力养老类理财走出特色化之路。二是进一步增加可对接个人养老金账户的理财产品创设机构数量，形成市场化的竞争环境。三是丰富不同封闭期限、投资策略和配置方式的养老类理财，形成多样化的养老理财全产

---

* 陈昊，兴业研究金融监管高级研究员，清华五道口养老金融 50 人论坛联席研究员，主要研究方向为养老金融与监管政策。本文仅代表个人观点，与供职单位无关。

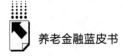

品线。四是适当强化养老类理财业绩比较基准的管理，鼓励更多产品以相对值而非绝对值展示业绩比较基准。五是在境内的低利率环境下，适当探索以养老理财对接 QDII 资管产品投资外币资产，甚至探索创设 QDII 理财产品。

关键词：　养老理财产品　个人养老金理财　资产配置

2023 年，随着个人养老金制度试点的推开，在监管部门的引导下，基金、理财以及储蓄等各类投资产品都开始逐步纳入个人养老金账户的投资范畴。不过值得注意的是，从 2021 年底各家理财公司开始探索发行的养老理财并未被纳入个人养老金账户可投资的资管产品之列。与之相对应，在监管部门的批准下，部分并未以"养老"命名的理财产品被纳入了个人养老金账户的可投资范围。由此，养老类理财出现了养老理财与个人养老金理财共同发展的态势。为了更好地了解养老类理财的发展趋势，并对养老类理财高质量发展提出建议，我们考察了当前养老理财和个人养老金理财的发展情况。

一　养老类理财产品发展总览

2020 年监管部门对名称中带有"养老"字样的理财产品进行整顿之后，理财市场中曾一度仅有养老理财一类养老类理财。不过，从 2023 年初开始，为了对接个人养老金账户资金，监管部门将部分理财产品列为个人养老金理财，允许其对接个人养老金账户资金。本文中所谓的"养老理财"特指 2021 年之后在监管部门允许下试点发行的名称中带有"养老"字样的理财产品，个人养老金理财则特指从 2023 年开始允许接受个人养老金账户资金投资的理财产品，而养老类理财则是上述两类理财产品的统称。截至 2023 年 4 月底，上述两类理财产品暂未出现重叠。

（一）养老理财发展情况

截至 2024 年 4 月底，全市场共有 54 只养老理财产品存续，所有名称中带有"养老"字样的试点养老理财均在 2023 年 1 月之前发行，在 2023 年 1 月之后并未有养老理财新增发行。

从 2020 年下半年开始，监管部门着手清理规范此前相对"鱼龙混杂"的各种名称中带有"养老"字样的理财产品。自 2021 年 9 月开始，银保监会陆续出台了《关于开展养老理财产品试点的通知》（银保监办发〔2021〕95 号）、《关于贝莱德建信理财有限责任公司开展养老理财产品试点的通知》（银保监办发〔2022〕8 号）、《关于扩大养老理财产品试点范围的通知》（银保监办发〔2022〕19 号）等政策，允许多家理财公司在多地开始试点创设发行养老理财产品。

在相关监管文件之中，均明确说明各理财公司试点创设发行养老理财的试点期限为 1 年。以 2019 年 9 月银保监会发布的《关于开展养老理财产品试点的通知》为例，其中就明确提出了"试点期限暂定一年。试点阶段，单家试点机构养老理财产品募集资金总规模限制在 100 亿元人民币以内"的限制性要求。而在不同理财公司的 1 年试点期陆续到期之后，原银保监会和金融监管总局并未再出台政策延长养老理财试点期限或推动相关试点转常规。由此，各理财公司自然也就并未再创设发行新的养老理财产品。值得注意的是，虽然有 11 家理财公司获准试点发行养老理财产品，但仅有 10 家理财公司实际发行了养老理财产品，且各家公司发行的产品只数与募集资金规模也不尽相同（见图 1）。

应当指出的是，2023 年 10 月底召开的中央金融工作会议将"养老金融"列为金融机构未来需要着力做好的"五篇大文章"之一，在此背景下，作为养老金金融范畴内的重要投资产品，养老理财或也将在个人养老金制度在全国范围内推开后，在总结此前经验的基础上，将其发行创设由试点转常规。

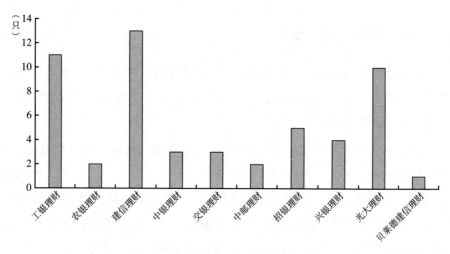

图 1 不同理财公司所发行的养老理财产品只数

资料来源：普益标准。

（二）个人养老金理财发展情况

2022 年 10 月个人养老金制度落地后，在监管部门的引导下，陆续有 23 只理财产品纳入了个人养老金账户的可投资范围，并将这 23 只理财产品称为"个人养老金理财"。

从实践来看，虽然这 23 只对接个人养老金账户资金的个人养老金理财在名称中均未包括"养老"相关字样，但实际最短持有期都相对较长。值得注意的是，除了新发行的理财产品之外，对接个人养老金账户资金的个人养老金理财还包括部分存续的理财产品。同时，这些对接个人养老金账户资金的理财产品不少也同时公开对接其他个人投资者乃至机构投资者的投资，个人养老金账户资金与其他资金对其投资一般在份额名称上进行区分。一般而言，对接个人养老金账户资金的理财份额被标注为 L 份额或 B 份额。

值得注意的是，23 只对接个人养老金账户资金的理财产品并非同时纳入个人养老金的投资范畴。监管部门在 2023 年 2 月 10 日、2023 年 2 月 24 日、2023 年 9 月 20 日和 2023 年 12 月 25 日分 4 批陆续将这 23 只理财产品纳入个人养老金账户可以投资的范畴（见表 1）。

表1 4批个人养老金理财名单

养老理财名称	子份额	批次	产品成立日	发行机构
工银理财·核心优选最短持有365天固收增强开放式产品	不涉及	第一批（2023年2月10日）	2023/2/17	工银理财
工银理财·鑫添益最短持有540天固收增强开放式理财产品	不涉及	第一批（2023年2月10日）	2023/2/23	工银理财
工银理财·鑫尊利最短持有1080天固定收益类开放式理财产品	不涉及	第一批（2023年2月10日）	2023/2/17	工银理财
工银理财·鑫悦最短持有720天固收增强开放式理财产品	不涉及	第一批（2023年2月10日）	2023/2/23	工银理财
农银理财"农银同心·灵动"360天科技创新人民币理财产品	L份额	第一批（2023年2月10日）	2023/2/5	农银理财
邮银财富添颐·鸿锦最短持有365天1号	L份额	第一批（2023年2月10日）	2023/1/4	中邮理财
邮银财富添颐·鸿锦最短持有1095天1号	L份额	第一批（2023年2月10日）	2023/2/20	中邮理财
工银理财·"鑫得利"固定收益类理财产品（2018年第32期）	B份额	第二批（2023年2月24日）	2018/12/11	工银理财
工银理财·颐享鑫得利量化策略联动固收类1年定开理财产品	B份额	第二批（2023年2月24日）	2023/2/25	工银理财
中银理财"福"（1年）最短持有期固收增强理财产品	L份额	第二批（2023年2月24日）	2023/2/28	中银理财
中银理财"福"（18个月）最短持有期固收增强理财产品	L份额	第二批（2023年2月24日）	2023/2/28	中银理财
中银理财"福"（2年）最短持有期固收增强理财产品	L份额	第二批（2023年2月24日）	2023/2/28	中银理财
中银理财"福"（3年）最短持有期固收增强理财产品	L份额	第二批（2023年2月24日）	2023/3/1	中银理财
中银理财"禄"（5年）最短持有期混合类理财产品	L份额	第二批（2023年2月24日）	2023/3/1	中银理财
农银理财"农银顺心·灵动"365天固定收益类人民币理财产品	L份额	第二批（2023年2月24日）	2023/3/10	农银理财
农银理财"农银顺心·灵动"1080天固定收益类人民币理财产品	L份额	第二批（2023年2月24日）	2023/3/10	农银理财
农银理财"农银顺心·灵动"720天混合类人民币理财产品	L份额	第二批（2023年2月24日）	2023/3/10	农银理财
邮银财富添颐·鸿锦最短持有1825天1号（增盈款）人民币理财产品	L份额	第二批（2023年2月24日）	2023/3/6	中邮理财

续表

养老理财名称	子份额	批次	产品成立日	发行机构
贝莱德建信理财贝嘉目标风险稳健型固定收益类理财产品（最低持有 365 天）	L 份额	第三批（2023 年 9 月 20 日）	2023/7/18	贝莱德建信理财
建信理财睿鑫固收类最低持有 1 年产品	L 份额	第四批（2023 年 12 月 25 日）	2023/12/29	建信理财
建信理财"安鑫"（最低持有 360 天）按日开放固定收益类净值型人民币理财产品	L 份额	第四批（2023 年 12 月 25 日）	2023/2/2	建信理财
工银理财·智益最短持有 1500 天固收增强开放式理财产品	不涉及	第四批（2023 年 12 月 25 日）	2023/12/28	工银理财
工银理财·智悦最短持有 1800 天固定收益类开放式理财产品	不涉及	第四批（2023 年 12 月 25 日）	2023/12/28	工银理财

资料来源：普益标准。

不同于养老理财试点发行理财公司相对较多的情况，监管部门允许对接个人养老金账户资金的个人养老金理财发行机构相对较少，截至 2024 年 4 月底，仅有 6 家理财公司所发行的理财产品被纳入个人养老金账户投资范围，这 6 家理财公司分别为工银理财、农银理财、中银理财、建信理财、中邮理财、贝莱德建信理财，均为国有大行的理财子公司或理财孙公司（见图 2）。

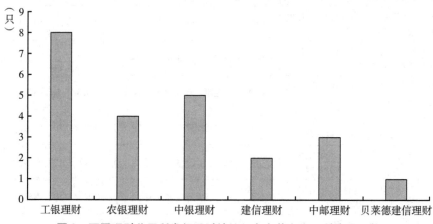

图 2　不同理财公司所发行理财被纳入个人养老金理财产品只数

资料来源：普益标准。

二　养老类理财运营情况

如前所述，截至 2024 年 4 月末，我国养老类理财主要包括试点发行的 54 只养老理财和 23 只个人养老金理财，下文将就上述两类理财此前的运营情况进行回顾。

（一）养老理财运营情况

截至 2024 年 4 月底，54 只存量养老理财产品均已运营超过 2 年，考虑到绝大部分养老理财的封闭运营周期为 5 年，因此养老理财运营时间均已近半，其当前的运营表现对于首个封闭运营周期的最终表现已具有较强的参考价值。

从收益率情况来看，54 只养老理财成立以来的绝对收益率集中于 2%~4% 的区间内，仅有 3 只养老理财绝对收益超过 4%，另有 8 只养老理财成立以来的绝对收益低于 2%。其中成立以来至 2024 年 4 月底收益率排名前三的养老理财分别为光大理财颐享阳光养老理财产品橙 2027 第 1 期、交银理财稳享添福 5 年封闭式 1 号养老理财产品、交银理财稳享添福 5 年封闭式 2 号养老理财产品，收益率分别为 4.32%、4.17% 和 4.06%。其中光大理财发行的颐享阳光养老理财产品橙 2027 第 1 期在成立后至 2023 年 4 月底的时间区间内亦取得了较高的收益率，收益率为 4.9%，列 54 只养老理财的第 1 位（见图 3 和表 2）。不同于另外两只交银理财产品在 2022 年 8~9 月发行的情况，光大理财的该只理财产品发行时间为 2022 年 1 月，在其存续过程中，还经历了 2022 年 3 月的金融市场波动，但其仍在存续过程中始终保持了较好的收益水平。究其原因，既有择时得当、投资标的选择恰当的因素，而更为重要的原因在于其为混合类产品，其资产配置相对更为灵活，可以更好地把握资本市场的投资机会。

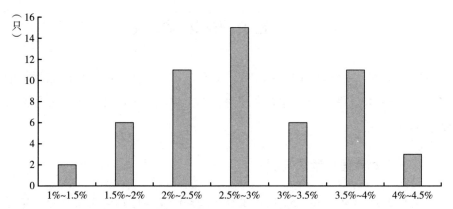

图3　54只养老理财成立至2024年4月底收益率分布

资料来源：普益标准。

表2　成立以来收益率排名前三的养老理财（截至2024年4月底）

单位：%

产品名称	成立日期	投资性质	性质子类	收益（成立至2023年4月底）	收益（成立至2024年4月底）
颐享阳光养老理财产品橙2027第1期	2022/1/6	混合类	偏债混合	4.9	4.32
交银理财稳享添福5年封闭式1号养老理财产品（5811122888）	2022/8/19	固定收益类	固收+	1.71	4.17
交银理财稳享添福5年封闭式2号养老理财产品（5811122688）	2022/9/2	固定收益类	固收+	3.37	4.06

　　截至2024年4月底，虽然54只养老理财的绝对收益均不及其最初设置的业绩比较基准（见图4），但并未出现破净的养老理财。考虑到养老理财大多为"固收+"产品，且其发行时间多为2021年底至2023年初，在资本市场整体情况相对较差的情况下，部分"固收+"产品曾在存续期内出现破净，在此背景下，养老理财的收益水平和收益稳定性已相对较好。

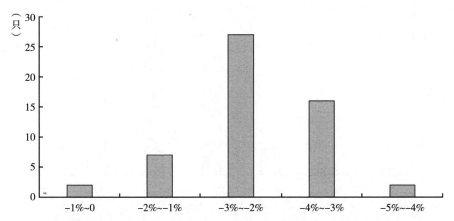

图 4　54 只养老理财成立至 2024 年 4 月底收益率与业绩比较基准下限差值

资料来源：普益标准。

值得注意的是，相较于各养老理财成立至 2023 年 4 月底的历史收益率，有 32 只养老理财成立至 2024 年 4 月底的历史收益率出现了下降，另有 22 只养老理财成立至 2024 年 4 月底的历史收益率出现了上升。其中收益率提升最为显著的 2 只养老理财分别为中邮理财的邮银财富添颐·鸿锦封闭式系列 2022 年第 2 期养老理财产品和交银理财的稳享添福 5 年封闭式 1 号养老理财产品，其收益率分别提升了 3.13 个百分点和 2.46 个百分点。上述两只养老理财收益水平提升较多的主要原因在于相关产品成立至 2023 年 4 月底的历史收益率水平相对较低，分别为 0.17% 和 1.71%，故而此后其收益水平只需提升到其他理财产品相对中上水平，就可以展现出收益水平提升较为显著的效果（见图 5）。

从养老理财成立至 2024 年 4 月底的历史收益波动情况来看，混合型理财相较于固收类理财的整体波动率更高。根据普益标准所披露的数据，54 只养老理财成立至 2024 年 4 月底的历史收益率波动率集中于 0.1%~0.25% 的区间，共有 42 只养老理财的收益率波动率位于该区间。除此之外，另有 2 只养老理财的历史收益率波动率高于 0.3%，这 2 只养老理财均为混合类理财产品。54 只养老理财中的 42 只固定收益类养老理财成立至 2024 年 4 月底的历史收益率平均波动率为 0.16%，而 12 只混合类养老理财成立至 2024

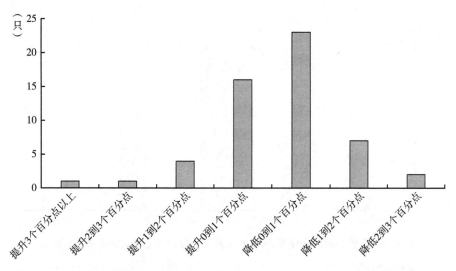

图5　54只养老理财成立至2024年4月底收益率与成立至2023年4月底收益率变化

资料来源：普益标准。

年4月底历史收益率平均波动率则为0.17%，略高于固定收益类理财的平均
波动率（见图6）。

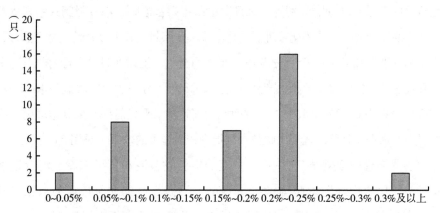

图6　54只养老理财成立至2024年4月底收益率波动率分布情况

资料来源：普益标准。

　　若从最大回撤幅度来看，也可以发现混合类理财成立至2024年4月底
的平均最大回撤幅度高于固收类理财。42只固定收益类养老理财的平均最

大回撤幅度为 1.34%，而 12 只混合类养老理财的平均最大回撤幅度
为 1.71%。

　　特别应当指出的是，各养老理财成立至 2024 年 4 月底最大回撤幅度的
最大值和历史收益率波动率均由同一只养老理财获得，该理财产品为贝莱德
建信理财贝安心 2032 养老理财产品 1 期。从产品设计层面，该养老理财产
品的商品及衍生品投资占比上限显著高于其他养老理财，达到 40%。与之
相对应，包括混合类养老理财在内的其他养老理财产品，其商品及衍生品投
资占比上限普遍为 20%。考虑到养老理财投资衍生品的主要目的在于套期
保值，而非净增加风险敞口，因此该款养老理财在实际操作中可能由于衍生
品投资上限较高，因而增加了权益类或商品类等波动率较高的资产投资规
模，而考虑到衍生品投资并不能完全对冲相关敞口，因此其收益率波动率显
著高于其他养老理财产品。从该产品的收益率来看，自成立至 2024 年 4 月
底的收益率为 3.69%，位于 54 只养老理财的中上水平。若进一步观察可以
发现，该产品收益率提升主要源于 2024 年初至 2024 年 4 月底境内资本市场
繁荣所带来的收益。2024 年初至 2024 年 4 月底，该产品的年化收益率达到
了 14.62%，该时间段的收益率居所有养老理财产品首位。由此，也进一步
印证了该产品对于权益类资产投资占比相对较高的猜测。

　　若进一步观察 54 只养老理财自成立至 2024 年 4 月底的夏普比率，可以
发现绝大多数养老理财的夏普比率位于 0~0.25 的区间，有 3 只养老理财的
夏普比率高于 0.75，均为中银理财所发行的产品（见图 7）。这 3 只养老理
财所具有的共性特征包括三点。一是 3 只理财产品均采用混合估值法，即该
理财产品的底层资产中既有采用公允价值方法进行估值的资产，亦有部分资
产采用摊余成本法进行计量。应当指出的是，若理财产品所持有的底层资产
是以持有至到期为目的，且其到期期限短于理财产品封闭期，理财产品的确
可采用摊余成本法进行计量，且该估值方法有利于平滑净值波动。二是 3 只
理财产品的收益率波动率均相对较小，位于 0.04%~0.06% 的区间内。三是
3 只理财产品收益率普遍处于 54 只养老理财的中上水平，截至 2024 年 4 月
底的历史收益率分布于 3.6%~3.9% 的区间内。这意味着这 3 只理财产品获

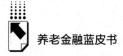

得较高夏普比率的原因除了较强的投资能力之外，其估值方法或收益平滑机制对于收益率水平波动的熨平也起到了决定性的作用。

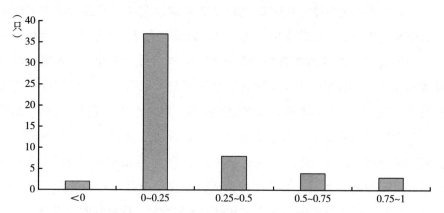

图7 54只养老理财自成立至2024年4月底夏普比率分布情况

资料来源：普益标准。

（二）个人养老金理财运营情况

考虑到个人养老金理财中有小部分成立于2023年之前的产品，且个人养老金理财普遍在2023年被纳入个人养老金账户的投资范畴。因此在对23只个人养老金理财运营情况进行考察时，我们将采用2023年4月底或成立（孰晚）至2024年4月底的相关表现数据。其中，对于2023年4月底后成立的个人养老金理财产品，我们将使用其成立至2024年4月底的相关数据；对于2023年4月底之前成立的个人养老金理财产品，我们将使用2023年4月底至2024年4月底的相关数据。

从收益率绝对水平来看，2023年4月底或成立（孰晚）至2024年4月底，23只个人养老金理财的收益率集中于2%~5%的区间。有2只个人养老金理财区间收益率超过5%，分别为农银理财的"农银顺心·灵动"365天固定收益类人民币理财产品（区间收益率5.25%）和农银理财的"农银顺心·灵动"720天混合类人民币理财产品（区间收益率5.42%）。另有1只个人养老金理财区间收益率为-1.13%，在考察区间出现了亏损的情况，该产品截至 2024 年 4 月底的累计净值为 1.0029，位于破净边缘。上述 3 只个人养老金理财的产品成立日均为 2023 年 3 月上旬。为了进一步考察这 3 只理财产品出现收益率差异的原因，我们考察了这 3 只产品的底层资产持仓情况。通过考察发现，2 只考察区间收益率高于 5% 的理财产品在季末时间点的前十大持仓资产多为债券类资产（包括永续债、中票、短融和金融债等）、定期存款和货币市场拆借，而 1 只考察区间出现亏损的理财产品前十大持仓资产多为优先股或股票资产（见图 8）。从 2023 年 4 月底至 2024 年 4 月底，以沪深 300 为代表的资本市场指数在区间内出现了一定跌幅，这或许也对持有股票资产占比相对较高的个人养老金理财收益率产生了较强的负面影响。

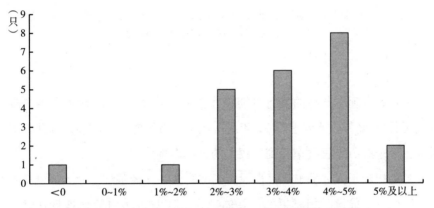

图 8　23 只个人养老金理财 2023 年 4 月底或成立（孰晚）
至 2024 年 4 月底收益率数据

资料来源：普益标准。

不同于 54 只养老理财自成立至 2024 年 4 月底收益率均不及业绩比较基准最低值的情况，21 只以绝对数值展示业绩比较基准的个人养老金理财中，有 10 只个人养老金理财在 2023 年 4 月底或成立（孰晚）至 2024 年 4 月底的收益率水平超越了业绩比较基准的最低值，其中甚至有 1 只个人养老金理财的收益率在业绩比较基准上限 1 个百分点以上（见图 9），为农银理财"农银顺心·灵动"365 天固定收益类人民币理财产品，其区间收益率为 5.25%，而其业绩比较基准为 3.7%~4.2%。出现这一现象的主要原因有两个方面。

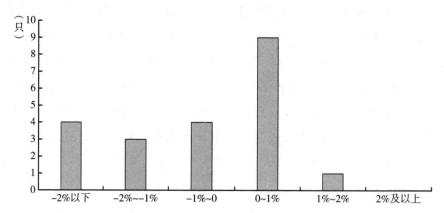

图 9 23 只个人养老金理财 2023 年 4 月底或成立（孰晚）至 2024 年 4 月底收益率与业绩比较基准下限差值

资料来源：普益标准。

一是养老理财产品的发行日期多在 2022 年底之前，故而不少养老理财曾经历了 2022 年上半年和 2022 年底两次金融市场的较大波动，因此养老理财运行至今的历史收益率受到了较大的负面影响。

二是相较于养老理财产品所设置的较高业绩比较基准，个人养老金理财的业绩比较基准设置相对更低。具体来看，21 只以绝对数值展现业绩比较基准的个人养老金理财产品业绩比较基准下限平均值为 4.07%；与之相对应，54 只养老理财业绩比较基准下限的平均值则为 5.51%。

应当指出的是，不同于 54 只养老理财均以绝对数值来确定业绩比较基准，23 只个人养老金理财中，有 2 只产品以参考市场指标收益率替代了绝对数值来作为业绩比较基准，其中建信理财的睿鑫固收类最低持有 1 年产品采用了"5%×沪深 300 收益率+95%×中债-企业债 AAA 全价（1~3 年）指数收益率"业绩比较基准，贝莱德建信理财的贝嘉目标风险稳健型固定收益类理财产品（最低持有 365 天）则采用了"5%×沪深 300 指数收益率+95%×中债"作为业绩比较基准。

从 23 只个人养老金理财 2023 年 4 月底或成立（孰晚）至 2024 年 4 月底的收益率波动率水平来看，其收益率波动率平均值为 0.12%，显著小于 54 只养老理财 0.16% 的波动率。值得注意的是，有 1 只个人养老金理财收益率的波动率显著高于其他个人养老金理财，达到了 0.41% 的水平，而该只理财近 1 年来的最大回撤同样显著超过其他个人养老金理财，达到了 4.64% 的水平。该理财产品即为上文中唯一在考察期间出现负收益的理财产品。其收益率波动率较高且出现区间收益为负情况的主要原因在于配置了较高比例的股票资产。

若从 23 只个人养老金理财的夏普比率来看，由于不同于养老理财经历了 2022 年两次资本市场波动，因此 23 只个人养老金理财的夏普比率均相对较高。

三　养老理财与个人养老金理财对比

作为当前理财市场中存续的两种养老类理财产品，养老理财与个人养老金理财既存在一系列共性的特征，同时也存在一些差异化的区别。

（一）养老理财与个人养老金理财的相同点

从养老理财和个人养老金理财的产品设计、运营情况来看，这两种养老类理财具有一系列共同点。

第一，均对投资者设置了较长的封闭期或最短持有期要求。54 只养老理财均设置了相对较长的封闭期，除了 1 只养老理财封闭期为 10 年之外，其余 53 只养老理财的封闭期为 5 年。而且 54 只养老理财的运作周期均与其封闭期相匹配。23 只个人养老金理财均为最短持有期产品，客户购买理财产品之后的最短持有期分布在 1~5 年。值得注意的是，不同于养老理财封闭期即产品期限的情况，由于个人养老金理财均为最短持有期产品，因此个人养老金理财的产品期限一般远长于封闭期。23 只个人养老金理财中，产品期限最短的理财产品期限也接近 10 年，产品期限达到了最短持有期的 2 倍甚至更长。

更长的产品期限将可以更好地积累盈利、波动等相关数据，从而使投资者更好地了解理财产品的投资风格和投资经理的历史表现，从而进行更充分的投资抉择。养老理财和个人养老金理财均设置了较长封闭期限，其主要目的或在于引导投资者长期投资，从而契合"养老"的理念和主题。不过由于较长的封闭期或最短持有期要求，投资者在对养老类理财开展投资时也将面临"不投"或"长投"二元化的选项，缺乏相对中间态的投资期限选择。

第二，投资策略上相对趋同，固收类理财大多采用"固收+"策略，混合类理财大多采用"偏债混合"或"平衡混合"策略。54只养老理财中共有42只固定收益类产品，均采用"固收+"的投资运作策略；12只混合类养老理财产品中，有11只产品在募集说明书中采用"平衡混合"的投资策略，另有1只采取"偏债混合"的投资策略，不过从实际运作的情况来看，12只混合类理财产品均偏向实际使用"偏债混合"的投资策略。23只个人养老金理财中，共有20只固定收益类理财，除了1只个人养老金理财采用"纯固收"的投资策略之外，其他19只产品均采用了"固收+"的投资策略；3只混合类理财产品中，有1只采用了"平衡混合"的投资策略，另有2只采取了"偏债混合"的投资策略。不同于养老目标基金主要倾向于股票投资的投资策略，养老类理财更倾向于发挥自己在固收投资方面的传统优势；同时为了增厚潜在收益，在固收资产打底的基础上，适当增配了小部分权益类或其他类别的资产。

第三，无论是养老理财还是个人养老金理财，创设机构和产品数量相对较为有限，同时募集资金也相对较少。在养老理财方面，虽然监管部门批准了11家机构进行试点发行，但最终仅有10家理财公司实际试点发行了养老理财产品。从募集规模看，截至2024年4月底，养老理财的存续份额为1008.36亿份，而存续总资产规模为1037.61亿元。在个人养老金理财方面，监管部门至今仅将6家理财公司发行的理财产品纳入个人养老金理财的范畴。由于个人养老金理财同时对接个人养老金账户及账户外资金投资，且相关机构并未披露对接个人养老金账户份额的具体募集资金情况，因此我们仅能考察个人养老金理财的总规模。截至2024年4月底，个人养老金理财的规模为 473.54 亿元，募集资金规模不及养老理财。与之相对应，截至 2023 年末，境内理财市场存续规模为 26.8 万亿元，同期养老目标基金的规模虽然曾经一度突破 1000 亿元，但此后也逐步萎缩至不足 1000 亿元，个人养老金账户对于养老目标基金投资的规模也相对较小，不足 100 亿元。

第四，养老理财和个人养老金理财所投资资产聚焦于境内，并未探索对境外的基础资产进行投资。无论是养老理财，还是个人养老金理财，从其募集说明书所披露的情况，其所能投资的底层资产主要集中于境内，特别是集中于境内的债权类资产。不过，近年来由于我国经济处于转型发展的关键时期，境内利率水平不断走低。2023 年 10 月底召开的中央金融工作会议进一步提出了"融资成本持续下降"的要求。在此背景下，境内金融市场正逐步步入低利率时代，境内的债券类资产，特别是中长期债券收益率也在不断走低。与此同时，为了有效做好地方政府债务风险化解工作，此前相对高收益的城投等债权类资产收益率也出现了较大幅度的下降，未来若仅投资于境内债权类资产，养老类理财或将难以取得相对较高的收益。与之相对比，境外金融市场由于多方面因素利率持续处于较高水平，以美国国债的收益率来看，10 年期美国国债收益率自 2023 年下半年以来持续处于 4% 以上的位置，若能适当拓展养老理财通过 QDII 基金等方式投资境外资产，或许将能提振其收益率，服务好养老类理财投资者。

第五，养老理财和个人养老金理财均为公募理财产品，个人投资起点均为 1 元或低于 1 元。当前，所有养老理财和个人养老金理财均为公募理财，市场上尚未出现私募类的养老理财和个人养老金理财。出现这一现象的原因主要在于个人养老金账户每年的缴费限额为 12000 元。而投资者投资私募资管产品不仅需要满足年收入或个人金融资产等要求，还需要符合对于单只私募资管产品的最低投资额要求，而最低投资额要求显著超过个人养老金账户每年的缴费限额。不过值得注意的是，养老理财并未直接对接个人养老金账户，实际吸收的是个人投资者在养老金三支柱体系之外的附加养老资金。对于部分符合合格投资者条件的个人投资者而言，其有意愿亦有能力投资私募类的养老资管产品。而且私募类的养老资管产品还可以对接投资未上市股权

等相关资产，进而可以成为支持科技金融发展、助力企业科技创新突破的
"耐心资本"。

（二）养老理财与个人养老金理财的不同点

从养老理财和个人养老金理财的产品设计、运营情况来看，这两种养老
类理财也存在一定的差异性。

第一，个人养老金理财多为每日开放的最短持有期理财产品，而养老理
财则为长封闭期的封闭式理财产品，且封闭期限个人养老金理财更短。不同
于养老理财长达 5 年甚至更长的封闭期，个人养老金理财均为最短持有期产
品，且其最短持有期多短于 5 年。23 只个人养老金理财中，最短持有期为 1
年的个人养老金理财数量为 10 只，数量最多；而最短持有期为 1.5 年、2
年、3 年、4 年和 5 年的个人养老金理财数量分别为 2 只、3 只、4 只、1 只
和 3 只。个人养老金理财的最短持有期限显著短于养老理财（见图 10）。对
于个人投资者而言，虽然资金存入个人养老金账户后，在其退休之前将难以
取出，但是在资金存放于个人养老金账户的过程中，投资者也可以根据自身
的风险偏好和对于市场的预测等进行灵活的持仓调整。事实上，个人养老金
制度已经从账户层面锁定了账户内资金的投资期限，进一步通过产品层面设
置较长持有期来锁定投资期限的必要性也将相应有所下降。

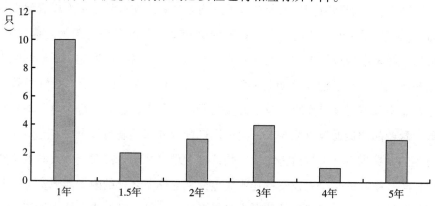

图 10　23 只个人养老金理财最短持有期分布

资料来源：普益标准。

第二，个人养老金理财全部采用公允价值法，而养老理财中仍有相当数量产品采用混合估值法。根据普益标准所披露的数据，54 只养老理财中，仅有 5 只产品完全采用公允价值法进行估值，另外 49 只产品均采用混合估值法进行估值，即底层资产的估值方法中既有采用公允价值法进行估值的资产，亦有采用摊余成本法进行估值的资产。与之相对应，23 只个人养老金理财所采用的估值方法均为公允价值法。出现这一情况或主要有两方面原因。一是对于长封闭期产品或最短持有期产品而言，通过估值方法来熨平波动的意义相对较弱。这主要是由于在长封闭期产品中，投资者难以出现频繁的短期申赎行为，通过估值方法改变的方式来调整投资者的心理波动实际意义较弱。二是个人养老金理财大多为每日开放的最短持有期产品，采用公允价值法进行估值将有利于不同日期申购进入和赎回退出的投资者之间待遇相对公平，同时避免潜在的"先行者优势"所导致的风险，也符合资管新规对于短封闭期产品估值方法的相关要求。在境内外的实践中，货币基金等产品都曾经出现由于摊余成本法计价难以反映资管产品底层资产市值波动，进而造成先行赎回的投资者享有估值优势的"先行者优势"情况，该情况也加剧了危机场景下资管产品的"赎回—抛售螺旋"，进而造成金融市场更严重的动荡。

第三，大多数个人养老金理财分成不同发行份额，同时对接个人养老金账户内资金和普通投资者资金。在养老理财 2021 年底开始试点的过程中，由于我国个人养老金制度尚未落地，因此养老理财仅能对接个人养老金账户之外个人投资者自主投资资金。与之相对应，个人养老金理财则可以对接个人养老金账户资金。不过由于缴存限额较低等多方面原因，我国个人养老金当前呈现开户数量较多但缴存人数较少的特点。而从未来的角度来看，由于个人养老金账户缴费限额较低的因素，若个人养老金理财仅能对接个人养老金账户资金，容易形成要么理财只数较少、竞争较弱，要么单只理财难以形成规模化投资效应的情况。在此背景下，个人养老金理财可以同时对接个人养老金账户资金和其他来源资金，从而促进养老金产品更好地发挥投资大数效应的作用。

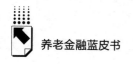

（三）养老类理财与养老目标基金的异同点比较

为了更好地了解养老类理财的特点，在两种养老类理财之外，我们进一步将养老类理财与养老目标基金当前发展的异同点进行了比较。

在共同点方面，养老类理财与养老目标基金发展至今主要具有以下共同点。

第一，养老类理财与养老目标基金规模仍相对较小，甚至在一定程度上较高峰出现缩量。如前所述，当前养老理财的总规模刚刚超过 1000 亿元，而个人养老金理财的总规模则尚不足 500 亿元，其中来自个人养老金账户的资金规模则更加微不足道。与之相类似，虽然养老目标基金总规模在最高峰曾一度接近 1500 亿元，但此后规模不断缩减。至 2024 年 4 月底已显著不及 1000 亿元规模。出现这一情况的主要原因在于 2022 年金融市场出现显著波动，而且在多方面因素影响下，居民储蓄意愿上升，对于风险评级相对较高、收益波动水平相对较高的养老类理财与养老目标基金居民投资意愿亦有所下行。

第二，养老类理财与养老目标基金封闭期都相对较长，不过由于养老目标基金试点发行时间较早，已有不少养老目标基金完成首个封闭期。与养老类理财类似，养老目标基金也设置了相对较长的封闭期，从而培养投资者养老投资的"长周期"理念。不过值得注意的是，由于养老目标基金试点发行时间较早，截至 2024 年 4 月末，已有部分养老目标基金首个封闭期已经到期。而且，由于近年来金融市场出现了一定程度的波动，部分养老目标基金净值出现了较大回撤，进而导致首个封闭期结束后部分投资者出现净值亏损。

在不同点方面，养老类理财与养老目标基金当前主要具有以下不同点。

第一，养老目标基金对于权益类资产的投资占比显著高于养老类理财，这也使不少养老目标基金收益率显著不及养老类理财。如前所述，从产品类型上来看，养老类理财多为固定收益类理财，仅有少部分为混合类理财且对于权益类资产的投资占比也相对较少。与之相对比，养老目标基金则多为混合类和权益类产品，因而对于股票等权益类资产的投资占比相对较高。不过值得注意的是，养老目标基金投资权益类资产投资占比相对较高的情况也使养老目标基金近年来收益率受到了资本市场表现的显著拖累。养老类理财当前所面临的主要问题仅仅是收益难以达到业绩比较基准，而不少养老目标基金则面临收益率为负的窘境。

第二，养老理财创新试点了收益平滑机制，而养老目标基金尚未尝试该项制度。在养老理财试点发行时，其不同于其他资管产品的重要创新设计就在于收益平滑基金机制，此前我们在《中国养老金融发展报告（2023）》中对收益平滑基金机制的运用成效进行了考察，确认了该机制在一定程度上平滑了极端场景下养老理财的收益率水平波动。然而，截至 2024 年 6 月末，收益平滑机制不仅未在理财产品中大规模推广，亦尚未移植到养老目标基金等其他养老类资管产品之中。

第三，不同于养老类理财可以用绝对数值设置业绩比较基准的情况，养老目标基金难以展示其未来可能的收益水平。当前，不少理财产品仍采用绝对数值作为业绩比较基准，由此也可以更为直观地引导投资者了解理财产品的投资风格和可能收益水平。不过，绝对数值业绩比较基准也容易让投资者对于未来收益水平产生相对确定的预期，容易使投资者产生"刚兑"的期望。与之相对比，养老目标基金等其他养老资管产品更多的是以历史业绩走势来展现产品的收益水平。不过值得注意的是，理财产品相对存续期较短，因此也难以通过历史收益水平来替代业绩比较基准给予客户准确收益水平预期。

四 养老类理财当前所面临的困难和挑战

在经历了超过 2 年的试点和发展之后，养老理财和个人养老金理财等养老类理财在试点发行过程中虽然积累了一些经验，但同时也面临了潜在的困难和挑战，具体来看，养老类理财所面临的困难和挑战主要包括以下几点。

第一，两种不同类型养老类理财具有一定重合性，养老理财试点结束后

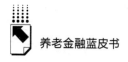

并未转常规或接续发行，未来养老类理财如何发展存在一定模糊性。自 2023年 2 月之后，监管部门并未延续养老理财试点发行政策。同时，当前对接个人养老金账户资金的理财产品则并无明确"养老"名称标识。在此背景下，未来养老类理财如何发展？试点养老理财是否可以继续试点或将由试点转常规？个人养老金理财是否可以在未来名称中冠以"养老"字样？这些问题仍有待进一步解答，养老类理财未来发展方向亦有待进一步明晰。

第二，养老类理财试点范围相对较小、形态设计单一，不利于理财公司有效积累服务养老金融的经验。不同于养老目标基金"百家争鸣，百花齐放"的情况，养老类理财发行创设机构仅有 11 家，而两种养老类理财产品只数加总亦仅有 70 余只，远远不及养老目标基金的总只数。若进一步观察还可以发现，无论是养老理财还是个人养老金理财，当前的投资策略均相对统一，绝大多数固收类的养老类理财采用了"固收+"的投资策略，而绝大多数混合类的养老类理财均采用了"偏债混合"或"平衡混合"的投资策略。养老理财投资策略的同质化也使养老理财投资者的选择相对较少，进而也在一定程度上降低了个人投资者对于养老理财的投资热情。当前养老类理财试点范围较小、形态设计单一的情况不仅不利于促进养老类理财市场化竞争，在未来各类养老资管产品自由竞争的环境下，也可能导致养老理财陷入劣势。除此之外，当前养老类理财和养老目标基金封闭期都相对较长，未来可以考虑适当配合提供少部分封闭期较短的养老类理财产品，满足不同投资者的投资需求。

第三，当前养老金第一支柱和第二支柱资金尚无法投资理财产品，限制了理财产品有效服务养老金融的渠道。不同于养老基金和养老金产品可以收到养老金第一支柱和第二支柱投资的情况，无论是基本养老保险基金等第一支柱资金，还是企业年金、职业年金等第二支柱产品，当前均难以对理财产品进行投资，显著限制了养老类理财有效服务养老金融的质效。在《关于规范金融机构资产管理业务的指导意见》《商业银行理财业务监督管理办法》及其配套规则出台、落地后，理财产品已经完成净值化转型和规范化发展。例如，理财产品投资资产在信息披露上已基本看齐公募基金，且对于理财产品投资的每笔非标资产，理财产品还会公开披露融资客户名称、融资剩余期限、交易结构和风险情况等信息，已符合《关于规范金融机构资产管理业务的指导意见》的相关要求。若参照同类产品、同等监管规则的要求，限制养老金第一支柱、第二支柱资金投资养老理财不仅不利于理财产品服务养老金融，而且可能导致未来居民所能获得的养老类资管产品投资选项受限。

第四，在境内债权类资产快速下行的过程中，各类理财产品有逐步"存款化"的趋势，亟须拓展理财产品投资范围，提升差异化特点。在境内利率快速下降的背景下，养老类理财可以获得高收益、低风险的底层资产快速减少，考虑到中长期国债收益率亦在快速下降，越来越多的理财产品开始将更多的资金投向存款。从日本等境外经济体的经验来看，在低利率环境下，由于债权类资产收益率无限趋近于0，因而权益类和以境外资产为主要投资标的的资管产品规模快速上升，而债权类资管产品规模快速下降。在此背景下，为了促进养老类理财发展，亟须拓展面向权益类资产和境外资产的投资范围，以期在低利率时代获得竞争优势。

第五，对于养老类理财乃至理财产品的业绩比较基准，当前相对缺乏较为统一的监管标准。从养老理财实际运作过程中的情况来看，由于发行之初制定了相对较高的业绩比较基准，进而导致所有54只养老理财无论是从成立至2024年4月底，还是2023年4月底至2024年4月底的两个时间区间内，收益率均未能达到业绩比较基准的下限。考虑到有部分养老理财运作时间已接近其存续期的一半，在养老理财产品到期之后，绝大多数养老理财或也将难以达到业绩比较基准下限。与之相对比，个人养老金理财的业绩比较基准与实际收益水平相对符合。究其原因，就在于当前养老类理财业绩比较基准的设置多取决于发行机构的主观判断，缺乏客观标准和监管要求。然而从实践中来看，业绩比较基准的设置对于养老类理财的实际销售情况有着举足轻重的影响。由此，未来亟须设置业绩比较基准的设置规范，从而更客观地反映养老类理财的底层资产、投资策略和未来收益水平，避免竞争性过高设置业绩比较基准。

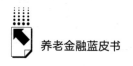

五 养老类理财未来发展政策建议

通过考察我国当前养老理财、个人养老金理财两种养老类理财的发展、创设和运营情况，结合境内外其他养老类资管产品的发展情况，为了促进养老类理财健康发展，本文总结了部分对于未来我国养老类理财健康发展的政策建议。

第一，推动养老理财与个人养老金理财融合发展，助力养老类理财走特色化之路。随着养老理财试点期限到期，市场上再无名称中带有"养老"字样的理财发行，而对接个人养老金账户的理财产品名称中亦均无"养老"字样。从未来更好促进养老类理财形成品牌效应的角度考量，未来在允许长封闭期养老理财继续在名称中冠以"养老"字样的同时，可以推动允许封闭期在1年以上，且对接个人养老金账户资金投资的理财产品也在名称中冠以"养老"字样，从而避免养老理财最终陷入类别单一的窘境，更好地以养老类理财发展推动我国养老金融大文章的撰写，最终形成养老类理财的品牌。

第二，进一步增加可对接个人养老金账户的理财产品创设机构数量，形成市场化的竞争环境。相较于养老目标基金，养老理财的创设机构数量、发行产品数量都相对较少。较少的发行量和发行机构难以形成市场化的竞争环境，难以进一步助力养老类理财市场高质量发展。同时，若是能准入更多的机构和产品进入养老类理财市场，还可能出现更多的创新类产品，从而更好地服务投资者的需求，做好养老金融这篇大文章。

第三，丰富不同封闭期限、投资策略和配置方式的养老类理财，形成多样化的养老理财全产品线。虽然个人养老金理财投资者的最短持有期已经显著低于养老理财，但是仍长达1年或以上。这意味着投资者将面临要么投资养老类理财，同时投资期限将必须长达1年，要么不投资养老理财的二元化选择难题。从金融市场的走势来看，在金融市场相关资产价格处于最低点或最高点时，均会有不同类型的投资者选择持币观望。从个人养老金账户所对应的投资产品来看，选择持币观望的投资者将不得不把资金存放于低收益率的活期存款之中。为帮助投资者在特殊的时间段内获得更好的投资收益，未来可以探索将部分现金管理类理财和最短持有期更短的理财产品纳入个人养老金资金的可投资资管产品之中。从而避免投资者的投资窘境，进而也能助推解决个人养老金制度当前"账户多缴存少"的问题。同时，理财公司未来可以考虑进一步拓展混合类、权益类以及商品和衍生品类养老类理财产品，还可以进一步丰富多样化投资策略养老类理财产品，进而形成全产品线养老产品体系，吸引更多样化投资偏好的投资者选择养老类理财进行投资。

第四，适当强化养老类理财业绩比较基准的管理，鼓励更多以相对值而非绝对值展示业绩比较基准。如前所述，当前养老类理财业绩比较基准的设置存在主观性较强和相对缺乏监管统一标准的问题。由此，未来监管部门或将进一步加强业绩比较基准的设置。同时，未来还应加强对于绝对值业绩比较基准的设定和管理。若能进一步鼓励理财公司更多采用相对值或参考金融市场指数设置业绩比较基准，那么也将更好地引导投资者预期。

第五，在境内的低利率环境下，适当探索以养老理财对接 QDII 资管产品投资外币资产，甚至探索创设 QDII 理财产品。从日本的经验来看，随着境内金融市场逐步进入低利率环境，日本的养老金三支柱资金也逐步开拓各类海外投资渠道，从而更好地帮助日本境内居民投资积累养老财富。考虑到中央金融工作会议提出了融资成本下降的要求，未来我国也将逐步步入低利率时代，在此背景下，考虑到个人养老金账户目前积累的资金较少，可以探索以投资境外资产作为切入点，提升养老类理财的投资收益，这样在确保资金不会大量外流的同时，还能通过更高的收益水平吸引更多居民加入个人养老金账户的开立和缴存。

参考文献

董克用、姚余栋主编《中国养老金融发展报告（2023）》，社会科学文献出版社，2023。

B.6
养老目标基金：资产配置更趋多元化，
三年期 Y 份额更受青睐

胡俊英*

摘　要：　2018 年 9 月 13 日首只养老目标基金成立以来，养老目标基金已运作多年。截至 2023 年末，共有 260 只产品成立，管理规模 706 亿元；Y 份额自 2022 年 11 月成立以来共有 180 只产品，管理规模 58 亿元。本文首先介绍了养老目标基金整体发展情况，其次，从资产配置、投资绩效、持有子基金等多角度，对养老目标风险基金、养老目标日期基金、个人养老金基金 Y 份额产品进行了详细分析，在此基础上梳理并总结养老目标基金的运作特点，指出养老目标基金面临的问题和不足。最后，提出我国养老目标基金的发展建议：一是加大政策支持力度，加快发展第三支柱；二是强化风控管理，提升持有人体验；三是尝试推出领取期收入管理的产品，提供退休管理解决方案；四是探索阶梯式费率设计，让利长期持有的投资者；五是不断深化投资者教育，做好陪伴服务。

关键词：　养老目标基金　目标风险　目标日期　Y 份额　资产配置

一　养老目标基金定义与发展情况

（一）养老目标基金定义

养老目标基金是指以追求养老资产的长期稳健增值为目的，鼓励投资者

---

* 胡俊英，宏利基金管理有限公司资产配置部高级研究员，清华五道口养老金融 50 人论坛联席研究员，主要研究方向为养老金融产品。本文仅代表个人观点，与供职单位无关。

长期持有，采用成熟的资产配置策略，合理控制投资组合波动风险的公开募集证券投资基金。养老目标基金应当采用成熟稳健的资产配置策略，控制基金下行风险，追求基金长期稳健增值。目前包括养老目标风险基金和养老目标日期基金。

目标风险基金（Target Risk Fund，TRF），也称生活方式基金（Lifestyle Fund），于 20 世纪 90 年代中期在美国兴起。顾名思义，目标风险基金旨在将基金的风险水平维持恒定，主要通过改变权益和债券资产在基金资产中的配置比例实现。根据风险等级不同，目标风险基金可分为进取型、稳健型和保守型等，风险依次递减。目标风险策略的风险收益特征清晰，能够帮助投资者直观地选择符合自身风险承受能力的基金产品，为相应风险偏好的投资者提供一站式的资产配置方案。

目标日期基金（Target Date Fund，TDF）则是以不同投资者的退休年龄为时间节点，随着退休日期的逐渐临近动态调整组合的资产配置，组合中权益类资产占比逐步下降，固定收益类资产占比逐步增加，相应的基金风险等级也随之降低，有效契合投资者随着年龄增大风险承受能力和风险偏好逐步下降的趋势。目标日期基金均以日期来命名，是一个基金系列，其中各个基金多以 5 年为间隔，比如 2030 年、2035 年、2040 年等，指的分别是针对 2030 年、2035 年、2040 年退休的投资者设立的基金，针对的目标人群的年龄非常明确。养老目标日期基金是养老金投资的一站式解决方案，投资者只需要根据自己的预期退休年龄选择适合自己的目标日期。

个人养老金基金 Y 份额（简称"Y 份额"），是专门为个人养老金投资而设立的单独份额，拥有独立的基金代码，单独计算份额净值，旨在提供适合长期投资的个人养老金投资产品。并非任何基金产品都能设立 Y 类份额，需要符合一定条件的才可以：最近 4 个季度末规模不低于 5000 万元或者上一季度末规模不低于 2 亿元的养老目标基金；投资风格稳定、投资策略清晰、运作合规稳健且适合个人养老金长期投资的股票基金、混合基金、债券基金、基金中基金和中国证监会规定的其他基金。个人养老金基金目录由中

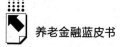

国证监会确定，每季度通过中国证监会网站、基金业协会网站、基金行业平台等向社会发布。目前在个人养老金制度试行阶段，优先纳入符合条件的养老目标基金。

（二）养老目标基金发展情况

1. 规模、数量情况

2023 年 A 股主要指数全年震荡下跌，基金业绩整体表现疲弱，行业结构明显分化，债市在现实与预期反复博弈中震荡下行。截至 2023 年末，养老目标基金管理规模 706 亿元，较上年下降 20%。其中，目标风险基金规模为 490 亿元，占比 69%，以稳健型为主，占比 72%；目标日期基金规模为 216 亿元，占比 31%，以 2040 年和 2035 年为主，均占比 24%。从管理数量上来看，共有 260 只养老目标基金成立，其中目标日期基金 118 只，目标日期年份范围从 2025 年到 2060 年，以 2040 年、2045 年、2035 年的产品为主，合计占比 63%；目标风险基金 142 只，分为保守型、稳健型、平衡型以及积极型四类，以稳健型产品为主，占比 58%（见图 1、表 1 和表 2）。

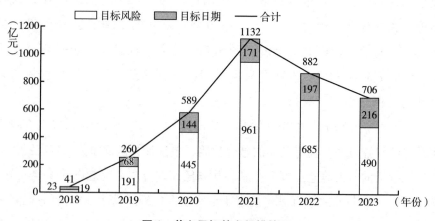

图 1　养老目标基金规模情况

资料来源：Wind，宏利基金整理。

表 1 养老目标日期基金不同目标日期发展情况

目标日期	2023 年末				2022 年末			
	数量（只）	占比（%）	规模（亿元）	占比（%）	数量（只）	占比（%）	规模（亿元）	占比（%）
2025	4	3	6	3	4	5	7	4
2030	9	8	17	8	9	10	20	10
2033	1	1	6	3	1	1	5	3
2035	23	19	52	24	18	21	60	30
2038	1	1	3	1	1	1	2	1
2040	26	22	52	24	24	27	45	23
2043	1	1	7	3	1	1	6	3
2045	26	22	41	19	15	17	34	17
2050	15	13	25	12	10	11	16	8
2055	8	7	6	3	4	5	2	1
2060	4	3	1	1	1	1	0	0
总计	118	100	216	100	88	100	197	100

资料来源：Wind，宏利基金整理。

表 2 养老目标风险基金不同类型产品发展情况

单位：只，亿元

时间	整体		保守型		稳健型		平衡型		积极型	
	只数	规模	只数	规模	只数	规模	只数	规模	只数	规模
2019 年	29	191.13	0	0	19	154.48	10	36.65	0	0
2020 年	51	444.43	1	9.69	29	351.38	19	78.53	2	4.83
2021 年	82	959.89	1	11.07	53	756.44	23	119.39	5	72.99
2022 年	112	683.95	1	12.12	69	508.18	32	108.08	10	55.57
2023 年	142	489.67	1	15.79	82	353.82	43	89.72	16	30.34

资料来源：Wind，宏利基金整理。

2. 参与机构情况

截至 2023 年末，共有 61 家基金管理人已发行养老目标基金，较 2022

年末的 47 家新增 14 家，约 1/3 的基金管理公司参与了养老目标基金运作与
管理，汇添富基金、华夏基金、南方基金、广发基金、工银瑞信基金、中欧
基金、易方达基金、华安基金和嘉实基金等头部基金公司发行的产品均在
10 只以上。从基金管理人管理规模来看，规模差距延续 2022 年收缩态势，
竞争格局头部优势有所下降，排在 10 名之后管理人占比明显提升。交银施
罗德基金以 69.67 亿元的管理规模排名第一，占比 10%；兴证全球基金和汇
添富基金分别以 62.43 亿元和 49.50 亿元排名第二、第三，占比分别为 9%
和 7%；华夏基金、南方基金的管理规模也在 40 亿元以上。规模排名前三的
管理人规模占比由上年末的 34% 降至 26%，排 4~10 名管理人规模占比不
变，剩余管理人规模占比由 34% 提升至 41%，可见越来越多的管理人开始
加大力度布局养老目标基金，管理人之间的竞争也在加大，头部管理人优势
有所下降（见表 3、表 4 和图 2）。

表 3 基金管理人养老目标基金布局情况

单位：只，家

管理人明细	管理人家数	基金管理只数
华夏、南方、汇添富	12	3
广发	11	1
工银瑞信、中欧、易方达、华安、嘉实	10	5
银华、天弘	7	2
鹏华、招商、英大、博时、平安、富国、建信	6	7
兴证全球、万家、景顺长城、东证资管	5	4
创金合信、宏利、华商、中银、泰康	4	5
国投瑞银、民生加银、长信、国海富兰克林、国泰君安资管、国泰、浦银安盛、海富通、大成、农银汇理、上银、申万菱信、摩根	3	13
交银施罗德、永赢、国联、信达澳亚、中加、国寿安保、银河	2	7
财通资管、中信保诚、兴业、华泰柏瑞、华泰资管、安信、华宝、摩根士丹利、前海开源、鹏扬、中信建投、太平、长城、东方	1	14
合计	260	61

资料来源：Wind，宏利基金整理，时间截至 2023 年末。

表 4　养老目标基金管理人管理规模情况

单位：亿元，%

序号	养老目标基金			目标风险基金			目标日期基金		
	基金公司	2023 年规模	占比	基金公司	2023 年规模	占比	基金公司	2023 年规模	占比
1	交银施罗德	69.67	10	交银施罗德	66.32	14	华夏	41.68	19
2	兴证全球	62.43	9	兴证全球	62.43	13	易方达	21.51	10
3	汇添富	49.50	7	汇添富	35.53	7	中欧	19.42	9
4	华夏	47.32	7	南方	26.91	5	南方	16.4	8
5	南方	43.32	6	浦银安盛	23.88	5	工银瑞信	13.99	6
6	易方达	38.21	5	民生加银	23.02	5	汇添富	13.97	6
7	广发	27.10	4	招商	22.35	5	平安	12.41	6
8	中欧	26.80	4	华安	20.71	4	广发	10.57	5
9	嘉实	26.62	4	嘉实	18.77	4	银华	8.68	4
10	招商	26.15	4	易方达	16.7	3	嘉实	7.86	4

资料来源：Wind，宏利基金整理。

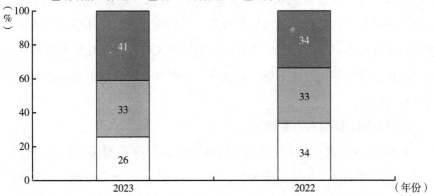

图 2　养老目标基金管理人规模集中度情况

资料来源：Wind，宏利基金整理，时间截至 2023 年末。

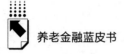

从托管人来看，共涉及 21 家银行，其中农行、建行、招行托管规模较大，均超过 100 亿元，且托管数量相对较多，均超过 30 只（见图 3）。

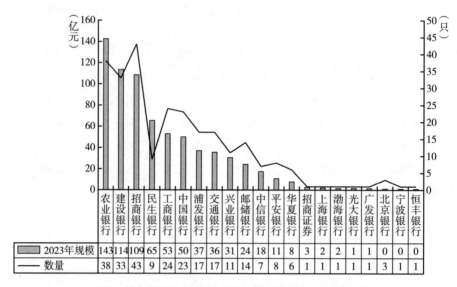

	农业银行	建设银行	招商银行	民生银行	工商银行	中国银行	浦发银行	交通银行	兴业银行	邮储银行	中信银行	平安银行	华夏银行	招商证券	上海银行	渤海银行	光大银行	广发银行	北京银行	宁波银行	恒丰银行
2023年规模	143	114	109	65	53	50	37	36	31	24	18	11	8	3	2	2	1	1	0	0	0
数量	38	33	43	9	24	23	17	17	11	14	7	8	6	1	1	1	1	1	3	1	1

图 3　基金托管人托管养老目标基金的数量及规模情况

资料来源：Wind，宏利基金整理，时间截至 2023 年末。

整体来看，随着 2022 年个人养老金投资公募基金业务正式落地，在国民养老需求与财富管理持续增加的背景下，公募基金布局养老目标基金热情不减，头部机构积极扩张，中小基金公司加速入场，产品数量不断攀升。然而，在权益市场赚钱效应不佳的背景下，投资者投资意愿不足，基金规模持续下滑。

3. 持有期、持有人户数情况

截至 2023 年末，260 只养老目标基金全部为持有期运作模式，其中养老目标风险基金以 1 年持有期为主，数量和规模占比分别为 54%、76%；养老目标日期基金以 3 年持有期为主，数量和规模占比分别为 60%、72%（见表 5）。

表 5　养老目标基金 2023 年末持有期分布情况

持有期	目标风险				目标日期			
	数量（只）	占比（%）	规模（亿元）	占比（%）	数量（只）	占比（%）	规模（亿元）	占比（%）
1 年	77	54	369.80	76	7	6	9.16	4
2 年	1	1	0.52	0	—	—	—	—
3 年	50	35	94.51	19	71	60	154.89	72
5 年	14	10	24.84	5	40	34	51.86	24

资料来源：Wind，宏利基金整理。

持有人户数保持快速增长。截至 2023 年末养老目标基金持有人共544.38 万户，呈现快速上涨势头。2018 年末、2019 年末、2020 年末、2021年末、2022 年末持有人户数分别为 76.78 万户、141.60 万户、196.75 万户、306.46 万户、453.03 万户。

（三）Y 份额发展情况

1. 规模、数量情况

2022 年 11 月 4 日，人力资源和社会保障部、财政部、国家税务总局、银保监会、证监会联合发布《个人养老金实施办法》，标志着个人养老金制度正式落地。2022 年 11 月 25 日，个人养老金制度正式启动实施。人力资源和社会保障部数据显示，截至 2023 年末，36 个个人养老金试点城市（地区）开立个人养老金账户人数超过 5000 万，开户人数增长较为稳定，较2022 年末的 1954 万人翻倍。

截至 2023 年末，Y 份额产品共计 180 只，占到整体数量的 69.23%，其中目标日期基金 66 只，目标风险基金 114 只。66 只目标日期基金覆盖预计退休日期为 2025~2055 年的人群，其中目标日期在 2035~2040 年的产品数量最多，有 32 只。114 只目标风险基金的目标风险水平分别为保守、稳健、平衡、积极，其中稳健型养老目标风险基金数量最多，有 75 只。从规模上来看，截至 2023 年末，养老目标基金 Y 份额合计 58.22 亿元，其中目标日期基金 Y 份额 35.17 亿元，目标风险基金 Y 份额 23.05 亿元。Y 份额规模占

全部养老目标基金整体规模的比例为8.25%（见表6至表8）。Y份额2023年末规模TOP15如表9所示。

表6 养老目标基金Y份额规模、数量情况

类型	2023年						2022年					
	规模			数量			规模			数量		
	整体（亿元）	Y份额（亿元）	占比（%）	整体（只）	Y份额（只）	占比（%）	整体（亿元）	Y份额（亿元）	占比（%）	整体（只）	Y份额（只）	占比（%）
养老目标风险	489.67	23.05	4.71	142	114	80.28	684.84	7.56	1.10	115	83	72.17
养老目标日期	215.90	35.17	16.29	118	66	55.93	196.96	12.5	6.35	88	50	56.82
合计	705.58	58.22	8.25	260	180	69.23	881.81	20.06	2.27	203	133	65.52

资料来源：Wind，宏利基金整理。

表7 养老目标风险基金Y份额2023年规模、数量情况

类型	Y份额规模（亿元）	占比（%）	数量（只）	单只平均规模（亿元）
保守型	0.26	1	1	0.26
稳健型	11.23	49	75	0.16
平衡型	5.1	22	30	0.17
积极型	6.46	28	8	0.81
合计	23.05	100	114	0.21

资料来源：Wind，宏利基金整理。

表8 养老目标日期基金Y份额2023年规模、数量情况

目标日期	Y份额规模（亿元）	占比（%）	数量（只）	单只平均规模（亿元）
2055	0.01	0	3	0.00
2050	1.44	4	4	0.36
2045	2.56	7	8	0.32
2043	1.12	3	1	1.12
2040	7.00	20	15	0.47
2038	0.49	1	1	0.49
2035	8.79	25	16	0.55
2033	2.73	8	1	2.73
2030	5.22	15	10	0.52
2025	5.81	17	7	0.83
合计	35.17	100	66	0.36

资料来源：Wind，宏利基金整理。

表9　Y 份额 2023 年末规模 TOP15

单位：亿元

基金名称	持有期限	类型	基金成立日	基金管理人	Y 份额规模	排名
兴全安泰积极养老目标五年 Y	五年	积极	2022/11/17	兴证全球	6.20	1
华夏养老 2040 三年 Y	三年	2040	2022/11/11	华夏	5.45	2
华夏养老 2045 三年 Y	三年	2045	2022/11/11	华夏	3.29	3
易方达汇诚养老 2043 三年 Y	三年	2043	2022/11/11	易方达	2.73	4
中欧预见养老 2050 五年 Y	五年	2050	2022/11/16	中欧	2.67	5
招商和悦稳健养老一年 Y	一年	稳健	2022/11/11	招商	2.10	6
易方达汇智平衡养老（FOF）Y	三年	平衡	2022/11/17	易方达	2.00	7
中欧预见养老 2035 三年 Y	三年	2035	2022/11/11	中欧	1.92	8
工银养老 2035Y	三年	2035	2022/11/11	工银瑞信	1.58	9
工银稳健养老 Y	一年	稳健	2022/11/11	工银瑞信	1.55	10
南方养老 2030 三年 Y	三年	2030	2022/11/16	南方	1.22	11
易方达汇诚养老 2033 三年 Y	三年	2033	2022/11/16	易方达	1.12	12
南方养老 2035 三年 Y	三年	2035	2022/11/16	南方	1.10	13
工银养老 2050Y	五年	2050	2022/11/16	工银瑞信	1.06	14
南方养老 2040 三年 Y	三年	2040	2022/11/16	南方	1.01	15

资料来源：Wind，宏利基金整理。

2. 参与机构情况

180 只基金来自 52 家基金公司，其中，华夏基金有 11 只 Y 份额产品，易方达基金和广发基金有 9 只 Y 份额产品，工银瑞信基金、汇添富基金和南方基金有 8 只 Y 份额产品。从管理规模来看，华夏基金旗下 Y 份额产品规模超过 10 亿元，市占率为 17%，兴证全球基金、易方达基金、工银瑞信基金、中欧基金管理规模也在 5 亿元以上，占比超过 10%（见表10）。值得注意的是，管理规模前 20 家管理人中，华夏基金、兴证全球基金、易方达基金、工银瑞信基金、中欧基金、南方基金、广发基金、招商基金、兴业基金、摩根资产管理 Y 份额市占率均超过其养老目标基金市占率。

表 10　前 20 家基金公司 Y 份额 2023 年末规模情况

单位：亿元，%

基金公司	规模	排名	占比	数量	2025年	2030年	2033年	2035年	2038年	2040年	2043年	2045年	2050年	2055年	合计	保守	积极	平衡	稳健	合计
华夏	10.13	1	17	11	—	—	—	0.20	—	5.45	—	3.60	0.36	0.00	9.61	0.26	—	—	0.25	0.52
兴证全球	7.48	2	13	5	—	—	—	—	—	—	—	—	—	—	0.00	—	6.20	0.26	1.02	7.48
易方达	7.30	3	13	9	—	—	1.12	—	0.49	—	2.73	—	0.01	—	4.35	—	0.00	2.18	0.77	2.95
工银瑞信	5.65	4	10	8	0.87	—	—	1.58	—	—	—	0.57	1.06	0.00	4.10	—	—	0.00	1.56	1.56
中欧	5.63	5	10	6	—	—	—	1.92	—	0.88	—	—	2.67	0.01	5.46	—	—	—	0.16	0.16
南方	3.95	6	7	8	—	1.22	—	1.10	—	1.01	—	0.26	—	—	3.59	—	—	—	0.36	0.36
广发	3.31	7	6	9	—	—	—	0.03	—	0.17	—	—	0.57	—	0.77	—	0.00	0.97	1.56	2.54
招商	2.71	8	5	4	—	—	—	—	—	0.19	—	—	—	—	0.19	—	—	0.42	2.10	2.52
嘉实	1.53	9	3	7	—	0.52	—	—	—	0.27	—	—	0.67	—	1.46	—	—	—	0.07	0.07
汇添富	1.53	10	3	8	—	0.49	—	—	—	0.30	—	—	0.47	—	1.26	—	—	—	0.27	0.27
平安	1.38	11	2	4	0.19	0.20	—	0.43	—	—	—	—	—	—	0.83	—	—	—	0.55	0.55
交银施罗德	1.28	12	2	2	—	—	—	0.48	—	—	—	—	—	—	0.48	—	—	—	—	0.81
富国	0.79	13	1	4	0.38	—	—	0.68	—	—	—	0.00	—	—	0.38	—	—	0.13	0.29	0.41
兴业	0.68	14	1	1	—	—	—	0.68	—	—	—	—	—	—	0.68	—	—	—	—	0.00
鹏华	0.60	15	1	4	—	—	—	0.12	—	—	—	0.44	—	—	0.56	—	—	—	0.04	0.04
农银汇理	0.54	16	1	2	—	—	—	0.20	—	—	—	0.33	—	—	0.54	—	—	—	—	0.00
建信	0.48	17	1	5	—	—	—	—	—	0.23	—	—	—	—	0.23	—	0.00	0.00	0.25	0.25
摩根	0.47	18	1	2	—	—	—	—	—	—	—	—	—	—	0.00	—	0.00	0.41	0.06	0.47
东证资管	0.35	19	1	5	—	—	—	—	—	—	—	0.00	—	—	0.00	—	0.23	0.06	0.06	0.35
银华	0.34	20	1	7	—	0.02	—	0.17	—	0.05	—	—	—	—	0.25	—	—	—	0.09	0.09

资料来源：Wind，宏利基金整理。

相对于养老目标基金来说，Y 份额基金管理人集中度更高一些，前三大管理人市占率达到 42%，前十大管理人市占率达到 83%，头部基金公司凭借积极的产品布局、投资者教育、推广营销，取得了亮眼的成绩，从而实现管理规模的占优（见图 4）。

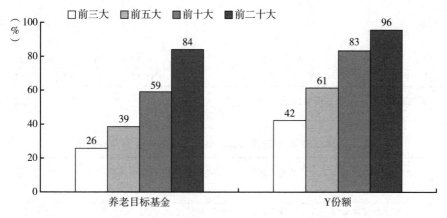

图 4　养老目标基金和 Y 份额管理人集中度

资料来源：Wind，宏利基金整理，时间截至 2023 年末。

3. 持有期限、持有人户数情况

从持有期来看，三年期 Y 份额规模最大，五年期和一年期产品的规模较为接近。从分类型平均规模来看，五年期目标风险基金 Y 份额平均规模 0.81 亿元，高于其他类型产品，目标日期基金 Y 份额中三年期单只平均规模为 0.61 亿元，高于其他类型产品。Y 份额是专门为了个人养老金单独设立的份额，投资者只有在退休后才可以领取，投资时间较长，可以通过拉长投资期限来争取熨平股票市场的短期波动，从目前投资者的选择来看，投资者养老投资比较注重长期性，更偏好权益仓位较高的产品，以时间来换空间（见表 11）。

从人均持有规模上来看，截至 2023 年末，52 家基金公司的 180 只产品，持有人户数有 965675 户，户均持有规模为 6029 元，兴证全球基金、华夏基金、国海富兰克林基金等 10 家公司户均规模在 6000 元以上（见表 12）。

表 11　Y 份额 2023 年末规模及数量情况

类型	目标风险基金 Y 份额				目标日期基金 Y 份额				合计	
	数量 （只）	占比 （%）	规模 （亿元）	占比 （%）	数量 （只）	占比 （%）	规模 （亿元）	占比 （%）	规模 （亿元）	占比 （%）
一年	71	62	11.20	49	6	9	1.64	5	12.85	22
两年	1	1	0.06	0	—	—	—	—	0.06	0
三年	34	30	5.32	23	44	67	26.81	76	32.13	55
五年	8	7	6.46	28	16	24	6.72	19	13.18	23
合计	114	100	23.05	100	66	100	35.17	100	58.22	100

资料来源：Wind，宏利基金整理。

表 12　2023 年末 Y 份额基金行业前十大基金公司户均规模

序号	基金公司	Y 份额规模 （万元）	持有人户数 （户）	Y 份额数量 （只）	户均规模 （元）
1	兴证全球基金	74785.80	95016	5	7871
2	华夏基金	101278.23	137549	11	7363
3	国海富兰克林基金	297.25	414	2	7180
4	华宝基金	783.56	1178	1	6652
5	交银施罗德基金	12835.11	19631	2	6538
6	兴业基金	6785.69	10572	1	6419
7	招商基金	27067.91	42752	4	6331
8	中欧基金	56255.46	89763	6	6267
9	易方达基金	72977.67	120824	9	6040
10	工银瑞信基金	56521.16	94080	8	6008
	行业平均	582225.77	965675	180	6029

资料来源：Wind，宏利基金整理。

二　养老目标基金投资运作情况

（一）资产配置情况

1.养老目标风险基金

资产配置是养老目标基金实现长期投资目标和控制风险的重要手段，

发挥着控制风险和稳定收益的重要作用。养老目标风险基金可以投资公募基金、股票、债券、存款、货币市场工具等，投资范围较广，可实现较优的资产配置，实现风险控制和稳定收益目标。从披露 2023 年年报的 137 只产品来看，基金持有比例平均约 89%，最高约为 95%（见表 13）。进一步观察发现，一是在市场整体风险偏好下降的过程中，具有低波动稳健投资属性的固收类产品成为配置主力，纯债基金的配置占比明显上升。二是资产配置多元化程度有所改善，ETF 基金①、QDII 基金、商品基金、REITs 基金配置比例合计为 10.54%，较上年的 7.14% 有所提升，2023 年首次配置了 REITs 基金。三是主动权益基金重点增持价值风格基金，红利低波属性产品在震荡市中凸显抗跌属性，成为部分养老 FOF 基金的压舱石配置。地域方面，养老目标风险基金通过投资 QDII 基金及北上基金覆盖全球市场，QDII 基金以美股、港股市场为主。养老目标风险基金直接投资于低风险的债券资产、银行存款和其他资产平均持有市值比例分别约为 4%、4%、2%，占比较小。养老目标基金直接投资股票持有比例约 2%，一定程度上说明大部分基金经理对直接持有个股持较为谨慎态度。

表 13　2023 年末披露 2023 年年报的养老目标风险基金各类资产持有市值配置比例

类型	股票			基金			债券	银行存款	其他资产
	最大值	最小值	平均值	最大值	最小值	平均值	平均值	平均值	平均值
保守	0.69	0.69	0.69	94.83	94.83	94.83	0.67	2.18	1.69
积极	8.27	0.00	0.89	94.79	80.72	88.78	4.67	3.87	2.03
平衡	24.10	0.00	4.27	94.61	64.64	87.48	4.42	3.69	1.11
稳健	15.30	0.00	1.24	94.40	70.67	89.64	4.50	3.76	1.68
整体	24.10	0.00	2.10	94.83	64.64	88.93	4.47	3.74	1.55

资料来源：Wind，宏利基金整理，基金持仓比例低于 80% 是由建仓期导致。

---

① ETF 基金中也含有 QDII 基金和商品基金，有重复计算部分。

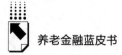

从持有基金的配置来看，当前阶段目标风险基金持仓仍以主动管理基金为主，主动管理基金的持有市值为400亿元，占总持有市值437亿元的比例为91.5%，从类型上来看，债券型基金持有市值占比66%，占绝对持仓，其次是偏股型基金和混合型基金，合计占比为26%（见图5）。

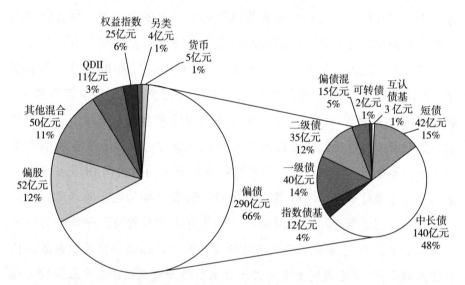

图5 披露2023年年报的养老目标风险基金持仓子基金类型情况（按持有市值）

资料来源：Wind，宏利基金整理。

2. 养老目标日期基金

养老目标日期基金的下滑曲线设定了随着时间调整的资产配置目标权重及其调整范围。从披露2023年年报的113只养老目标日期基金来看，基金持有比例平均约87%（见表14）。养老目标日期基金持有的基金类型相对均衡，偏债类基金持仓市值占比36%，偏股类基金、混合型基金和权益指数基金持仓市值占比分别为23%、20%和15%（见图6）。地域方面，养老目标日期基金通过投资QDII基金及北上基金覆盖全球市场，以美股、港股市场为主。债券资产、银行存款和其他资产平均持有市值比例分别约为4%、5%、2%。直接投资股票平均持有比例约3%，相较2022年提高约1个百分点，股票的最高持有比例约34%，部分养老目标日期基金通过直接参与股

票市场进行权益资产的配置。同养老目标风险基金类似，养老目标日期基金
在资产配置多元化程度上也有所改善，2023 年 ETF 基金[①]、QDII 基金、商
品基金、REITs 基金配置比例合计为 20.52%，较上年的 16.99% 有所提升，
2023 年首次配置了 REITs 基金。

表 14　2023 年末披露 2023 年年报的养老目标日期基金各类资产配置比例

单位：%

类型	股票			基金			债券	银行存款	其他资产
	最大值	最小值	平均值	最大值	最小值	平均值	平均值	平均值	平均值
2025	5.55	0.00	1.68	93.06	81.66	87.04	5.15	9.77	3.16
2030	14.56	0.00	3.03	93.76	81.79	87.33	4.50	4.09	0.87
2033	0.00	0.00	0.00	90.78	90.78	89.05	5.00	0.88	0.26
2035	12.98	0.00	2.76	94.91	80.67	85.25	4.82	3.45	1.18
2038	0.00	0.00	0.00	89.43	89.43	92.12	4.96	1.35	0.40
2040	14.40	0.00	2.59	96.27	28.04	86.87	3.58	5.49	2.38
2043	0.00	0.00	0.00	88.41	88.41	90.51	4.76	0.89	0.78
2045	33.90	0.00	3.86	94.33	34.18	84.62	3.56	6.19	2.70
2050	14.45	0.00	1.51	92.70	68.84	86.21	5.17	5.22	2.42
2055	13.55	0.00	4.31	88.68	78.05	84.30	3.95	4.72	1.94
2060	13.98	0.00	5.26	91.88	80.50	86.86	5.48	4.10	0.68
整体	33.90	0.00	2.89	96.27	28.04	86.78	4.27	5.03	1.99

资料来源：Wind，宏利基金整理，基金持仓比例低于 80% 是由建仓期导致。

从持有基金的配置来看，养老目标日期基金的整体持仓以主动管理基金
为主，主动管理基金的持有市值占比约为 84%，被动型基金占比约为 16%。
与养老目标风险基金不同的是，养老目标日期基金主动管理基金以偏股型基
金为主，债券型基金合计占比约为 36%。

---

① ETF 基金中也含有 QDII 基金和商品基金，有重复计算部分。

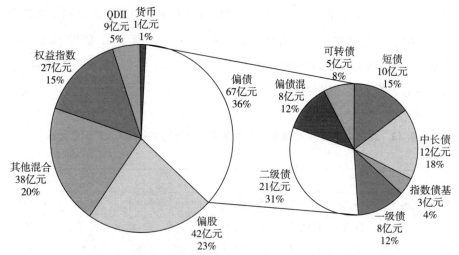

图 6 披露 2023 年年报的养老目标日期基金持仓子基金类型情况（按持有市值）

资料来源：Wind，宏利基金整理。

（二）投资绩效情况

1. 养老目标风险基金

从投资绩效来看，养老目标风险基金风险控制能力更强，成立时间在 1 年以上的 112 只养老目标风险基金 2023 年简单平均收益率为 -3.28%，同期沪深 300 指数为 -11.38%。具体来看，2023 年 112 只养老目标风险基金中有 14 只基金实现正收益，其中平安稳健养老一年收益最高，为 3.72%，有 3 只养老目标风险基金未能跑赢沪深 300 指数。112 只产品年化波动率和最大回撤均值分别为 5.02% 和 -7.66%，同期沪深 300 指数分别为 13.45% 和 -21.51%，其中 105 只养老目标风险基金最大回撤控制在 15% 以下，83 只基金最大回撤控制在 10% 以下，37 只基金最大回撤控制在 5% 以下，养老目标风险基金风险控制能力相对较好。分类型来看，保守型、稳健型、平衡型、积极型的养老目标风险基金 2023 年简单平均收益率均值分别为 -5.76%、-2.54%、-3.60% 和 -7.08%，对应的年化波动率分别为 8.04%、4.30%、5.75% 和 7.37%，对应的最大回撤分别为 -12.27%、-6.55%、-8.60%、-11.88%（见图 7、表 15）。

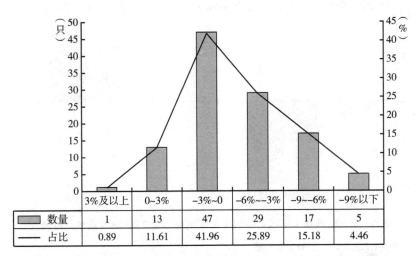

	3%及以上	0~3%	−3%~0	−6%~−3%	−9%~−6%	−9%以下
数量	1	13	47	29	17	5
占比	0.89	11.61	41.96	25.89	15.18	4.46

图 7　成立时间在 1 年以上的养老目标风险基金 2023 年收益分布情况

资料来源：Wind，宏利基金整理。

表 15　成立时间在 1 年以上的养老目标风险基金收益和风险情况

单位：%

类型	收益率		年化波动率		最大回撤	
	2022 年	2023 年	2022 年	2023 年	2022 年	2023 年
积极	−7.01	−7.08	7.99	7.37	−10.46	−11.88
平衡	−8.34	−3.60	7.47	5.75	−10.39	−8.60
稳健	−5.54	−2.54	5.47	4.30	−7.34	−6.55
保守	−11.06	−5.76	12.99	8.04	−16.70	−12.27
整体均值	−6.48	−3.28	6.28	5.02	−8.50	−7.66
沪深 300	−21.63	−11.38	20.32	13.45	−28.65	−21.51

资料来源：Wind，不含当年新成立产品，宏利基金整理。

　　此外，通过分析 112 只养老目标风险基金 2023 年年化收益和年化波动率情况，可以看出，目标风险基金的风险收益特征较清晰，随着权益仓位的提高即承担的风险的提高，基金的波动率也呈现提高趋势（见图 8）。

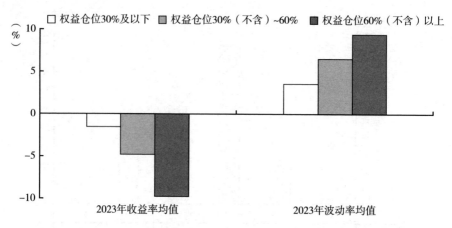

图 8　成立时间在 1 年以上的养老目标风险基金 2023 年收益和风险情况

资料来源：Wind，宏利基金整理。

成立满 3 年的 51 只养老目标风险基金，截至 2023 年末，近 3 年年化收益率平均为-1.87%，大幅好于同期沪深 300 指数的-13.39%，最大回撤和年化波动率平均值分别为-12.16%、6.32%，而同期沪深 300 指数分别为-43.22%、17.65%。拉长投资期间看，养老目标风险基金风险控制能力较好，业绩波动较小（见图 9）。

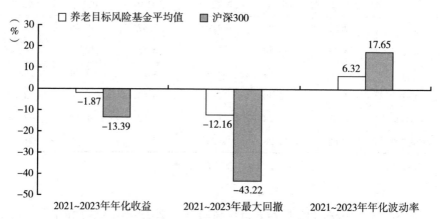

图 9　成立满 3 年的养老目标风险基金 2021~2023 年收益和风险情况

资料来源：Wind，宏利基金整理。

2. 养老目标日期基金

成立时间在 1 年以上的 84 只养老目标日期基金 2023 年简单平均收益率为-13.68%，84 只养老目标日期基金 2023 年有 3 只获得正收益，收益率最高的是中欧预见养老 2025 一年持有，为 1.26%，除 1 只基金外其他养老目标日期基金均跑赢沪深 300 指数；风险指标中年化波动率和最大回撤均值分别为 8.30%和-13.53%，同期沪深 300 指数分别为 13.45%和-21.51%。分类型来看，权益上限在 70%~80%、50%~60%、40%~50%和 30%以下的养老目标日期基金 2023 年平均收益率分别为-9.86%、-7.09%、-7.35%、-1.08%，对应的年化波动率分别为 10.00%、8.13%、8.41%和 3.27%，对应的最大回撤分别为-16.76%、-13.11%、-13.08%、-4.61%。权益资产比例越高的目标日期基金收益越高，对应的风险水平也越高（见图 10 和表 16）。

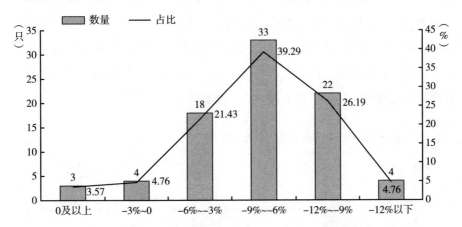

图 10　成立时间在 1 年以上的养老目标日期基金 2023 年收益分布情况

资料来源：Wind，宏利基金整理。

表 16　成立时间在 1 年以上的不同权益资产上限养老目标日期基金收益和风险情况

单位：%

类型	收益率		年化波动率		最大回撤	
	2022 年	2023 年	2022 年	2023 年	2022 年	2023 年
30%以下	-3.13	-1.08	3.97	3.27	-4.74	-4.61

续表

类型	收益率		年化波动率		最大回撤	
	2022 年	2023 年	2022 年	2023 年	2022 年	2023 年
40%~50%	-18.55	-7.35	10.84	8.41	-19.17	-13.08
50%~60%	-13.04	-7.09	11.37	8.13	-15.73	-13.11
70%~80%	-16.96	-9.86	15.36	10.00	-19.99	-16.76
整体均值	-13.68	-7.45	12.05	8.30	-16.37	-13.53
沪深 300	-21.63	-11.38	20.32	13.45	-28.65	-21.51

资料来源：Wind，各类型口径数值均为简单平均值，宏利基金整理。

截至 2023 年末，成立满 3 年的 44 只养老目标日期基金最近 3 年年化收益率平均为-5.91%，好于同期沪深 300 指数的-13.39%，最大回撤和年化波动率均值分别为 - 24.98%、11.18%，而同期沪深 300 指数分别为-43.22%、17.65%（见图 11）。拉长投资期限看，养老目标日期基金以三年、五年持有期为主，权益资产仓位相对于养老目标风险基金更高一些，整体投资绩效也明显好于同期沪深 300 指数表现。

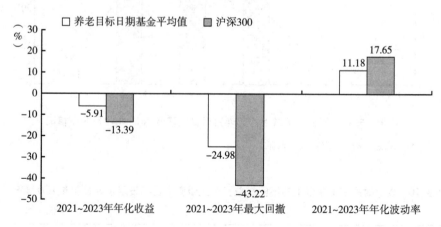

图 11　成立满 3 年的养老目标日期基金 2021~2023 年收益和风险情况

资料来源：Wind，宏利基金整理。

通过分析 84 只养老目标日期基金 2023 年年化回报和最大回撤的分布情况，养老目标日期基金的业绩优于股票型基金、混合型基金和沪深 300 指数，整体分布在象限右上方区域（收益较高，回撤较小）（见图 12）。

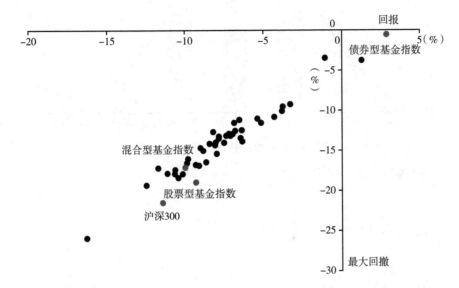

图 12 成立时间在 1 年以上的养老目标日期基金 2023 年收益和风险情况
资料来源：Wind，宏利基金整理。

3. Y 份额

成立时间在 1 年以上的 133 只 Y 份额基金 2023 年简单平均收益率为 -4.10%，同期沪深 300 指数为-11.38%。其中 17 只获得正收益，收益率最高的是平安稳健养老一年 Y，为 3.97%。41 只基金收益率在-3%～0，33 只、30 只基金收益率分别在-6%～-3%、-9%～-6%，年内资本市场波动较大，主要股指均录得负收益，一定程度上对 Y 份额收益造成冲击。风险指标中波动率和最大回撤均值分别为 5.94% 和-9.16%，同期沪深 300 指数分别为 13.45% 和-21.51%（见图 13 和图 14）。

分类型来看，养老目标风险 Y 份额 2023 年收益率平均为-2.34%，波动率和最大回撤平均值分别为 4.56%、-6.72%，其中保守型、稳健型由于权益仓位较低，整体表现相对较好。养老目标日期 Y 份额 2023 年收益率平

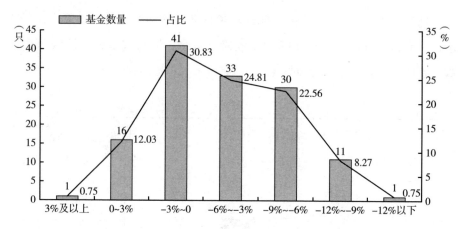

图 13　Y 份额 2023 年收益分布情况

资料来源：Wind，宏利基金整理。

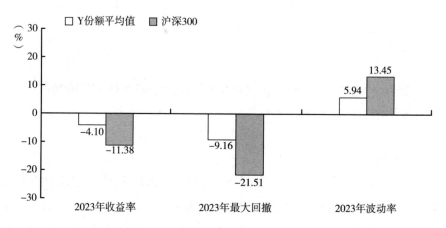

图 14　Y 份额 2023 年收益和风险情况

资料来源：Wind，宏利基金整理。

均为-7.02%，波动率和最大回撤平均值分别为 8.24%、-13.20%，离目标日期远的基金由于权益仓位较高，波动率和最大回撤均高于均值。整体来说，养老 Y 份额产品在收益率、波动率、最大回撤等方面的平均值均好于沪深 300 和混合型基金指数，发挥了公募 FOF 二次分散风险和二次平滑波动的优势（见表 17）。

表 17　Y 份额 2023 年收益、风险分布情况

单位：%

类型	细分类型	2023 年收益率	2023 年最大回撤	2023 年波动率
目标风险	保守	2.36	−2.49	2.08
	稳健	−1.31	−5.17	3.69
	平衡	−4.73	−10.35	6.66
	积极	−8.29	−14.47	8.64
	均值	−2.34	−6.72	4.56
目标日期	2025	0.65	−3.04	2.59
	2030	−6.57	−12.21	7.47
	2033	−3.46	−9.29	6.52
	2035	−6.46	−12.64	7.75
	2038	−3.47	−9.79	6.96
	2040	−7.59	−13.77	8.61
	2043	−3.93	−10.52	7.44
	2045	−8.80	−15.12	9.70
	2050	−11.00	−18.83	11.11
	均值	−7.02	−13.20	8.24
总计		−4.10	−9.16	5.94
混合型基金指数		−9.91	−22.01	12.99
沪深 300		−11.38	−21.51	13.45

资料来源：Wind，宏利基金整理，截至 2023 年末。

（三）养老目标基金投资子基金的情况

1. 子基金细分类型

从 2023 年年报披露的持仓数据来看，养老目标风险基金投资的权益基金中，被动型占比 22%，主动型占比 78%，持仓以主动管理的基金为主，其中灵活配置型基金和偏股混合型基金的持仓市值占比较高，分别为 32% 和 29%。养老目标日期基金与养老目标风险基金类似，投资的权益基金中被动型占比 26%，主动型占比 74%，其中灵活配置型基金和偏股混合型基金的持仓市值占比较高，分别为 33% 和 25%（见图 15）。

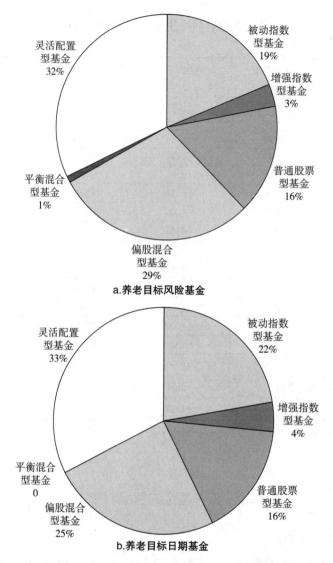

图 15　养老目标风险基金、养老目标日期基金投资权益基金二级分类情况

资料来源：Wind，宏利基金整理，按持有市值划分，截至 2023 年末。

　　从 2023 年年报披露的持仓数据来看，养老目标风险基金投资的固收及固收+基金中，被动型占比 4%，主动型占比 96%，持仓以主动管理的基金为主。其中，中长期纯债型基金持仓市值占比 47%；其次是短期纯债型基金和一级债基，占比分别为 14% 和 13%。养老目标日期基金投资的固收及固收+基金中持仓以主动管理的基金为主。其中，二级债基的持仓市值占比最高，为 31%；其次是中长期纯债型基金和短期纯债型基金，分别为 18% 和 15%（见图 16）。

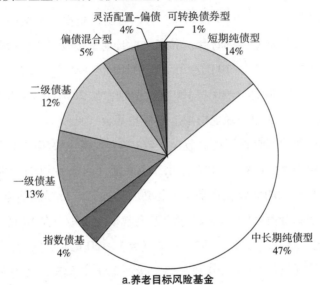

a.养老目标风险基金

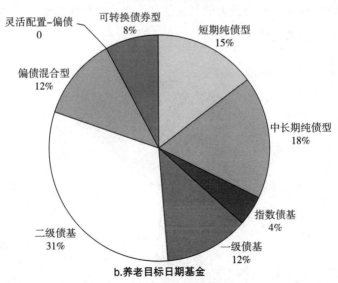

b.养老目标日期基金

图 16 养老目标风险基金、养老目标日期基金投资固收及固收+基金二级分类情况

注：灵活配置-偏债是指近四个季度股票仓位均值在 40% 以内且债券仓位均值在 60% 以上的灵活配置型基金。

资料来源：Wind，宏利基金整理，按持有市值划分，截至 2023 年末。

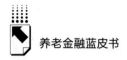

2. 子基金规模情况

养老目标风险基金投资的权益基金规模主要集中在 10 亿（含）～100 亿元，其中 10 亿（含）～30 亿元、30 亿（含）～50 亿元和 50 亿（含）～100 亿元分别占比 34%、21% 和 21%，可以看出，规模中大型的权益基金更加受到养老目标风险基金的青睐。养老目标日期基金投资的权益基金规模同样集中在 10 亿（含）～100 亿元，其中 10 亿（含）～30 亿元、30 亿（含）～50 亿元和 50 亿（含）～100 亿元分别占比 28%、22% 和 21%，养老目标日期基金同样更加偏好规模中上的权益基金（见图 17）。

养老目标风险基金投资的固收及固收+基金规模主要集中在 50 亿（含）元以上，其中 50 亿（含）～100 亿元和 100 亿（含）元以上分别占比 24% 和 33%，规模较大的固收及固收+基金更加受到养老目标风险基金的青睐。养老目标日期基金投资的固收及固收+基金规模主要集中在 10 亿（含）～30 亿元和 50 亿（含）元以上，其中 10 亿（含）～30 亿元、50 亿（含）～100 亿元和 100 亿（含）元以上分别占比 24%、23% 和 22%，规模中下的基金在投资中较为灵活，规模较大的基金往往历史业绩较为稳健，养老目标日期基金更加偏好这两类规模的产品（见图 18）。

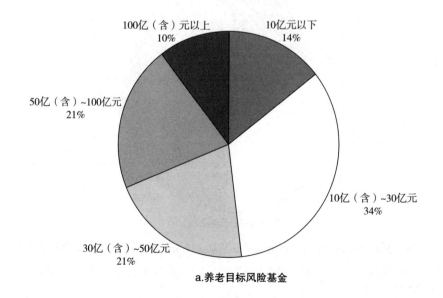

a.养老目标风险基金

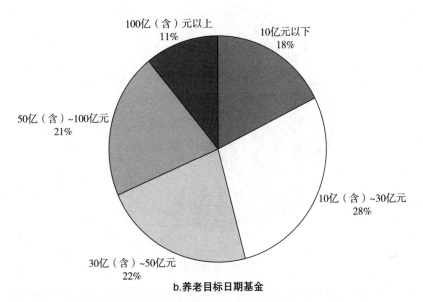

b.养老目标日期基金

图 17 养老目标风险基金、养老目标日期基金投资权益基金规模分布情况

资料来源：Wind，宏利基金整理，按持有市值划分，截至 2023 年末。

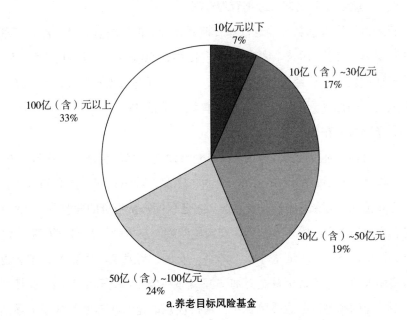

a.养老目标风险基金

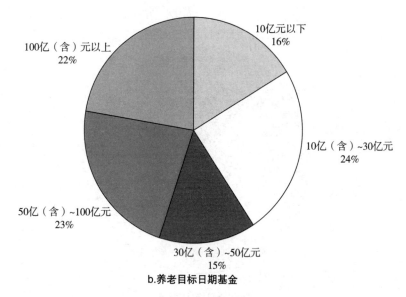

b.养老目标日期基金

图18 养老目标风险基金、养老目标日期基金投资固收及固收+基金规模分布情况

资料来源：Wind，宏利基金整理，按持有市值划分，截至2023年末。

3. 子基金权益基金基金经理管理年限

养老目标风险基金和养老目标日期基金投资的权益基金基金经理管理年限均主要集中在5~10年，持有市值占比均在50%左右，基金经理在5~10年的管理过程中往往经历过牛熊转换，从而不断完善投资框架，形成稳定的投资风格，因此受到养老目标基金的青睐（见图19）。

4. 子基金所在公司情况

养老目标基金投资的权益基金中持仓市值前十名的管理人分别为易方达、大成、华夏、富国、交银施罗德、中欧、广发、景顺长城、国泰和南方，华商、华泰柏瑞、万家基金也排名靠前。养老目标基金投资的固收及固收+基金中持仓市值前十名的管理人分别为交银施罗德、易方达、富国、招商、南方、广发、鹏华、华安、兴证全球和汇添富，安信、海富通、永赢基金排名也靠前。整体来说，养老目标基金更加偏好头部基金公司管理的产品，业绩突出的中型公司的基金产品也受到认可。值得注意的是，在养老目标基金逐渐增配ETF的过程中，以ETF基金见长的管理人持仓市值占比显著上升。

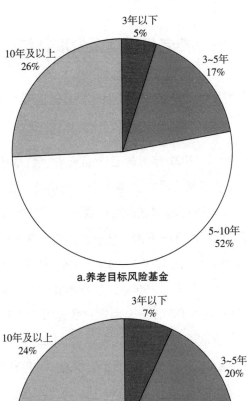

a.养老目标风险基金

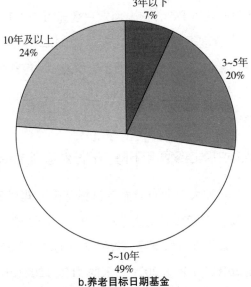

b.养老目标日期基金

图 19 养老目标风险基金、养老目标日期基金投资权益基金基金经理年限分布情况

资料来源：Wind，宏利基金整理，截至 2023 年末。

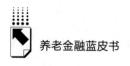

三　养老目标基金发展特征

（一）数量及持有人户数保持增长，规模连续两年下滑，Y 份额均实现增长

养老目标基金 2018～2021 年无论是产品规模、数量还是持有人数量和户均持有规模均实现了跨越式增长，是基金市场增速最快的基金类型之一。但受到 2022～2023 年股债市场剧烈调整的影响，尽管产品数量和持有人户数延续了上涨态势，但规模有所下滑。从管理数量上来看，共有 260 只养老目标基金成立，较 2018 年末的 12 只、2019 年末的 62 只、2020 年末的 95 只、2021 年末的 142 只、2022 年末的 196 只，数量增长较快。从投资者户数上来看，目前投资者认购户数约 185 万户，期末户数超过 544 万户，而 2018 年末户数尚不足 77 万户。管理规模则由 2021 年末的 1132 亿元降至 706 亿元，但相对于 2018 年的 41 亿元依然保持 77% 的年均增速。Y 份额产品数量、规模由 2022 年末的 133 只、20.06 亿元上升至 180 只、58.22 亿元，持有人户数也由 2022 年末的 387778 户提升至 965675 户，均实现正增长。

（二）管理人集中度连续两年下降，Y 份额管理人头部效应更为明显

越来越多基金公司加大力度布局养老目标基金，截至 2023 年末，共有 61 家基金管理人已发行养老目标基金，较 2022 年末的 47 家新增 14 家，随着新管理人的加入，集中度有所下降。规模前三的基金管理人共管理 182 亿元，市场份额占比 26%，相较于 2021 年末的 41%、2022 年末的 34%，集中度已连续两年下降；规模前五的基金管理人共管理 272 亿元，合计市场份额为 39%，2022 年末市占率为 46%。相对于养老目标基金来说，Y 份额基金管理人集中度更高，前三大、前五大、前十大管理人市占率分别为 42%、61%、83%，头部基金公司凭借积极的产品布局、投资者教育、推广营销，取得了亮眼的成绩，从而实现管理规模的占优。

（三）养老目标基金及 Y 份额投资运作稳健，风险收益特征稳定

养老目标基金、Y 份额产品成立以来整体业绩表现稳健，尽管 2023 年业绩表现一般，但业绩、波动、回撤等指标均优于沪深 300、混合型基金指数同期表现，基本实现了收益稳健和风险可控的目标。截至 2023 年末，成立三年的 51 只养老目标风险基金 2021～2023 年平均年化收益为-1.87%，平均年化波动率和最大回撤分别为 6.32% 和-12.16%。成立满三年的 44 只养老目标日期基金 2021～2023 年平均年化收益率为-5.91%，平均年化波动率和最大回撤分别为 11.18%、-24.98%。对比沪深 300 指数 2021～2023 年年化收益、年化波动、最大回撤的-13.39%、17.65%、-43.22%。成立满一年的 Y 份额 2023 年平均收益率为-4.10%，波动率和最大回撤均值分别为 5.94% 和-9.16%，也均好于同期沪深 300、混合型基金指数表现。此外，养老目标基金不同风险等级产品收益和风险的数据显示，产品风险收益特征清晰且稳定。

（四）资产配置多元化程度略有改善，投资子基金以主动产品为主

养老目标基金资产配置多元化程度虽然占比较小，但同比有所改善。2023 年末养老目标风险基金 ETF 基金、QDII 基金、商品基金、REITs 基金配置比例合计为 10.54%，较上年的 7.14% 有所提升，养老目标日期基金 ETF 基金、QDII 基金、商品基金、REITs 基金配置比例合计为 20.52%，较上年的 16.99% 也有所提升，并且两类产品 2023 年均首次配置了 REITs 基金。

从 142 只披露 2023 年年报的养老目标风险基金来看，无论是权益类基金还是固收类基金，持仓均以主动管理基金为主。投资的权益类基金、固收类基金中主动型占比分别为 78%、96%。118 只披露 2023 年年报的养老目标日期基金投资的权益类基金、固收及固收+基金中主动型占比分别为 74%、94%，同样是主动管理占据主导。

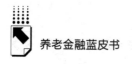

（五）持仓基金偏好头部管理人和资深基金经理

养老目标基金投资的基金经理管理年限主要集中在 5~10 年，基金经理在 5~10 年的管理过程中往往经历过牛熊转换，从而不断完善投资框架，形成稳定的投资风格，因此受到养老目标基金的青睐。养老目标基金投资的基金主要集中在规模头部的基金管理人中，如易方达、富国、南方、广发、交银施罗德等，头部基金公司产品线更加丰富、投研力量更加雄厚，因此更加受到关注。除了头部基金公司外，业绩突出的中小公司基金产品也受到了认可。

（六）个人养老金投资者青睐目标日期基金、高权益产品

相较于普通养老目标基金，个人养老金账户投资者的诉求呈现不一致的特征。截至 2023 年末，养老目标基金 Y 份额中目标日期基金 Y 份额 35.17 亿元，占比约 60%，远高于养老目标基金中目标日期基金 31% 的占比，更受个人养老金投资者青睐。此外，不同于目前养老目标基金投资者普遍选择一年期产品，在长期封闭的养老账户里，投资者更倾向于长期高收益的权益资产。截至 2023 年末，三年期 Y 份额规模最大，占比 55%；其次是五年期的规模占比 23%，一年期产品的规模仅占 22%。养老投资是一项时间跨度长时间周期的投资，投资者在资产配置和产品选择上着眼长远。而拉长时间来看，权益资产能够带来较好的收益，时间也可以大幅熨平波动。

四 养老目标基金发展面临的问题

（一）回撤控制有待加强，需注重绝对收益策略

与常规理财产品不同，养老产品是面向具有养老需求的个人投资者发行的，以追求养老资金长期稳健增值为目的，业绩的稳定性及风险管理水平是重中之重。绝对收益策略在养老产品中的应用主要体现在通过灵活的大类资

产配置与严谨的风险管理，努力实现基金资产的持续稳定增值。个人养老金产品中保险产品、银行理财产品采用绝对收益策略的产品占比也较高，而养老目标基金中绝对收益策略效果还有待进一步提高，在过去几年市场杀跌的环境下，叠加对冲管理工具的缺乏，养老目标基金对风险的管控能力受到影响，在回撤控制上仍有加强空间，降低产品波动率的绝对收益投资策略还需进一步丰富和完善。

（二）产品创新力度需进一步加大

养老目标基金作为养老需求设计的基金产品，确实在投资策略和产品设计上有其独特性，但随着时间的推移和市场的变化，创新也是必不可少的。目前国内养老目标基金在投资策略、投资组合、费率设置、目标群体等多个方面均呈现一定的同质化趋势。例如，2023 年我国养老目标基金中的目标风险基金仍以稳健型为主，其规模和数量占比达 72%、58%；中低风险产品的权益资产上下限相似性较高，而中高风险产品占比低的现象明显，权益比例超过 60% 的积极型基金占比不及 10%，权益资产配置不足可能制约发挥长期投资的时间复利效果，无法满足未来长期替代率需求；目标日期基金的日期目标多集中在 2035 年和 2040 年，规模均占 24%，基金数量占比 19% 和 22%；到期年份的集中导致当前目标日期基金的权益中枢也较为类似，在 20% 的产品居多。缺乏辨识度的风险收益选择给投资者筛选基金造成困难。后续基金公司应充分考虑年龄、退休日期、预期寿命、收入水平、投资目的及风险偏好等差异，切实发挥养老目标基金设计与运作优势，进一步丰富和完善目标日期、目标风险等投资策略，加大产品设计与开发创新力度，为个人养老金提供丰富的配置选择和投资工具。

（三）养老目标日期基金发展缓慢

2023 年末，养老目标基金 Y 份额 58.22 亿元中的目标日期基金 Y 份额 35.17 亿元，占比 60%，更受个人养老金投资者青睐。由于有下滑曲线的设置，养老目标日期基金持有锁定期以 3 年为主，在个人养老金税收优惠政策实施初期，产品发行难度较大，在养老目标基金中的养老目标日期基金的市占率却较低，占比为 31%。对比美国养老目标基金市场中，目标日期基金占据绝对主导地位。事实上，目标风险基金要求投资者清楚认知自身风险偏好并具备一定的资产配置能力，投资"门槛"相对较高；而目标日期基金根据基金的目标退休年份结合自身的退休年限来选择，无须考虑自身风险承受能力，很大程度上降低了个人投资者的决策门槛，相对更简单。

（四）资产配置多元化程度仍需提高

个人养老金产品中保险产品、银行理财产品投资范围较广，其中也包括非标类资产。而公募基金限定于投资标准资产，养老目标基金作为以追求养老资产的长期稳健增值为目标，且以 FOF 的形式运作，更强调大类资产配置能力，需要持续寻找相关性较低的资产，并根据不同产品的风险收益特征，采用不同的投资策略进行分散化投资，从而与投资者的风险承受能力进行匹配。从披露的持仓数据来看，尽管 2023 年养老目标基金相较于前期资产配置多元化程度有所改善，但占比仍然很小。目前养老目标基金投资主要集中在债券和股票等传统资产，风险收益特征的差异也主要通过两者的不同配比来实现，而对海外权益与固收市场，以及原油、黄金、商品、房地产等另类资产涉猎较少，2023 年养老目标基金持有 ETF 基金、QDII 基金、商品基金、REITs 基金配置比例合计占比仅为 14%[①]，持有 QDII 基金和商品基金占比仅为 4%，资产配置及投资策略的多元化程度不高。横向对比可见，商品期货、期权、非上市股权、对冲基金及其他金融衍生品已成为全球养老基金普遍使用的投资工具。

---

① 该比例有重复计算，ETF 基金中含 QDII 基金和商品基金，若剔除重复部分，该比例为 11%。

五　养老目标基金发展建议

（一）加大政策支持力度，加快发展第三支柱

截至 2023 年末，个人养老金参加人数超过 5000 万，参与人数较为可观，但也存在"开户热、缴存冷"的问题。大力发展第三支柱个人养老金对养老目标基金发展至关重要。建议从政策激励、操作便利性等方面提高个人养老金的实质参与度，推动个人养老金高质量发展。

政策激励方面，一是扩大制度覆盖面，探索实行 EET 和 TEE 税收优惠相结合的模式，鼓励低收入人群参与；适当时机进行财税补贴；尝试鼓励以企业为主体开展个人养老金业务，由企业牵头开设账户、帮助员工选择投资产品；允许离职人员将第二支柱个人资金积累转移到第三支柱。二是适当时机增加默认投资选项，探索让基金投顾机构发挥受托人职能。三是设置应急领取的退出机制，比如加拿大个人养老金可以用于购房计划、终身教育计划，规定提取部分不纳税，要求一定年限还回去。四是提高缴费额度，优先提高 50 岁以上人群的缴费上限；以家庭为单位设置缴费限额，通过允许为配偶缴费等方式增加制度灵活性，即如果个人收入比配偶高出很多，或者配偶没有收入，个人可以将缴费的部分或全部投入配偶名下的个人养老金账户中，降低个人税款；明确缴费限额调整机制，明确调整的方式和节奏，让参与人有预期，保持制度活力。操作便利性方面，开户机构、投管人、监管机构等运行枢纽有效串联、积极配合，形成合力，尽量减少个人操作的步骤，提升个人积极性。

（二）强化风控管理，提升持有人体验

养老目标基金养老属性决定了投资者对其资金安全性、回撤控制要求更高。因此在进行产品设计和投资管理时，更需注意控制风险，避免组合出现大幅波动。在投资管理风险管理的方法上，一是增加对冲类策略和工具的使

用，投资标的覆盖商品期货、期权、非上市股权、对冲基金及其他金融衍生品；二是通过对投资标的细分，将资金分散投资于多个不同行业、不同市值、不同地区和不同资产类别中，分散风险；三是优化模型设计中的风险约束来强化风控，如将风险限制作为约束条件加入模型中，在组合波动超过目标波动率或回撤超过一定阈值的极端情况下，可以下调权益资产权重；四是借助 AI 等量化策略来降低波动。

另外，公募基金可以尝试借鉴银行理财产品收益平滑机制的思路，积累一定比例的"平滑基金"，设置业绩比较基准、设定收益回撤限制，"平滑基金"在基金收益低于预设基准时进行回补，一定程度上平滑基金的收益波动，能够起到非常好的心理按摩作用，在市场下跌时能够减轻持有者焦虑，有利于长期持有，使投资者能够获得更加稳定的回报。

购买方式上，销售渠道也可以通过增加更加高频（如按月）的定投模式、不定期缴款后定时扣款投资的模式，平滑风险。

（三）尝试推出领取期收入管理的产品，提供退休管理解决方案

经过前期积累，养老金金额较大，而领取方式是否合理和便利，对养老金的合理安排、退休生活的质量、养老目标基金是否仍作为投资持有品种等均有较大影响。基于退休金的领取规划需求，境外资管机构设计了退休收入基金，其主要特点是将前期积累的养老金在投资者退休后实行定期支付，通常可以按月、按季、按半年或按年领取，领取金额也会根据市场情况、投资组合收益情况每年进行调整。当然投资者具有选择权，可以选择不参与定期支付，仅作为一般公募产品，也可以作为对接退休收入需求的特别选择。境外退休收入基金在领取阶段设计上有投资收益领取方案和本金消耗领取方案，投资收益领取方案会在产品合同中约定领取水平，但保留本金，领取水平取决于前期的投资组合收益情况。本金消耗领取方案可以支付本金和收益。产品形式上，有资产配置策略确定的单一方式，也有分时间段采取不同资产配置策略的系列产品方式。建议国内资管机构可以结合国内相关法规要求，并参考境外退休收入基金的方式，比如约定现金支付比例，以基金份额

净值为基础，计算份额持有人可获得的现金，并自动赎回持有人所持的对应金额的基金份额，以该自动赎回的资金向基金份额持有人进行现金支付。

（四）探索阶梯式费率设计，让利长期持有的投资者

由于养老资金是持续流入，且退休后才能领取，随着时间的积累，在持有基金变动不大且长期收益为正的情况下，投资者持有单只养老目标基金的规模会越来越大。国内公募基金管理人 2023 年在以固定费率产品为主的基础上，推出了浮动费率产品试点。养老目标基金以追求养老资产的长期稳健增值为目的，鼓励投资人长期持有，更为适合探索阶段式费率设计。养老目标基金管理人可以探索随着持有规模及持有时间的增长采取阶梯式管理费率收取方式，即持有单只养老目标基金规模达到一定程度且持有时间达到一定年限，边际费率下降，持有规模越大、持有时间越长，管理费率越低。以使管理人将利用规模优势赚到的钱，部分让利给长期持有的投资者，长期持有的体验也更好。

（五）不断深化投资者教育，做好陪伴服务

经过近几年的投资者教育，部分投资者对个人养老金制度、养老目标基金的认可度较之前已经有了明显的提高，但还有相当一部分投资者对个人养老金制度理念、税收政策、产品风险收益的认知还不是很充分，加上个人养老金封闭期长、养老金产品种类多、专业性强，加大了民众选择养老金产品的难度。宏利投资管理（香港）和邮储银行 2023 年联合调研显示，37%的被访者尚未进行养老储备，其中有 53%的受访者表示还没有思考过退休后生活，37%的受访者认为目前收入用于生活开支，还不足以进行投资/储蓄，30%对当前的养老政策、养老产品等都不了解，20%的受访者觉得目前拥有的资产可以支撑退休生活，不需要专门为了养老目的进行投资，11%的受访者感觉可以依靠子女养老。

金融机构应不忘初心，切实推动和实施养老金融教育和陪伴服务。一是内容上，形成体系化、接地气的投资内容，把专业化的金融知识转化为深入

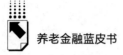

浅出的内容；二是投教形式上，线下讲座、走进企业、走进大学、走进社区，线上投教课程、短视频、直播等数字化形式多样的投教活动；三是人才储备上，培育专业化的投教队伍。个人养老金制度、养老目标基金的各个参与方，包括政府部门、行业协会、销售机构、基金管理人各有侧重、形成合力，扎实推进养老金融教育工作，让更多的人了解和接受个人养老金制度和养老目标基金，助力社会大众理财和养老金保值增值。

参考文献

中国证券投资基金业协会：《个人养老金：理论基础、国际经验与中国探索》，中国金融出版社，2018。

董克用、姚余栋主编《中国养老金融发展报告（2023）》，社会科学文献出版社，2023。

B.7

商业养老金：业务试点稳健开展，
初步获得市场认可

王昱喆 曹 勇 杨东风*

摘　要： 　自 2022 年 12 月《中国银保监会办公厅关于开展养老保险公司商业养老金业务试点的通知》发布以来，各家试点养老保险公司积极参与商业养老金业务试点。本文对商业养老金业务首年的试点情况进行了阶段性总结，截至 2023 年底，全行业管理存量商业养老金账户 54.37 万个，成立商业养老金产品 22 只，保有商业养老金产品规模 179.20 亿元，各项业务指标均稳步增长，初步获得市场认可。在各类商业养老金产品中，固定收益类产品和期限保本型产品凭借其自身特点和稳健表现在试点首年获得了更多关注。总体来看，受试点时间和区域限制，商业养老金业务影响力仍显不足。本文最后为商业养老金发展提出下一阶段的发展建议：一是丰富产品数量，进一步满足多样化养老需求；二是扩大试点范围，增强业务影响力；三是持续提升投资能力，严控上市产品质量；四是科学制定费用政策，促进业务可持续发展；五是持续给予政策支持，助力商业养老金业务快速发展。

关键词： 　商业养老金　固定收益类产品　期限保本型产品

---

* 王昱喆，国民养老保险股份有限公司产品精算部经理，主要研究方向为养老金融产品研发与管理；曹勇，经济学博士，国民养老保险股份有限公司党委委员、总精算师，主要研究方向为养老保险产品研发及精算评估；杨东风，国民养老保险股份有限公司产品精算部副总经理，主要研究方向为保险产品研发与精算评估。本文仅代表个人观点，与供职单位无关。

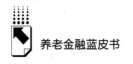

一 商业养老金首年试点情况

（一）商业养老金试点背景

为了进一步推动养老第三支柱建设，充分利用养老保险公司在发展养老金融方面多年的客户服务和养老金投资管理经验，满足人民群众多样化的养老资金管理需求，银保监会于 2022 年 12 月发布《关于开展养老保险公司商业养老金业务试点的通知》（银保监办发〔2022〕108 号，简称《试点通知》），推出由养老保险公司作为主体经营的商业养老金业务。

1.商业养老金的基本情况

商业养老金是养老保险公司经营的新型商业养老保险业务，主要依托保险经营规则创新产品和服务。养老保险公司开展商业养老金业务，可与年满 18 周岁的客户签订服务合同，为已签订服务合同的客户开立并管理商业养老金账户，按照服务合同约定提供养老规划服务，支持客户购买或退出商业养老金产品，向客户提供领取服务。

商业养老金账户是客户管理养老资金的载体和工具，下设锁定养老子账户（简称"锁定账户"）、持续养老子账户（简称"持续账户"）两个子账户，以此来兼顾客户对养老资金长期储备和流动性管理的不同需求。锁定账户用于记录和管理客户长期锁定的养老资金及相关权益，锁定期满日为客户年满 60 周岁的日期，计入锁定账户的养老资金在锁定期满日前封闭运行。持续账户用于记录和管理客户持续积累的养老资金及相关权益，记入持续账户的养老资金不设锁定期限，可满足客户的流动性需求。

客户需在满足锁定账户最低比例限制的基础上，自行确认每笔缴费的分配比例，分别在锁定账户和持续账户中购买商业养老金产品。客户可将用于养老的长期资金投入锁定账户中，购买在锁定账户内销售的适合长期持有的商业养老金产品，客户年满 60 周岁后锁定账户解除锁定状态，可按需领取养老资金。客户可将需要保留部分流动性的资金投入持续账户中，购买在持续账户内销售的商业养老金产品，既可以选择长期持续积累，也可以在教育、购房、疾病等急于用钱的时候通过产品退出获得资金，更好地进行全生命周期的资金规划安排（见表1）。

表1　锁定账户最低分配比例

单位：%

缴费时年龄区间	锁定账户最低分配比例
18~30周岁（不含）	5
30~40周岁（不含）	10
40~50周岁（不含）	20
50~60周岁（不含）	40
60周岁及以上	无限制条件

资料来源：各试点机构官网及微信公众号。

2. 首批商业养老金业务试点机构介绍

首批入围参与商业养老金业务试点的试点机构包括中国人民养老保险有限责任公司（简称"人保养老"）、中国人寿养老保险股份有限公司（简称"国寿养老"）、太平养老保险股份有限公司（简称"太平养老"）和国民养老保险股份有限公司（简称"国民养老"）共计四家养老保险公司（见表2），四家参与试点的养老保险公司在资本实力、业务渠道、经营管理等方面各有特点。

资本实力上，国民养老拥有四家试点机构中最高的注册资本111.5亿元，其他三家试点机构的注册资本分别为人保养老40亿元、国寿养老34亿元和太平养老30亿元，雄厚的注册资本为商业养老金业务在各家试点机构稳妥有序开展提供了有力支撑。省级分公司数量上，太平养老拥有最多的省级分公司24家，国寿养老的省级分公司数量为14家，国民养老的省级分公司数量为3家，人保养老则未成立省级分公司。资产规模上，太平养老拥有四家试点机构中最高的总资产规模283.28亿元，国民养老的净资产规模领先于其他试点机构，达到115.52亿元。投资方面，截至2023年底，国寿养老拥有当年最高的净利润规模8.19亿元，而国民养老2023年的投资收益率（4.80%）和综合投资收益率（5.13%）则领先于其他试点机构。

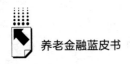

表2 商业养老金试点机构2023年末基本情况

序号	科目	人保养老	国寿养老	太平养老	国民养老
1	成立日期	2017年10月12日	2007年1月15日	2004年12月20日	2022年3月22日
2	注册资本(亿元)	40	34	30	111.5
3	企业年金管理	已开展	已开展	已开展	—
4	专属商业养老保险	—	—	已开展	已开展
5	商业养老金	已开展	已开展	已开展	已开展
6	省级分公司数量(家)	0	14	24	3
7	总资产(亿元)	97.55	180.25	283.28	214.22
8	净资产(亿元)	43.49	71.53	34.26	115.52
9	净利润(亿元)	1.72	8.19	0.10	3.15
10	投资收益率(%)	3.17	2.56	4.56	4.80
11	综合投资收益率(%)	2.67	2.17	3.84	5.13

资料来源：企查查网站、人社部网站及各试点机构2023年偿付能力报告。

商业养老金的推出有助于满足市场和社会对养老保险公司参与第三支柱的期待，深化养老金融供给侧结构性改革，探索适合我国国情的养老金融发展路径。

（二）商业养老金的特色

与养老目标基金、养老理财等传统养老金融产品不同，商业养老金旨在通过创新发展服务与产品、账户与产品相结合的业务模式为客户提供全方位养老服务，利用养老保险公司多年服务养老第三支柱的丰富经验，走出差异化的发展道路。一是提供一站式整体服务，基于客户的整个生命周期为客户提供收支测算、需求分析、资产配置服务，帮助客户明确养老目标，进行养老规划。二是养老属性更加明晰，通过账户体系，尤其是锁定账户和随着客户年龄逐步提高锁定比例的整体设计，真正体现商业养老金的养老属性。三是灵活性更强，在商业养老金账户体系下，为客户提供具有不同期限、风险、流动性等特征的商业养老金产品，满足其稳健投资、风险保障、退休领取等养老需求，同时在客户教育、购房、疾病等特定情况下提供流动性支持。四是限制更少，客户年满18周岁即可投保，每笔缴费最低为100元，在领取期提供定额分期、定期分期、长期（终身）年金化领取等多种领取安排，帮助客户做好养老资金的领取期管理。

在商业养老金产品的日常管理方面，养老保险公司充分利用多年聚焦商业养老保险、企业年金管理等具备养老属性业务领域所积累的经验，严格按照保险资金的投资要求，在符合产品合同投资范围的前提下，主力投资高品质固定收益类资产、其他金融资产，同时优选部分权益类资产，进一步增厚收益。在产品管理期间，持续强化产品单位价格的稳定性，严格控制单位价格波动和回撤。

（三）商业养老金试点情况概述

商业养老金业务试点通知发布以来，各家试点公司充分把握个人商业养老金融业务发展的政策机遇，快速完成商业养老金业务系统建设，构建全面的客户服务保障体系。2023 年 1 月，国寿养老、国民养老率先实现商业养老金产品上线销售，人保养老、太平养老紧随其后，于同年 3 月、4 月陆续上线首只产品。各试点机构基于商业养老金账户体系，创新性地向客户提供账户管理、养老规划、资金管理和风险管理等服务，随着试点逐步深入，全行业账户数量、产品数量、保有规模等各项业务指标均稳步增长，初步获得市场认可。

2023 年全行业累计开立商业养老金账户 60.70 万个，去掉年内自然减少的账户数量，截至 2023 年底，四家试点机构管理存量账户共计 54.37 万个。

截至 2023 年底，四家试点机构共成立商业养老金产品 22 只[①]，其中国寿养老 8 只、国民养老 5 只、人保养老 5 只、太平养老 4 只（见图 1）。

截至 2023 年底，四家试点机构商业养老金产品的保有规模合计为179.20 亿元，其中国寿养老 79.08 亿元、国民养老 45.54 亿元、人保养老 40.86 亿元、太平养老 13.72 亿元（见图 2）。从户均规模来看，2023 年底

[①] 中国人寿养老保险股份有限公司已上市商业养老金产品中具有五组相同名字的 A、B 款产品，以"国寿养老安心智享目标日期 2030（A 款）商业养老金产品"和"国寿养老安心智享目标日期 2030（B 款）商业养老金产品"为例，二者具有相同的产品条款编码，但产品合同、单位价格、管理费率等内容并不完全相同。国寿养老 2023 年在蚂蚁保、理财通等互联网渠道上市的此类产品均为 B 款产品，为保证统计结果的公允性和有效性，本文在统计过程中将此类各组产品统计为单只产品，将 B 款产品纳入统计样本，不再重复统计 A 款产品。

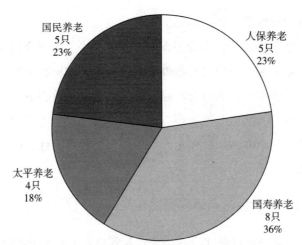

图1 各试点机构2023年底成立商业养老金产品数量

资料来源：各试点机构商业养老金业务年度报告。

全行业户均规模为3.30万元①，其中国民养老7.04万元、人保养老6.17万元、国寿养老2.32万元、太平养老1.92万元。

查询重点渠道在售商业养老金产品情况，据不完全统计，截至2023年底，商业养老金产品已分别在招商银行、交通银行、光大银行、广发银行等银行渠道和蚂蚁保、理财通、京东金融等大型互联网平台上市销售。银行渠道在售商业养老金产品以期限保本型产品为主，大型互联网平台在售商业养老金产品则以固定收益类产品为主，从保有规模来看，期限保本型产品的保有规模（约为91.87亿元）高于固定收益类产品的保有规模（约为68.48亿元）②。

———————

① 户均规模=保有规模/存量账户数量。

② 人保养老未公开披露各只产品2023年底的保有规模，针对未公开保有规模的产品，课题组根据其第四季度偿付能力报告和商业养老金业务年度报告披露数据，按照"年末总体留存率=年末各产品保有规模之和/全年各产品累计销售规模之和"计算人保养老商业养老金产品的年末总体留存率，并按照"年末单一产品保有规模=全年单一产品累计销售规模×年末总体留存率"计算得出人保养老年末各只产品的保有规模，该数据与真实数据可能存在一定差距。国寿养老未公开披露其期限保本型产品2023年底的保有规模，该产品于2023年12月21日成立，成立时间较晚，暂不考虑2023年期限保本型产品赎回对期限保本型产品保有规模的影响，将其第四季度偿付能力报告中披露的期限保本型产品销售规模作为年末保有规模进行统计，该数据与真实数据可能存在一定差距。

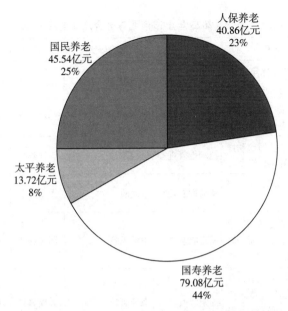

图2 各试点机构 2023 年底商业养老金产品资产规模

资料来源：各试点机构商业养老金业务年度报告。

二 商业养老金产品情况

（一）商业养老金产品概况

商业养老金产品是一种由养老保险公司经营的，具有养老资金管理、风险保障等功能，采用独立账户管理并划分标准化单位的商业养老保险。根据管理方式和发行目的不同，商业养老金产品可以具有不同的期限、风险、流动性等特征，还可包含适当水平的收益保证责任，并提供一定的身故、意外伤害等附加风险保障。业务试点首年，各家试点机构共同搭建了以运作稳健、风险特征较低产品为主的行业产品布局。产品类型方面，2023 年上市的 22 只产品中包含 13 只混合类产品、5 只固定收益类产品和 4 只流动性管理类产品，13 只混合类产品中还包含 4 只期限保本型和 4 只目标日期型特殊类型产品（见表3）。

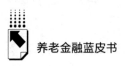

表 3 2023 年上市商业养老金产品情况

序号	产品名称	产品类型	风险等级	试点机构	成立日期
1	国寿养老安心优享商业养老金产品	流动性管理类	低风险	国寿养老	2023 年 1 月 4 日
2	国民国泰民安 501 流动性管理商业养老金产品 A 款	流动性管理类	低风险	国民养老	2023 年 1 月 9 日
3	人保养老舒心岁月流动性管理类商业养老金产品	流动性管理类	低风险	人保养老	2023 年 3 月 17 日
4	太平养老天天盈商业养老金产品	流动性管理类	低风险	太平养老	2023 年 4 月 18 日
5	国寿养老安心悦享（B 款）商业养老金产品（简称:国寿安心悦享）	固定收益类	中低风险	国寿养老	2023 年 1 月 4 日
6	人保养老温心岁月 1 号（A 款）固定收益类商业养老金产品（简称:人保温心 1 号）	固定收益类	中低风险	人保养老	2023 年 3 月 17 日
7	国民国泰民安 201 三十天滚动持有商业养老金产品 A 款（简称:国民国泰民安 201）	固定收益类	中低风险	国民养老	2023 年 4 月 18 日
8	太平养老安盈宝壹号商业养老金产品（简称:太平安盈宝）	固定收益类	中低风险	太平养老	2023 年 4 月 18 日
9	人保养老温心岁月 3 号固定收益类商业养老金产品（简称:人保温心 3 号）	固定收益类	中低风险	人保养老	2023 年 9 月 19 日
10	国寿养老安心智享目标日期 2030（B 款）商业养老金产品	混合类/目标日期型	2023~2026 年中风险/2027 年以后中低风险	国寿养老	2023 年 1 月 4 日
11	国寿养老安心智享目标日期 2040（B 款）商业养老金产品	混合类/目标日期型	2023~2036 年中风险/2037 年以后中低风险	国寿养老	2023 年 1 月 4 日
12	国寿养老安心智享目标日期 2050（B 款）商业养老金产品	混合类/目标日期型	2023~2031 年中高风险/2032~2046 年中风险/2047 年以后中低风险	国寿养老	2023 年 1 月 4 日

续表

序号	产品名称	产品类型	风险等级	试点机构	成立日期
13	国民国泰民安目标日期2038商业养老金产品A款	混合类/目标日期型	2023~2037年中风险/2038年中低风险	国民养老	2023年1月11日
14	人保养老贴心岁月期限保本型（三年滚动）商业养老金产品（简称:人保贴心岁月）	混合类/期限保本型	低风险	人保养老	2023年3月17日
15	国民国泰民安101期限保本型（三年滚动）商业养老金产品A款（简称:国民国泰民安101）	混合类/期限保本型	低风险	国民养老	2023年4月18日
16	太平养老稳盈宝壹号期限保本型（三年滚动）商业养老金产品（简称:太平稳赢宝）	混合类/期限保本型	低风险	太平养老	2023年4月18日
17	国寿养老安心乐享期限保本型（三年滚动）（A款）商业养老金产品（简称:国寿安心乐享）	混合类/期限保本型	低风险	国寿养老	2023年12月21日
18	人保养老暖心岁月1号（A款）混合类商业养老金产品（简称:人保暖心1号）	混合类	中风险	人保养老	2023年3月28日
19	太平养老满盈宝壹号商业养老金产品	混合类	中风险	太平养老	2023年4月18日
20	国寿养老安心稳享商业养老金产品（简称:国寿安心稳享）	混合类	中低风险	国寿养老	2023年9月8日
21	国寿安心年享（B款）商业养老金产品	混合类	中低风险	国寿养老	2023年9月28日
22	国民国泰民安301一年滚动持有商业养老金产品A款	混合类	中低风险	国民养老	2023年11月13日

资料来源：各试点机构官网披露信息。

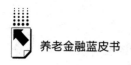

（二）固定收益类产品投资策略与业绩表现

2023 年上市的商业养老金产品根据产品类型不同呈现差异化的投资表现，固定收益类产品表现相对稳健，混合类产品则受市场影响表现有所分化。

2023 年全行业共上市 5 只固定收益类产品，5 只产品均设置了中短期限的滚动持有期要求，采取稳健的固收资产投资策略，通过与商业养老金账户相结合，既可以支持客户长期持续积累，也可以支持其在教育、购房、疾病等情况下取出资金。该类产品凭借其稳健低波、兼顾养老储备与流动性管理的特点，获得了大型互联网平台的青睐，首年便成功在蚂蚁保、理财通、京东金融等大型互联网平台上市销售。截至 2023 年底，5 只固定收益类产品保有规模约为 68.48 亿元，表现稳健、业绩良好，自成立至 2023 年 12 月 31日年化收益率的算术平均值达到了 3.40%（见表 4）。

表 4　固定收益类产品收益情况（截至 2023 年 12 月 31 日）

单位：%

公司名称	产品名称	成立以来年化收益率	单位价格
国寿养老	国寿安心悦享	3.37	1.0334
国民养老	国民国泰民安 201	3.32	1.0233
太平养老	太平安盈宝	3.19	1.0229
人保养老	人保温心 1 号	2.79	1.0221
人保养老	人保温心 3 号	4.33	1.0121

资料来源：各试点机构商业养老金业务年度报告、产品第四季度信息披露报告。

选取具有三十天滚动持有期要求的 4 只固定收益类产品作为样本，从选取产品的单位价格走势（见图 3）可以看出，4 只产品的单位价格在 2023 年均保持了稳健的增长趋势，截至 2023 年底，4 只产品成立以来年化收益率的算术平均值为 3.17%，其中国寿安心悦享成立以来年化收益率最高，为 3.37%，国民国泰民安 201 的走势最为平缓，单位价格的历史最大回撤仅为 0.05%。

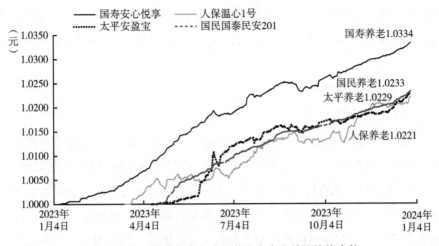

图3　2023年固定收益类商业养老金产品单位价格走势

以国寿安心悦享为例，截至2023年底，除了银行存款和保险资产管理产品外，其前五大持仓资产中还包含3只买入返售金融资产，其原因可能为进入2023年12月后市场资金面整体趋紧，各期限买入返售金融资产收益走高，国寿安心悦享阶段性配置此类资产以取得更好的投资收益（见表5）。

表5　2023年12月31日国寿安心悦享前五大持仓资产情况

单位：%

资产名称	资产比例
中国建设银行定期存款	12.43
太平洋卓越纯债九号资产管理产品	9.09
R007	5.39
R028	4.60
GC028	3.73

资料来源：国寿安心悦享四季度信息披露报告。

（三）混合类产品投资策略与业绩表现

2023年全行业共上市了13只混合类产品，分别为4只期限保本型产

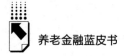

品、4只目标日期型产品和5只其他产品，混合类产品在试点首年呈现差异化的投资表现。截至2023年底，13只混合类产品总保有规模约为103.58亿元。

1. 期限保本型产品

（1）产品基本情况

期限保本型产品是在锁定账户内销售的，具备低风险特征的混合类商业养老金产品，养老保险公司承诺客户每笔缴费在保本核算周期期满时本金安全。

2023年四家试点机构各上市了1只期限保本型产品，4只期限保本型产品的保本核算周期均为三年，该类产品凭借其期限保本的特征，获得银行渠道客户的认可，首年便成功在招商银行、交通银行、光大银行、广发银行等银行渠道上市，截至2023年底，4只期限保本型产品总保有规模约为91.87亿元。

（2）产品投资表现

期限保本型产品在投资策略上普遍采取"安全垫策略"，以固定收益类资产票息作为安全垫，弥补其他资产可能下跌带来的亏损，产品整体投资风格较为稳健。

从2023年期限保本型商业养老金产品单位价格走势（见图4）可以看出，国民国泰民安101和太平稳赢宝走势稳健，人保贴心岁月经过成立初期的震荡表现后也逐渐步入稳健上涨区间。4只产品中人保贴心岁月是最早成立的期限保本型产品，但在产品运作初期出现了较大幅度的产品单位价格波动，截至2023年底，成立以来年化收益率为1.15%；国民国泰民安101和太平稳赢宝于2023年4月成立，2只产品单位价格走势趋同，运作期间波动较小，截至2023年底，成立以来年化收益率分别为2.77%和3.44%，投资表现良好；国寿安心乐享于12月底成立，截至2023年底，成立以来年化收益率为1.99%。

以国民国泰民安101为例，截至2023年底其前五大持仓资产均为风险较低、能够产生相对稳定收益的资产，包括2只优质其他金融资产、2只保险资产管理产品和1只债券类资产，与其整体稳健的投资策略相符（见表6）。

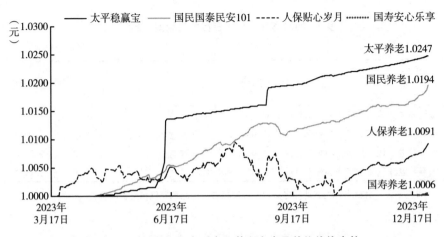

图4 2023年期限保本型商业养老金产品单位价格走势

表6 2023年12月31日国民国泰民安101前五大持仓资产情况

单位：%

资产名称	资产比例
中诚信托-中建材联投集合资金信托计划	5.56
阳光-山西交控高速公路基础设施债权投资计划	4.45
太平洋卓越纯债九号产品	3.19
新华资产-明森七号	2.76
14国债21	2.52

资料来源：国民国泰民安101第四季度信息披露报告。

2. 目标日期型产品

目标日期型产品致力于追求养老资产的长期增值，通过设计资产配置结构曲线，随时间推移逐步降低权益类资产配置比例、增加非权益类资产配置比例，已上市目标日期型商业养老金产品首年的权益中枢分布在20%~50%，权益中枢到达目标日期时则统一下滑至10%。在成立初期，4只目标日期型产品权益类资产配置比例较高，受2023年投资市场震荡和运作时间较短的双重因素影响，投资表现欠佳，截至2023年底，4只目标日期型产品成立以来年化收益率的算术平均值为-3.62%（见表7）。

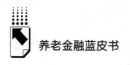

表7 2023年12月31日目标日期型产品情况

单位：%，元

公司名称	产品名称	成立以来年化收益率	单位价格
国民养老	国民国泰民安目标日期2038商业养老金产品A款	0.93	1.0090
国寿养老	国寿养老安心智享目标日期2030（B款）商业养老金产品	0.14	1.0014
国寿养老	国寿养老安心智享目标日期2040（B款）商业养老金产品	−5.00	0.9540
国寿养老	国寿养老安心智享目标日期2050（B款）商业养老金产品	−10.55	0.8954

资料来源：各试点机构商业养老金业务年度报告、产品四季度信息披露报告。

3.其他混合类产品

除期限保本型产品和目标日期型产品之外，各家试点机构合计上市5只混合类产品。5只混合类产品的总体表现尚可，截至2023年底，其中4只产品成立以来年化收益率为正，5只混合类产品成立以来年化收益率的算术平均值为3.14%（见表8）。

表8 2023年12月31日其他混合类产品情况

单位：%，元

公司名称	产品名称	成立以来年化收益率	单位价格
国寿养老	国寿安心稳享	6.32	1.0199
国寿养老	国寿安心年享（B款）商业养老金产品	4.00	1.0104
太平养老	太平养老满盈宝壹号商业养老金产品	3.48	1.0250
国民养老	国民国泰民安301一年滚动持有商业养老金产品A款	3.03	1.0039
人保养老	人保养老暖心岁月1号（A款）混合类商业养老金产品	−1.13	0.9914

资料来源：各试点机构商业养老金业务年度报告、产品第四季度信息披露报告。

国寿安心稳享是上市商业养老金产品中唯一的封闭式混合类产品，截至2023年底，国寿安心稳享成立以来年化收益率达到6.32%，在22只产品中排在首位。根据第四季度披露信息，该产品前五大持仓资产中3只其他金融资产的持仓占比达到47.5%。国寿养老充分利用封闭式产品规模可控的产品特征，整合集团资源，利用优质其他金融资产提供稳定收益基础，助力国寿安心稳享取得优异表现。

（四）流动性管理类产品投资策略与业绩表现

四家试点机构 2023 年各上市了 1 只流动性管理类商业养老金产品，流动性管理类产品定位为功能型产品，主要用于缴费、领取、转换过程中养老资金的流动性管理，2023 年底 4 只产品七日年化收益率的算术平均值为 2.46%[①]。

三　商业养老金发展面临的挑战

（一）产品供给不足，难以全面满足各类需求

商业养老金是养老保险公司经营的创新型商业养老保险业务，旨在通过具有不同特征的商业养老金产品与账户相结合，为客户提供全生命周期的养老金融服务，这也对各试点机构商业养老金产品的期限、风险特征等基本要素的覆盖程度提出了更高的要求。

2023 年各家试点机构共上市 22 只商业养老金产品，已上市产品在持有期要求、产品类型上比较接近，已覆盖一年、三年等持有期要求，但在二年、五年等持有期要求上仍有所欠缺，产品类型方面以风险较低的固定收益类产品和混合类产品为主，对于不同风险特征的覆盖程度较为有限。此外，除国寿养老发行过 1 只封闭式产品外，其他试点机构上市的商业养老金产品均为开放式产品。

（二）试点时间短，业务影响仍显不足

商业养老金自 2023 年 1 月 1 日开展试点以来，已全面覆盖北京市、上

[①] 暂无 2023 年底各试点机构流动性产品保有规模的公开数据，该类产品主要用于缴费、领取、转换过程中养老资金的流动性管理，保有规模较小。

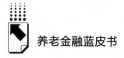

海市等 10 个试点省（市），凭借其独特的服务与产品、账户与产品相结合的业务模式，以及期限保本等稀缺的产品属性，在银行渠道和互联网渠道崭露头角，初步获得市场认可。

受制于较短的试点时间和有限的试点范围，商业养老金产品相较于养老储蓄产品、理财产品、公募基金等养老金融产品，在产品成熟度、客户接受度和社会普及面等方面仍存在一定差距。截至 2023 年底，商业养老金产品全市场保有规模达到 179.20 亿元，但相较于养老理财 2023 年 6 月底超 1030 亿元的存续规模①，还有一定差距，如何快速扩张业务规模仍是各家试点机构面临的重要挑战。

（三）普惠力度较大，产品费用空间受限

商业养老金业务属于普惠性突出的养老金融产品，养老财富管理功能突出，养老保险公司管理费透明且收费水平较低。以固定收益类产品为例，2023 年 12 月 31 日，四家试点机构 5 只固定收益类产品管理费均采用按日计提的收取方式，日常管理费率（账户管理费+产品管理费）的算术平均值为 0.34%/年，假设按照 50% 的比例与销售渠道进行分成，则管理费实际收入的算术平均值仅为 0.17%/年，如考虑保险保障基金和业务监管费，该产品的实际收入水平将进一步下降（见表 9）。

表 9　2023 年 12 月 31 日固定收益类产品管理费率情况

单位：%/年

费率科目	国寿安心悦享	国民国泰民安 201	太平安盈宝	人保温心1 号	人保温心3 号
管理费率（账户管理费+产品管理费）	0.20	0.30	0.60	0.30	0.30

资料来源：各试点机构商业养老金业务年度报告。

---

① 董克用、姚余栋主编《中国养老金融发展报告（2023）》，社会科学文献出版社，2023。

四　商业养老金发展的建议

（一）丰富产品数量，进一步满足多样化养老需求

商业养老金致力于同时满足客户养老资金长期积累和流动性管理的双重需求，为了支撑其账户功能的实现，商业养老金试点机构应为客户提供具有不同期限、风险、流动性等特征的商业养老金产品。

第一，各试点机构可在上市产品的基础上，增加二年、五年等持有期限要求的产品，扩展持有期限的覆盖度；第二，紧盯投资市场机会，适时上市具备不同风险特征的产品，满足客户差异化的养老投资需求；第三，根据优质底层投资资产的储备情况和客户诉求，定制发行封闭式产品，最大限度发挥养老保险公司在养老资金管理、风险管理等方面的专长，更好满足人民群众多样化的养老需求。

（二）扩大试点范围，增强业务影响力

随着商业养老金业务试点的逐步深入，下一阶段可在总结试点经验的基础上，延长试点期限，扩大试点区域。鼓励试点范围从市区深入乡镇、覆盖更广泛人群，鼓励新市民人群、灵活就业人员等需要加强养老保障的人群积极参与到商业养老金业务试点中来。

通过扩大业务试点范围，帮助更广泛人群接触到具有较强养老属性的商业养老金业务，有利于推动养老保险公司深入探索商业养老金业务的发展方向，更好满足人民群众多层次的养老保障需求。

（三）持续提升投资能力，严控上市产品质量

2023年上市的商业养老金产品采取以投资固定收益类资产为主的稳健投资策略，得益于养老保险公司长期以来积极参与国家养老第三支柱建设积累的养老金投资管理经验，在资本市场表现欠佳的情况下，整体表现良好。

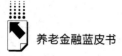

面对未来投资市场的不确定性和客户的不同养老诉求，养老保险公司仍然需要全面提升自身投资能力，通过持续加强投研能力建设、强化股权投资能力、创新投资资产类别等方式来打造具有自身特色的投管能力，建立一支专业素质过硬、具备较强市场适应能力的投资团队，在未来长期保持竞争力。

另外，各试点机构要严格把关上市产品质量，在产品形态设计上以群众熟悉的、接受程度较高的简单形态为主，厘清保险责任、产品权益等基本要素，避免设计过于复杂、晦涩难懂的产品形态。在产品投资策略上能够顺应各类市场环境，采用认可度高、行之有效的投资策略，集中力量打造优势产品，通过持续有效的投资表现逐步提升人民群众对商业养老金的认可度。

（四）科学制定费用政策，促进业务可持续发展

各家试点机构应统筹考虑销售费用、监管费用、运营成本等各方面费用支出，在最大化保障人民群众利益的基础上，结合现行费用标准，科学制定费用政策。未来还可参考其他养老金融产品，设计与投资业绩挂钩的浮动费用政策，在投资业绩达到一定标准后收取业绩报酬，既不损害客户利益，又能提高试点机构的管理费用收入水平，促进商业养老金业务的长期可持续发展。

（五）持续给予政策支持，助力商业养老金业务快速发展

业务试点期间，能够持续给予政策支持，一是有序推动商业养老金产品进入个人养老金，允许设计成熟、人民接受度高的商业养老金产品成为个人养老金产品库可选产品；二是结合商业养老金业务特性，支持创新产品开发，完善商业养老金监管规则；三是积极协调社会各机构，推动商业银行、其他保险中介机构组成多元宣传网络，引导客户关注养老第三支柱、明确养老目标并制定养老规划方案，在商业养老金产品宣传和养老理念传播上形成合力，持续推进全方位、多层次的投资者教育。

参考文献

董克用、姚余栋主编《中国养老金融发展报告（2023）》，社会科学文献出版社，2023。

郑秉文、董克用、赵耀辉等：《养老金改革的前景、挑战与对策》，《国际经济评论》2021年第4期。

任泽平：《泽平宏观：中国人口老龄化的五大趋势》，https：//baijiahao.baidu.com/s？id＝1726715569513513013&wfr＝spider&for＝pc。

专题篇 ⟫

B.8
中国年金投资类 REITs 资产的
可行性分析和建议

金玲 贲育 李瑞敏*

摘 要： REITs 指通过证券化方式将具有持续、稳定收益的不动产权益转化为流动性较强的证券。类 REITs 资产是参照 REITs 业务方式，按照私募的方式以不动产项目公司股权和债权作为底层基础资产发行的资产证券化产品。考虑到我国年金管理规模持续增长，但投资回报面临一定的挑战。类 REITs 资产具备结构化分层机制，通常划分为优先级和次级证券。其中优先级证券具有期限长、安全性高、利率固定且相对较高等特点，能满足年金投资者对于久期、风险、收益的平衡。因此本文聚焦于我国年金投资类 REITs 资产的可行性分析和建议，分析了我国类 REITs 品种的发展情况、类 REITs 与 REITs 及 CMBS 的对比情况，并在考虑久期和信用资质的匹配度的条件下

---

* 金玲，建信养老金管理有限责任公司投资总监，主要研究方向为养老金投资管理；贲育，建信养老金管理有限责任公司投资管理部固定收益投资负责人兼固定收益投资经理，主要研究方向为养老金投资管理；李瑞敏，建信养老金管理有限责任公司信用研究员，主要研究方向为养老金投资管理。本文仅代表个人观点，与供职单位无关。

分析了类 REITs 资产优先级证券的发行利率基本上高于同时期期限为 5 年的 AAA 评级公司债发行利率的情况，得出类 REITs 资产能为我国年金投资提供优化空间的结论，并对我国年金投资类 REITs 资产提出了建议。

关键词： 类 REITs　年金投资　结构化分层

一　类 REITs 资产发展情况

（一）类 REITs 的概念

REITs 指通过证券化方式将具有持续、稳定收益的不动产权益转化为流动性较强的证券。类 REITs 资产是参照 REITs 业务方式，按照私募的方式以不动产项目公司股权和债权对应的未来现金流入作为还款来源发行的具备结构化分层的资产证券化产品。原始权益人可以借助类 REITs 产品对相对成熟但尚未达到其估值高点的基础资产进行阶段性盘活，在一定条件下可实现并表权益的出表，从而降低负债率。类 REITs 基础资产主要是房地产和基础设施，覆盖仓储物流、产业园区、租赁住房、商业物业、高速公路等多种不动产。

类 REITs 产品通过结构化分层的设计，通常被划分为两个层级：优先级和次级。次级证券为优先级证券提供了结构性的信用增强作用。优先级证券具有债权的特性，其特点是具有长久期、适中的收益以及相对较低的风险水平，这使它适合寻求长期稳定收益、负债成本较低、风险偏好较低且期限较长的投资者持有，如年金投资者。次级证券则表现出股权的特性，它具有较长的期限、更高的潜在收益以及相应更高的风险，因此主要是原始权益人自己持有，只有少数部分对外销售，销售对象通常是那些风险承受能力较强、偏好股权投资且具有较长期限投资视角的机构投资者。通过这种结构化的设计，类 REITs 产品能够满足不同类型投资者的需求，同时类 REITs 优先级证券为年金负债端提供了一个相对稳定和低风险的投资选择。

在发行场所上，银行间类 REITs 资产是在中国人民银行指导下，交易商协会根据企业客户需求，参照公募 REITs 资产，在 ABN 资产（资产支持票据）框架下推出的产品。交易所类 REITs 资产是在证监会指导下，交易所根据企业客户需求，参照公募 REITs 资产，在 ABS 资产（资产支持证券）框架下推出的产品。

（二）类 REITs 的发行情况

类 REITs 产品在我国发展较快。自 2014 年首只类 REITs 产品"中信启航专项资产管理计划"发行以来，根据 CNABS 数据，截至 2024 年 6 月底我国已有 582 只类 REITs 产品发行，发行规模 5309.16 亿元（见图 1）。

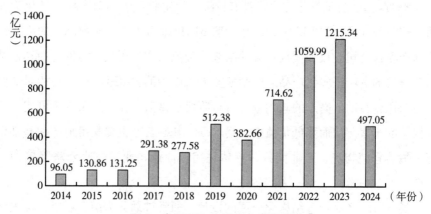

图 1 类 REITs 产品历年发行规模

注：2024 年数据截至第二季度。
资料来源：CNABS 数据。

1. 产品结构

类 REITs 产品核心特征在于通过一个私募基金来持有底层基础资产的公司股权，通常采用一个双层或三层 SPV 结构（见图 2），具体步骤如下。

首先，原始权益人拥有项目公司，其直接持有不动产的相关权益，这些权益可能是股权或债权形式。项目公司负责资产的日常运营和收益分配，确

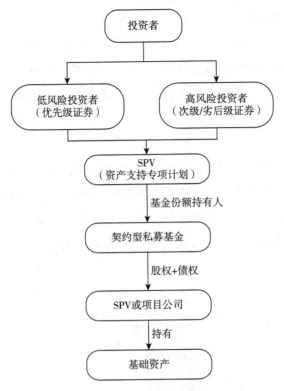

图 2　类 REITs 产品结构示意

保投资者能够获得稳定的现金流。部分类 REITs 产品中原始权益人会创建一个 SPV，该 SPV 接收原始权益人转让的基础资产所关联的项目公司的全部股权。通过这种方式，SPV 间接持有基础资产，实现了风险的隔离。

其次，基金管理人成立一个私募基金，原始权益人作为初始投资者认购该基金的全部份额。随后，该私募基金购买 SPV 或项目公司的全部股权，从而间接控制了基础资产。为了进一步实现税收优化，私募基金通常会采用股东借款的方式投资于基础资产。这意味着基础资产的运营收入在税前就被用来偿还股东借款，从而降低了整体的税负。

最后，投资者通过计划管理人设立 SPV 资产支持专项计划，向投资者发行资产支持证券（ABS）或资产支持票据（ABN）以募集资金，并向原始权益人购买其持有的私募基金份额。通过这一系列操作，投资者间接获得了对基础资产的所有权。

总体而言，类 REITs 产品的双层或三层 SPV 结构设计旨在实现税收效率和风险管理的最大化。通过这种复杂的层级结构，投资者能够间接持有并受益于不动产资产，同时发行人也能够在现有的法律和税收框架内实现资本运作的灵活性。

2. 基础资产

类 REITs 基础资产主要是房地产和基础设施，覆盖仓储物流、产业园区、租赁住房、商业物业、高速公路等多种不动产，稳定的租金收入或过路费是付息的来源。CNABS 数据显示，截至 2024 年 3 月底，类 REITs 底层资产 47% 为基础设施，20% 为零售物业，还有办公物业、公寓、酒店等（见图 3）。

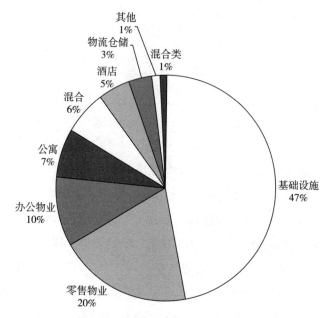

图 3　类 REITS 产品基础资产占比

资料来源：CNABS 数据。

3. 收益率是衡量类 REITs 产品吸引力的重要指标

根据市场数据，类 REITs 产品通常具有优先级和次级两种分层结构，优先级证券通常具有较低的风险和相对稳定的收益率，而次级证券则具有较高的风险和潜在的更高收益率。这种结构设计旨在满足不同风险偏好的投资者需求。根据 CNABS 数据，2019 年之前优先级证券利率多在 5%~7%，但 2023 年以来优先级证券利率基本在 3%~5%，优先级证券利率出现明显下降。夹层级和次级证券相较优先级的收益率则更高，2019 年之前夹层级和次级证券利率多在 6%~8%，但 2023 年以来夹层级和次级证券利率基本在 3%~5%，也出现了利率下降趋势。无风险利率水平近十年来整体下降，类 REITs 产品的优先级、夹层级和次级证券收益率也随之下降，但夹层级和次级证券仍比同期的优先级证券利率高（见图 4 和图 5）。

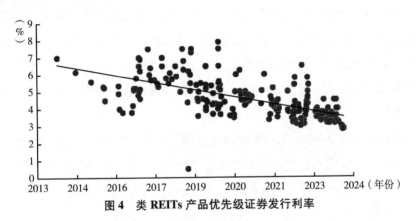

图 4　类 REITs 产品优先级证券发行利率

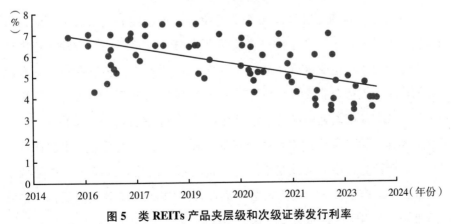

图 5　类 REITs 产品夹层级和次级证券发行利率

资料来源：CNABS 数据。

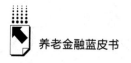

（三）类 REITs 的监管政策

类 REITs 产品在中国的监管政策框架除法律、行政法规外，还包括规范性文件以及中国银行间市场交易商协会和证券交易所等发布的文件。其中，比较常用的主要包括《信托法》《证券法》《证券投资基金法》，证监会颁布的《证券期货经营机构私募资产管理业务管理办法》《证券公司资产证券化业务管理规定》以及中国银行间市场交易商协会颁布的《银行间债券市场企业资产证券化业务规则》等文件。按时间梳理类 REITs 的重要监管政策如下。

2013 年 3 月 15 日，中国证监会发布了《证券公司资产证券化业务管理规定》，为类 REITs 产品的推出提供了政策基础。2014 年 5 月，"中信启航专项资产管理计划"在深圳证券交易所上市，筹资 52.1 亿元，标志着中国首个类 REITs 产品的诞生。此后，类 REITs 产品的发行量和资金规模均呈现显著增长。

2018 年由于受到房地产市场调控政策等因素的影响，类 REITs 产品的发行量和资金规模相比之前有所下降。2019 年房地产市场调控政策继续实施，坚持住房的居住属性而非投资炒作，导致前四月仅有 4 只类 REITs 产品发行，总筹资额为 45.5 亿元，较上年同期减少了 24.7%。

2021 年众多国有企业和中央企业开始推出创新性的类 REITs 产品，市场规模逐渐扩大。2022 年上海证券交易所发布了《关于进一步发挥资产证券化市场功能支持企业盘活存量资产的通知》，旨在进一步发挥资产证券化市场的作用，支持企业激活和利用现有资产，特别是鼓励交通和保障性租赁住房等领域的基础设施项目通过发行类 REITs 产品来提升资产流动性，并减少融资成本。2023 年中国银行间市场交易商协会在《关于进一步发挥银行间企业资产证券化市场功能增强服务实体经济发展质效的通知》中强调了大力推进不动产信托资产支持票据（银行间类 REITs）业务的重要性，在银行间市场上类 REITs 的发行节奏进一步提高。

总结来说，首先，监管政策明确类 REITs 的法律地位和基础资产行业范围。在中国，类 REITs 产品的属性是私募证券，是非金融企业以不动产项目公司股权和债权（如有）作为底层基础资产发行的资产证券化产品。其基础资产行业范围包括但不限于公用事业、交通运输、仓储物流、产业园区及商业不动产等。

其次，监管政策强化发行要求。以银行间类 REITs 产品"不动产信托资产支持票据（类 REITs）"为例，中国银行间交易商协会要求类 REITs 产品在发行时要提交现金流测算报告和资产评估报告。同时，要求类 REITs 产品在发行募集说明书中披露包括但不限于：与基础资产相关的风险、与交易结构相关的风险；底层不动产项目公司的基本情况；底层资产权属以及运营合法合规情况；基础资产及底层资产现金流预测情况以及资产估值情况等。还要求类 REITs 产品在法律意见书中披露包括但不限于：基础资产与交易结构的合法合规情况；底层资产权属以及运营的合法合规情况；项目公司存续及公司治理合法合规情况等。

最后，监管政策加强存续期信息披露。以银行间类 REITs 产品"不动产信托资产支持票据（类 REITs）"为例，中国银行间交易商协会要求类 REITs 产品除按照《非金融企业债务融资工具信息披露规则》等相关自律规则披露信息外，还应披露存续期内发起机构、不动产项目公司、资产服务机构（如有）、信用增级机构（如有）等主体的重大事项和定期财务情况，以及底层不动产运营情况、基础资产和底层不动产跟踪评估情况（如有）。

二 类 REITs 与公募 REITs、CMBS 的对比分析

（一）类 REITs 与公募 REITs 的对比分析

类 REITs 和公募 REITs 都是以不动产为主要投资标的的金融产品，它们通过资产证券化的方式，将不动产资产转化为流动性更强的金融资产。然而类 REITs 与公募 REITs 比较也有较多差异，具体如表 1 所示。

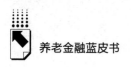

表 1　类 REITs 与公募 REITs 的对比分析

对比维度	公募 REITs	类 REITs
发行方式与投资者	公开发行,面向公众投资者;具有广泛的投资者基础和市场知名度	私募发行,主要面向机构投资者;提供定制化服务
产品利率与特性	无固定利率,实质是永续权益型产品,可加杠杆,杠杆率上限为基金净资产的140%	优先级证券为固定利率,实质是有期限的"明股实债"产品,一般无杠杆
交易架构	"公募基金+资产支持专项计划"结构	"资产支持专项计划+项目公司"结构
产品期限与退出安排	期限较长,匹配基础设施期限	设置开放期回购机制,提供灵活的退出安排
增信措施	一般无主体增信	有主体增信或担保措施

通过发行方式与投资者、产品利率与特性、交易架构、产品期限与退出安排、增信措施等五方面的对比,分析得出类 REITs 与公募 REITs 相比,类 REITs 具有私募分层发行、优先级证券固定收益属性更强、通常设置开放期回购机制、一般有主体增信或担保措施的特点,因此类 REITs 优先级证券相较公募 REITs 往往能够提供更为稳定的现金流。对于年金来说,稳定的现金流是确保长期支付能力的关键。此外,类 REITs 对年金投资来说是合适的投资标的之一。

(二)类 REITs 与 CMBS 的对比分析

类 REITs 和 CMBS 都是以不动产作为底层资产的金融产品,然而类 REITs 与 CMBS 也有较多差异,具体如表 2 所示。

通过产权转让与资产出表、交易架构、收益来源与分配、增信措施、底层资产的所有权和处置权等五方面的对比,分析得出类 REITs 涉及不动产产权转让,部分情形下可实现出表,因此相较未转移不动产产权的 CMBS 交易结构更为复杂,通常涉及多层 SPV。此外类 REITs 拥有底层资产的所有权和处置权,而 CMBS 专项计划只拥有底层资产的抵押权。因此类 REITs 相较 CMBS 对投资者保护力度更大。类 REITs 产品的退出方式也较 CMBS 更为灵活,包括但不限于通过协议转让、资产支持证券到期赎回等方式。考虑到年金的投资目标主要是确保长期稳定的回报，类 REITs 产品更适合其投资。

表 2　类 REITs 与 CMBS 的对比分析

对比维度	类 REITs	CMBS
产权转让与资产出表	类 REITs 产品涉及不动产所有权转移到 SPV 中，部分产品实现资产出表	CMBS 不涉及产权转让，原始权益人保留资产所有权，资产留在资产负债表上
交易架构	类 REITs 交易结构复杂，涉及资产重组和多层 SPV，实现不动产权转让	CMBS 交易结构简单，属于债权型金融产品，投资者购买抵押贷款支持的债券
收益来源与分配	部分出表型类 REITs 收益来源包括租金收入和基础资产出售/回购收入，投资者可享有基础资产增值收益	CMBS 收益来源主要是租金收入，不涉及产权转让，投资者无法直接享受物业增值收益
增信措施	类 REITs 增信措施基于融资方的优先回购权支付维持费用，有时提供流动性支持等强约束手段	CMBS 增信措施通过融资方或关联机构提供担保或补偿承诺，具有强约束力
底层资产的所有权和处置权	类 REITs 拥有底层资产的所有权和处置权，风险事件发生时对底层资产的处理能力强	CMBS 专项计划仅拥有底层资产的抵押权，对资产的处理能力相对较弱

三　类 REITs 对年金投资的优化分析

（一）年金投资的现状

中国年金投资规模近年来持续增长，截至 2023 年底全国企业年金积累基金投资规模为 3.19 万亿元，全国职业年金基金投资规模为 2.56 万亿元，但投资回报面临一定的挑战。以全国企业年金为例，2020 年全国企业年金投资者的当年加权平均收益率为 10.31%，而 2023 年全国企业年金投资者的当年加权平均收益率为 1.21%，这与近年来中国无风险利率整体下行的背景密切相关，高收益、低风险的投资产品变得越来越稀缺。中国年金投资者在投资过程中，面临优质资产难求的问题。根据 2023 年的数据，收益率低于 2% 的投资组合数资产金额占比达到 73.28%，这说明了大量资金投资于收益较低的资产，资产荒背景下年金投资者投资收益率面临保值增值的压力（见图 6）。

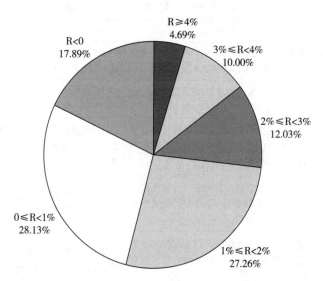

图 6　2023 年企业年金收益率区间期末资产金额占比情况

资料来源：2023 年度全国企业年金基金业务数据摘要。

（二）类 REITs 的期限与年金资金久期相匹配

年金资金的久期管理是确保其长期稳定运营的关键。年金资金作为长期资金，其投资策略的核心在于匹配资金的久期，需要投资于能够产生中长期稳定现金流的资产，以满足未来支付给参与者的退休金。类 REITs 产品以其合适的期限和稳定的现金流，为年金资金提供了一种理想的投资选择。

类 REITs 产品一般每 3 年设置开放期，期限设计为 3+3+N 或类似的形式，一般总期限不超过 18 年，且有票面利率调升附加开放赎回或优先收购/强制回购等机制，因此实际存续期多在 2~5 年。这与年金资金的久期特性相匹配，有助于实现资金的长期稳定增值。

根据 CNABS 数据，目前已到期的类 REITs 产品都发行于 2021 年底之前，因此在分析期限时选择 2014~2021 年发行的 312 只类 REITs 产品作为样本，其中已经到期的产品有 145 只，合计规模 975.12 亿元，占比 38.45%，具体分析已到期产品的期限分布如图 7 所示。

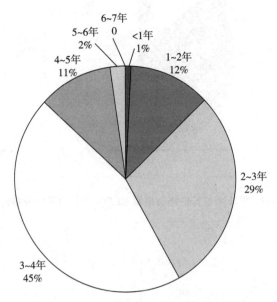

图 7　2014~2021 年发行的已到期类 REITs 产品的期限分布占比情况

资料来源：CNABS 数据。

统计 2014~2021 年发行的 312 只类 REITs 产品中未到期的产品 167 只，合计规模 1561 亿元，占比 61.55%，实际的存续期分布如图 8 所示。

综合已到期产品和未到期产品，可以得到 2014~2021 年发行的 312 只类 REITs 产品实际存续期中比例前三高为 2~3 年、3~4 年、4~5 年的产品，占比分别为 38%、23%、14%。因此类 REITs 产品实际存续期多在 2~5 年（见图 9）。

类 REITs 产品以其长期稳定的收益特性和与年金资金久期的匹配性，为年金资金提供了一种有效的投资工具。通过合理配置类 REITs 产品，年金资金可以实现资产的长期稳定增值，同时确保资金的安全性和流动性，满足未来支付退休金的需求。随着类 REITs 市场的不断发展和完善，其在年金资金配置中的作用将日益凸显。

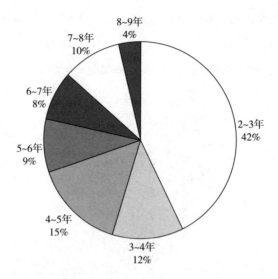

图 8 2014~2021 年发行的未到期类 REITs 产品的期限分布占比情况

资料来源：CNABS 数据。

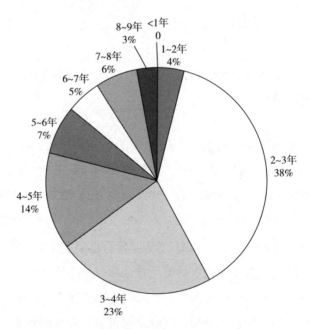

图 9 2014~2021 年发行的所有类 REITs 产品实际存续期分布

资料来源：CNABS 数据。

（三）类 REITs 有多种增信措施，与年金的信用偏好相匹配

年金资金，作为长期资金，其投资策略的核心在于确保资金的安全性和收益的稳定性。类 REITs 产品由于其独特的结构设计和增信措施（见图 10），为年金资金提供了一种相对安全且收益可观的投资选择。增信措施的引入，不仅提高了类 REITs 产品的信用等级，也满足了年金资金对于信用风险的严格要求。

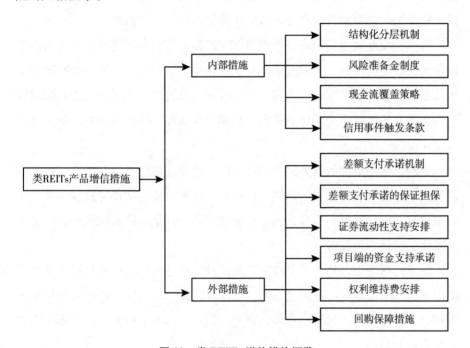

图 10　类 REITs 增信措施概览

类 REITs 产品的增信措施主要分为内、外部措施，其中内部措施是依托产品本身结构设计和基础资产的现金流特性，以确保证券化产品的稳健运作和偿付能力。

第一，结构化分层机制，即类 REITs 产品通过在证券层面实施优先级与次级的分层策略，建立了一个顺位分明的收益和风险分配体系。在此体系下，次级证券持有人自然地为优先级证券持有人提供了信用增强。这种设计

不仅明确了不同级别证券持有人的权利和义务，而且在风险发生时，次级证券持有人需首先承担损失，从而为优先级证券持有人提供了额外的保护层。

第二，风险准备金制度，即为了应对基础资产收入波动对证券化产品偿付能力的影响，类 REITs 产品通常会在交易文件中规定设立风险准备金。该准备金的来源多样，既可以从项目筹集资金中提取，也可以从基础资产的超额收入中按比例提取，或者由第三方在特定条件下提供。风险准备金的设立，旨在当基础资产的实际收入无法满足证券化产品的利息支出和相关税费时，能够提供必要的资金补充，从而保障证券持有人的权益。

第三，现金流覆盖策略，即类 REITs 产品通过对基础资产运营收入的净现金流进行精确估算，并以此为基础确定证券的预期收益。这一策略确保了产品设计上类 REITs 基础资产在产品存续期内预期产生的现金流都能够超过证券化产品的收益支出和相关税费，超额覆盖的部分能作为缓冲，降低违约风险。

第四，信用事件触发条款，即类 REITs 产品通常会预设与特定主体履约能力或证券兑付能力相关的信用事件条款。这些条款包括加速清偿事件和违约事件等，一旦触发，将根据约定调整基础资产现金流的分配顺序，以优先保障优先级证券的收益。

除了内部增信以外，类 REITs 产品的外部增信措施是指通过引入独立的信用支持，为证券化产品的稳健性提供额外的保障。这些措施不依赖于基础资产的现金流或者产品结构本身，而是由第三方信用实体介入，以增强投资者对产品的信心。

第一，差额支付承诺机制，即类 REITs 产品中的差额支付承诺人（一般为发起人或其关联实体）向资产管理计划的管理人作出承诺，若基础资产产生的回收款未能满足优先级证券的本金及预期收益的全额支付要求，承诺人将补足差额部分。这种机制为类 REITs 产品优先级证券的偿付能力提供了额外的保障，降低了投资者面临的信用风险。

第二，差额支付承诺的保证担保，即为了进一步增强差额支付承诺的可靠性，原始权益人或其关联方提供保证担保，作为对差额支付承诺的进一步支持。这种双重保障措施为证券化产品的信用稳定性提供了更为坚实的基础。

第三，证券流动性支持安排，即类 REITs 产品结构中通常包含投资者的转让或回售选项，以确保投资者能够在约定的时间点选择退出投资。为保障投资者的退出权益，原始权益人或其关联方承诺作为流动性支持机构，在必要时买入未能成交的证券，从而提供必要的流动性支持。

第四，项目端的资金支持承诺，即原始权益人或其关联方对基础资产的运营及项目公司的财务状况进行监控，并在基础资产运营或项目公司财务遇到困难时，承诺以借款、增资或其他方式提供资金支持。这一承诺为项目公司提供了额外的财务保障，确保了证券化产品的稳定运作。

第五，权利维持费安排，即在项目交易文件中，原始权益人或其关联方保留对专项计划基础资产的优先购买权，并为此定期支付权利维持费。这笔费用成为支付证券收益的来源之一，同时也体现了原始权益人对项目长期承诺的一种财务表现。

第六，回购保障措施，即在原始权益人或其关联方享有优先购买权的项目中，若权利人在约定期限内未行使该权利，权利维持费将大幅提高，从而激励权利人行使回购选择。这一措施为证券化产品的信用稳定性提供了额外的激励机制。

通过上述内外部增信措施的实施，类 REITs 产品在实际运营中信用安全得到显著增强。结合类 REITs 产品的实际运作，这些措施按照触发顺序分为三个阶段：常规付息阶段、开放本金赎回阶段和假设发生风险事件后的资产处置阶段。

在常规付息阶段，首先触发的是权利维持，随后是权利维持的担保支付，最后是差额支付。这一阶段的关键在于，当净现金流不足以覆盖证券利息时，增信主体的支持成为支付利息的关键。权利维持费及其担保支付、差额支付等增信手段的介入，确保了优先级证券利息的兑付。首先，权利维持费是发行人为了保持优先收购权人的地位而支付的费用，在基础资产的净现金流不足以覆盖当期优先级债券应支付的证券利息时，权利维持费会补足差

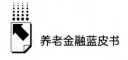
额部分。其次，当发行人无法支付权利维持费时，就需要担保人来保证利息的兑付。担保人通常是发行人的股东。最后，差额支付作为优先级证券利息的最后一道保障，负责支付考虑权利维持费和担保支付后的专项计划账户中的可用金额与应付利息之间的差额。在类REITs项目中，权利维持触发日通常早于差额支付日，因此会先进行权利维持费及其担保支付，之后才是差额支付。这些措施共同构成了一个多层次的信用保障体系，确保了优先级证券利息的按时支付。

在开放本金赎回阶段，一般每3年设置一次开放赎回，以满足投资者对本金流动性的需求。在此阶段，首先触发的是资产支持证券票面利率的跳升，以吸引新的投资者。随后，投资者申报回售，已申报的证券理应由优先收购权人进行行权回购，若优先收购权人行权失败或未完全行权，则原始权益人或其关联方承诺作为流动性支持机构，履行回购义务，提供流动性支持。这一阶段的增信设计，确保了投资者在开放赎回阶段能够获得本金的流动性支持。

假设发生风险事件，类REITs产品进入资产处置阶段，进入这一阶段意味着前面所有的增信手段均已触发且失效。此时，优先级证券持有人的本金赎回依赖于基础资产的处置所得。考虑到基础资产处置的时效性和难度，通常会有一定的折扣。为应对这种情况，类REITs产品在设计时会采用基础资产超额抵押和结构化分层的增信手段，即优先级证券与次级证券的比例设置为能够覆盖最坏情况下的基础资产处置所得，确保优先级证券持有人的本金安全。同时，为动态保证优先级本金不受损失，在加速清偿或提前开放赎回的触发情形中，加入抵押率条款，以应对基础资产估值下降的风险。

综上所述，类REITs产品的增信流程设计严谨，涵盖了从常规付息到开放本金赎回到资产处置的各个阶段，通过权利维持费、担保支付、差额支付、优先收购权、流动性支持、基础资产超额抵押和结构化分层等多重增信手段，为投资者提供了全方位的保护。这种设计不仅提高了类REITs产品的信用等级，也为不同风险偏好的投资人提供了差异化的产品。

年金资金倾向于投资于信用等级高、收益相对稳定的产品，而类REITs

的增信措施使其优先级证券与年金资金的信用偏好之间存在良好的匹配性。首先是安全性匹配，类 REITs 通过多层次的增信措施，提高了类 REITs 优先级证券的信用等级，满足了年金资金对安全性的需求。其次是收益稳定性匹配，增信措施确保了类 REITs 优先级证券的利息支付，为年金资金提供了稳定的现金流，符合年金资金对收益稳定性的追求。最后是流动性支持，优先收购权和回购义务的存在，为年金资金提供了在必要时退出投资的流动性支持。

（四）类 REITs 收益率较普通信用债有所增厚，能给年金带来超额收益

在寻求稳健投资的背景下，类 REITs 产品因其较普通信用债更高的收益率而受到市场关注。对于追求长期稳定回报的年金投资者而言，类 REITs 不仅能提供与传统信用债相当的信用保障，还能带来潜在的超额收益。这一特性使其成为年金投资者寻求超额收益的重要工具。

考虑到久期和信用资质的匹配度，本文统计了类 REITs 优先级证券的发行利率与同时期期限为 5 年的 AAA 评级公司债发行利率，数据显示，类 REITs 优先级证券的发行利率基本上高于同时期期限为 5 年的 AAA 评级公司债发行利率，近 5 年以来利率增厚空间平均有 47bp（见图 11）。

考虑到年金投资者面临资产荒的挑战，应采取多元化投资策略，分散投资风险，优化资产配置，提高投资收益。除了传统的债券类资产，年金应寻找其他具有稳定收益的投资渠道。通过前文分析，类 REITs 优先级证券能够在不增加过多风险的前提下提供超额收益，提高年金投资者的整体投资回报。再结合前文提到的类 REITs 产品的期限与年金资金久期相匹配，类 REITs 产品有多种增信措施，与年金的信用偏好相匹配，因此类 REITs 资产尤其是优先级证券为年金资金提供了一种相对安全且收益可观的投资选择。本文认为通过合理配置类 REITs 资产，年金资金可以实现资产的长期稳定增值，同时能满足资金的安全性和期限匹配要求。因此随着类 REITs 市场的不断发展和完善，其在年金资金配置中能发挥的优化作用将日益凸显。

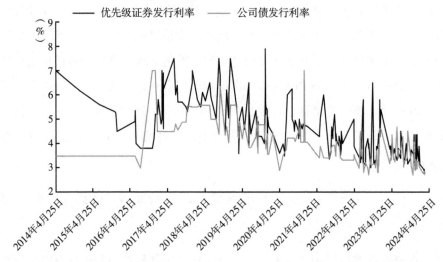

图 11　类 REITs 优先级证券与期限为 5 年的 AAA 评级公司债发行利率分析

资料来源：Wind。

四　我国年金投资类 REITs 的建议

（一）逐步将类 REITs 产品纳入年金的投资范围

考虑到风险与收益之间的平衡，类 REITs 产品特别是优先级证券与我国年金投资的定位高度契合。然而目前我国类 REITs 产品优先级证券的主要机构投资人为银行理财、保险资金、公募基金等，年金参与类 REITs 产品优先级证券投资仍较为受限，关键是受政策方面影响。根据《人力资源社会保障部关于调整年金投资者投资范围的通知》，年金能投资的资产支持证券和票据仅限基础资产为债权类的品种，具体为第三条"年金投资者可投资的标准化债权类资产指依法发行的固定收益证券，包括国债，中央银行票据，同业存单，政策性、开发性银行债券，以及信用等级在投资级以上的金融债、企业债、公司债、可转换债、可交换债、（超）短期融资券、中期票据、非公开定向债务融资工具、信贷资产支持证券、资产支持票据、证券交易所挂牌交易的资产支持证券。上述资产发行方式包括公开发行和非公开发行"。

资产支持票据（类 REITs）、资产支持证券（类 REITs）各自为资产支持票据和资产支持证券的细分创新品种，但由于创新的交易架构，类 REITs 的基础资产类型在满足《人力资源社会保障部办公厅关于印发调整年金投资者投资范围有关问题政策释义的通知》中对于资产支持票据和资产支持证券的基础资产的要求时存在争议："基础资产应符合法律法规规定，权属明确，可依法转让，能够独立产生持续稳定、可预测现金流的金融资产或符合上述条件的非金融资产，包括贷款债权、融资租赁债券、既有保理融资债权以及具有真实贸易背景、债权人已履行所有合同义务的应收账款债权等。"

对此，本文认为，通过对类 REITs 交易结构及现金流兑付路径进行分析，类 REITs 优先级证券的本息兑付实质对应底层标的债权，属于"贷款债权"的范围。第一，类 REITs 优先级证券期间兑付完全依靠底层债权还本付息。优先级证券固定利率，按年付息、按年按计划还本。证券端的兑付不依靠底层股权部分的收益，而完全来源于债权部分的还本付息，否则证券端固定收益与资产端浮动收益矛盾且无法匹配。底层项目公司的借款利率是根据优先级证券发行价格及产品相关税费倒算确定的。根据贷款合同，项目公司对标的债权负有还本付息的确定性义务。第二，类 REITs 底层债权设置了企业的主体增信。为保证项目公司履行还本付息义务，类 REITs 产品设置了项目公司股东及项目公司所在集团公司的主体增信措施。因此，类 REITs 优先级证券的基础资产实质为项目公司的贷款债权，符合《人力资源社会保障部办公厅关于印发调整年金投资者投资范围有关问题政策释义的通知》中对于资产支持票据和资产支持证券的基础资产的要求。

因此，建议逐步将类 REITs 纳入各类年金的投资范围，推动稳定的年金资金进入类 REITs 市场。年金管理机构应将类 REITs 作为分散风险、优化投资组合的一部分。在实际操作中，应根据年金投资者的风险承受能力和投资目标，合理确定类 REITs 在投资组合中的比例，避免过度集中投资。此外，还应关注在市场波动时类 REITs 可能表现出的避险特性。

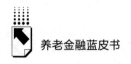

（二）持续推动类 REITs 市场发展，丰富资产类型

类 REITs 的设立目的在于高效激活既有资产，构建既有资产与新投资之间的正向互动。一个成熟且稳定的 REITs 市场，对于提升国家整体的投资效能、优化资源的分配格局以及推动投资的稳定增长具有积极意义。一方面，通过类 REITs 盘活存量资产，帮助实体经济提高资产流动性、增加融资渠道，此外，对于以城市轨交、仓储物流、产业园区等为底层资产的类 REITs 项目还能帮助地方政府盘活其持有的长期沉淀资产，帮助政府化解债务风险。另一方面，经过结构设计和会计处理，通过类 REITs 结构可以帮助企业实现权益融资，降低实体经济杠杆率。由于公募 REITs 发行条件严格、操作周期较长，在准入或时效上无法满足企业的需要。而类 REITs 发行条件相对简化，审批审核流程较短，因此对于时效性要求较高的企业，或者对于持有大量质量较好的资产但不满足公募 REITs 发行标准的企业，可以借助类 REITs 进行阶段性盘活，满足企业当前降负债、权益性融资及报表优化等需求，未来达到公募 REITs 上市等条件后，再经过类 REITs 市场的培育，后期更容易通过资本市场实现上市或退出。

目前，我国 REITs 市场仍处于发展的初期阶段。从企业存量资产看，未来类 REITs 发行存在极大的市场需求。据不完全统计，2019 年国内存量基础设施规模已超过 100 万亿元[①]，目前适合以类 REITs 形式融资的项目即使保守估计也超过万亿元规模。

因此，建议大力推动清洁能源、基础设施等行业参与类 REITs 资产发行，重点推动具有行业影响力、资产储备丰富、所在区域经济发达的企业发行类 REITs 产品，持续扩大产业园区、高速公路、仓储物流、生态环保等行业类 REITs 规模，从而为年金基金、保险资金等机构提升类 REITs 配置规模提供基础。

[①] 北京大学光华管理学院：《中国基础设施 REITs 创新发展研究》，2019 年 1 月，https：//www. gsm. pku. edu. cn/thought_ leadership/info/1072/1294. htm。

（三）完善类 REITs 制度规则，推动类 REITs 税收优惠政策

当前，我国类 REITs 市场发展尚处于初级阶段。2023 年 6 月 30 日，中国银行间市场交易商协会发布《关于进一步发挥银行间企业资产证券化市场功能　增强服务实体经济发展质效的通知》。通知提到，大力推进不动产信托资产支持票据（银行间类 REITs）业务。

为了推动类 REITs 市场的健康发展，仍需从多个层面完善类 REITs 制度规则。首先，应不断完善类 REITs 业务法律体系，类 REITs 是在政策引导下的自发实践，适用私募基金法规监管，未来应完善针对性的适配法规。其次，应在现有基础上丰富配套规则制度，对类 REITs 的设立、运作、信息披露、资产配置等方面进行明确规定，形成强有力的全面监管体系，确保市场的规范性和透明度。2024 年 3 月 29 日，上海证券交易所发布《上海证券交易所资产支持证券业务规则》和《上海证券交易所债券自律监管规则适用指引第 5 号——资产支持证券持续信息披露》，是针对资产证券化业务进行全流程的基础规范，未来应逐步完善更细分的类 REITs 业务指引。

此外，建议相关部门推动制定针对类 REITs 的税收优惠政策，以吸引更多的投资者参与。我国当前确实存在对 REITs 的重复征税问题，在基础资产进行重组的过程中，其税务处理方式与基础资产的出售行为相似，这导致包括土地增值税和增值税在内的较高额交易税费的产生，从而带来了较为沉重的税务压力。因此建议推动类 REITs 产品税收优惠政策的制定，对于符合条件的类 REITs 产品，可以给予一定的税收减免或者税收抵扣，以降低投资者的税负，提高投资吸引力。

参考文献

姜梦芝：《类 REITs 在我国零售商业地产的运作的问题研究》，上海财经大学硕士学位论文，2021。

王霞：《基础设施行业发行公募 REITs 与类 REITs 的财税效果比较》，《投资与创业》2023 年第 19 期。

石青川：《养老金资金与不动产基金联姻双赢　受益的或许还有实体经济》，《中国经济周刊》2024 年第 2 期。

聂登俊：《不动产投资信托基金在 PPP 项目中的应用研究》，中国财政科学研究院硕士学位论文，2019。

吴婧：《上交所支持企业盘活存量资产 强化资产证券化市场功能》，《中国经营报》2022 年 7 月 25 日。

B.9
中国企业年金行业统一信息
交互机制优化研究

摘 要： 国内企业年金管理人包含四类：受托管理人、账户管理人、托管人和投资管理人，目前共有 35 家机构合计具有 62 项企业年金管理人资质。企业年金行业多角色、多机构的管理模式虽然有利于确保年金资产的安全，但也存在管理机构之间信息交互频繁、业务周期长、沟通成本高、离职转移匹配难度较大等痛点，从而影响行业发展和受益人的权益。本文在对国内企业年金信息交互机制的现状及存在的问题进行分析的基础上，介绍国内养老金第三支柱、香港强积金，以及澳大利亚超级年金、荷兰养老金信息交互机制的有益经验，最后从服务前台、系统后台和关联系统三个方面给出构建国内企业年金统一信息交互机制的建议，希望能够借此有效解决行业发展长期存在的痛点和难点，促进年金行业的高质量发展及多层次养老保障体系的进一步完善。

关键词： 企业年金 信息平台 交互机制

一 企业年金制度管理模式与信息交互现状

（一）企业年金制度设计

企业年金是指企业及其职工在依法参加基本养老保险的基础上，自主建

* 李传峰，供职于兴业银行零售金融部养老金融处，清华五道口养老金融 50 人论坛联席研究员，主要研究方向为养老金融；江至谋，供职于兴业银行零售金融部养老金融处，主要研究方向为养老金融。本文仅代表个人观点，与供职单位无关。

立的补充养老保险制度。企业年金基金实行完全积累，所需费用由企业和职工个人共同缴纳，账户管理人会为每位参加企业年金的职工建立个人账户，基金投资运营收益并入企业年金基金。国内企业年金采取以信托关系为核心、以委托代理关系为补充的管理模式。企业代表委托人与受托人签订受托管理合同，形成信托关系。受托人把年金计划的账户管理、基金托管、投资管理服务分别委托给企业年金基金账户管理机构、企业年金基金托管机构和企业年金基金投资管理机构进行运作，形成委托代理关系。大家分工明确、各司其职，相互配合又相互制衡（见图1）。

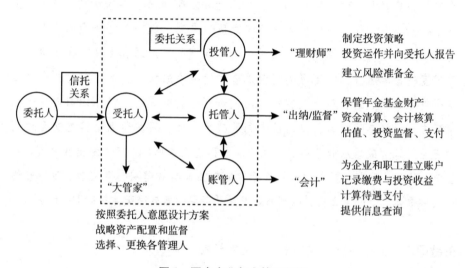

图1　国内企业年金管理架构

（二）企业年金行业信息交互的重要性

企业年金采取的是多角色、多机构的管理模式，目前国内共有35家机构合计具备62项企业年金基金管理资格，包含12家法人受托机构、10家托管机构、18家账管机构和22家投管机构①。除此之外，还有90多个年金

---

① 法人受托机构可以兼任账管人、投管人或托管人，因此，35家企业年金管理机构具备62项资质。同一企业年金计划，受托人与托管人、托管人与投管人不得为同一人。

理事会受托人。企业年金业务链条长、环节多，包括计划建立、信息变更、缴费管理、权益分配、待遇支付、转移管理、投资管理等。企业年金多角色、多机构的管理模式，每项业务都需要多个管理人相互复核确认才能完成，信息流和资金流相分离，能够有效控制业务风险，这也是为何国内企业年金制度实施 20 年来未出现重大风险事件的原因（见图 2）。

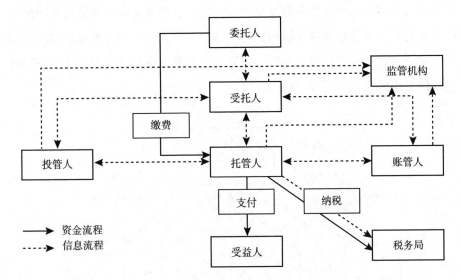

图 2　单个企业年金计划管理人信息交互

为规范企业年金业务信息交换，提高管理效率，降低运作风险，人力资源和社会保障部（简称"人社部"）专门制订了《企业年金基金数据交换规范》。整体而言，企业年金业务信息交互的源头一般来自委托人的某类业务需求，委托人将业务需求及申请材料提供给受托人，受托人审核后转交账管人，账管人再根据业务类型的不同，将新建、变更等处理结果或生成的缴费通知、支付账单、转移账单、成交汇总表等提供给受托人，受托人据此向托管人、投管人出具相应的收款指令、支付指令、转移指令或申购赎回指令等。托管人完成指令后，最后将到账通知或执行结果反馈给受托人，业务流程才告一段落。同时，受托人、账管人、托管人、投管人还应当按照要求，定期向人社部提交企业年金基金管理业务报告。

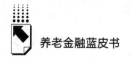

（三）企业年金行业信息交互方式与现状

现有 35 家具备企业年金管理资质的机构里，部分机构仅具有一项年金管理资质，部分机构同时具有两到三项年金管理资质。一个企业年金计划必须同时具有四类年金管理人[①]，四类年金管理人从 35 家机构里选择组合，各管理机构之间均存在业务数据交互的可能。目前企业年金各管理机构之间的信息交互关系是呈蜘蛛网状结构，具体交互方式上，采用系统接口对接的业务主要通过深证通数据直连的方式完成，未采用系统接口对接的业务则通过邮件发送的方式（见图 3）。

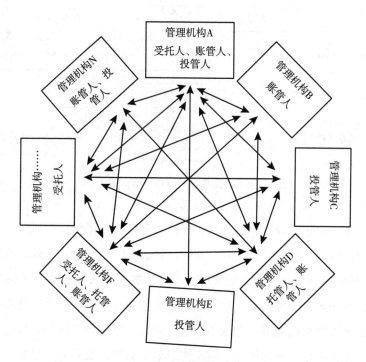

图 3　现有企业年金管理人蜘蛛网状信息交互机制

[①]　一个企业年金计划仅有一个受托人、一个账管人和一个托管人，可有多个投管人。

二 企业年金行业面临的问题与挑战

（一）服务前台：缺乏统一线上服务渠道，信息查询不便

截至 2023 年末，全国参加企业年金计划的个人共计 3144 万人，由于企业年金行业没有建立官方的统一信息共享机制，运作过程中产生的数据仅保存在各家管理人的系统中。不同的企业年金计划的账管人不同，个人如需查询企业年金计划余额，只有找到对应的年金计划管理人提供的查询方式才能进行查询。个人如果因工作调动存在多个企业年金计划时，难以知悉各年金计划管理人是谁，进而无法掌握个人名下积累的所有企业年金余额等信息，也无法对自己未来的养老资金安排做长期规划。同时，当个人对企业年金运作存在疑问或提出投诉时，无法及时将信息传达至对应的年金管理人。

（二）信息后台：业务信息分散，信息交互困难且有安全隐患

1. 信息交互沟通成本高、效率低

企业年金信息交互频繁，目前蜘蛛网状结构的信息交互机制下，业务信息分散在各家管理机构的系统中，存在跨机构信息交互不顺畅、沟通成本高、业务办理效率低，以及个人在不同机构同时领取年金而少缴个税等问题。每个主体的业务处理都需要依赖其他主体所提供的数据，如果某个环节出现问题将影响后续环节的业务处理。以员工工作调动年金转入匹配为例，涉及原单位年金转出业务和新单位年金转入业务。只有当原单位年金管理人拿到新单位出具的准确完整的商转函，相互紧密配合，才能将调动员工在原单位的年金资产转至新单位年金计划受托户。之后只有在新单位年金管理人拿到原单位年金管理人出具的准确完整的转出报告后，相互配合才能将调动员工转入的年金资产匹配到其在新单位的年金个人账户里（见图 4 和图 5）。

在具体操作中，不同的年金受托人和托管人的转出划款指令和备注信息标准不一，或一笔资金对应一人，或一笔资金对应多人，或无人员信息备

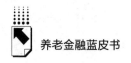
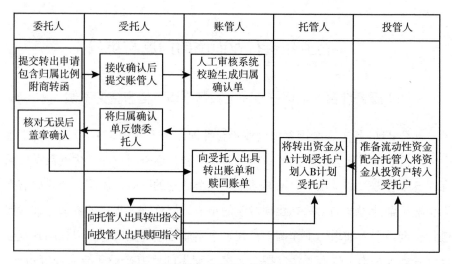

图4 原单位年金计划A转出业务流程

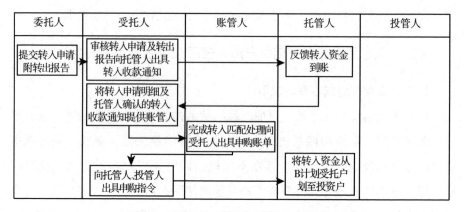

图5 新单位年金计划B转入业务流程

注，或仅有人员姓名备注，加之账管人出具的转移账单格式不统一，导致转入机构受托户收款后，受托人无法确认资金对应的员工信息及其已纳税、未纳税的构成，无法及时为转移员工办理匹配入账手续，导致转入资金长期滞留在受托户而无法投资，由此产生以下问题：一是影响员工权益，因无法及时匹配入账，员工无法享受未匹配期间转入资金带来的投资收益；二是加重受托人的工作量，受托人只能根据来账银行账户信息，尝试与对方管理人取得联系，在查询到对应员工信息后，再间接通知员工提交转入匹配材料，同时长期大量的转入资金滞留在受托户，也增加了受托人对受托户日常核算的工作量；三是员工获取匹配材料的难度较大，在受托人几经周转，通过电话或邮件等方式查询到转入资金对应人员信息后，为了确保信息的准确性或完整性，往往需要员工向原单位索要盖章证明材料，但实际操作中，并不是所有转出单位都会积极配合为转出员工出具材料。

2. 存在安全隐患，不利于实施精准监管

目前 18 家企业年金账户管理人平均每家管理近 175 万个人账户，信息分散在各家管理人的系统中。虽然 2004 年监管部门对企业年金账户管理系统的数据安全方面发布框架性规范：应当配备安全可靠的备份设备，应当采用双机热备方式或集群方式，应当具有完善的远程灾备方案，满足企业年金系统的高可用性要求。但各家管理人信息系统的安全标准难免存在一定差异，若某家企业年金账户管理人的信息系统出现数据丢失，可能会对整个年金行业产生较大的负面影响。

目前，企业年金各管理人按季度频率通过邮件方式分别向人社部报备受托、账管、托管、投资业务整体开展情况的业务数据，监管部门汇总后对外公布。因报备的数据较为粗线条，且报送频率低，监管部门掌握的行业信息相对有限，如无法实时了解建立企业年金计划的企业行业分布、不同企业的年金规模分布、个人企业年金权益分布、底层投资资产分布、权益类资产占比等信息，难以有效实施精准的行业监管。

（三）关联系统：无法直接对接监管系统，信息校验存在障碍

《企业年金办法》《个人养老金实施办法》分别要求，个人参加企业年金、个人养老金的前提是必须参加基本养老保险。目前，个人养老金信息管理服务平台（简称"个人养老金信息平台"）已与人社部的社保信息比对查询系统实现对接，个人养老金业务能够在个人开立个人养老金账户时实时校验，不满足开户条件时会及时返回开户失败结果。而企业年金账户管理人在为个人建立企业年金计划时，无法与人社部社保信息系统对接查询，因此

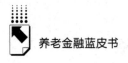

无法校验个人是否已参加基本养老保险,仅能被动按照委托人、受托人提供的参加个人信息为其建立个人年金计划。

三　国内外养老金信息交互机制的经验介绍

(一)国内经验

1. 个人养老金信息平台

2022年11月25日,第三支柱个人养老金业务在36个城市或地区先行试点,个人养老金信息平台正式上线运行。该信息平台由人社部组织建设,以账户制为核心,各参与方通过与该平台的关联和集成,实现信息的实时核验或批量报送,形成业务闭环,对个人养老金制度的平稳运行提供了有力支撑。

个人养老金信息平台是支撑个人养老金业务运行的核心,部署在人社部数据中心。平台包括三部分,一是服务前台,面向个人提供全国统一线上服务渠道,为参加人提供个人养老金相关的公共服务,具体包括国家社保公共服务平台、人社政务服务平台PC端渠道,以及电子社保卡、掌上12333App移动端渠道。二是信息后台,通过与市场各参与主体(商业银行、金融行业平台以及国家税务总局)系统对接,集中管理个人养老金账户,为相关机构提供开户核验、缴费核验、账户变更、凭证打印、数据汇聚等服务。三是关联系统,与人社部的养老保险全国统筹系统、社保信息比对查询系统、社保卡持卡人员基础信息库等进行对接,核验参加人的人员信息、基本养老保险参保信息、社保卡信息等。

2. 香港强积金"积金易"平台

作为香港的养老第二支柱,强积金制度于2000年12月起开始实施,目前共有12名强积金受托人管理24个强积金计划,向约470万名计划成员及36万名参与雇主提供服务。在强积金制度运行近21年后,2021年3月香港积金易平台有限公司成立,作为香港强积金管理局的全资附属公司,专门负责"积金易"平台的建立和运营。

"积金易"平台是香港强积金行业一项重要的基础设施，雇主、雇员或自雇人士可通过该网上平台实时、安全及高效地处理不同的强积金事宜，有助于提高行业运营效率，降低运营成本。在建设前期，积金局开展了多场次的持份者咨询会，收集到近 1500 项对平台设计的意见，并将适用的建议纳入平台设计。根据建设计划，2025 年所有强积金计划全部加入"积金易"平台。作为强制性公积金制度实施以来最重大的改革，"积金易"平台借助创新技术，整体上也是由服务前台、信息后台和关联系统三个部分组成，将为强积金计划成员、雇主、受托机构等提供全面的强积金计划管理服务（见图 6）。

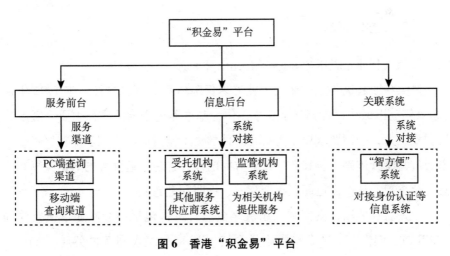

图 6　香港"积金易"平台

一是服务前台：对于雇员或自雇人士而言，当参加的强积金计划加入"积金易"平台后，可通过网站或者手机 App 随时随地查看自己的账户余额，整合和管理不同受托人的强积金账户，以及线上实现基金转换、转移及提取权益等。对于雇主而言，"积金易"平台作为可供雇主使用管理员工资料和供款的线上服务平台，能提高运营效率，减少人为错误和纸张使用，优化用户体验，降低行政成本。

二是信息后台：对于受托机构而言，"积金易"平台通过与强积金受托机构系统进行对接，实现信息交互，便于受托机构专注于优化服务及妥善履行其受信责任，维护计划成员利益。对于监管机构而言，香港强积金制度的监管机构为香港强积金管理局，"积金易"平台通过与积金局监管系统的数据交互，向积金局提供资料，协助积金局更快掌握雇主供款情况，收集欠款报告，更早处理违规个案。同时更高效地在线监管强积金受托人，为监管机构提供更加便捷的监管手段，有效维护市场秩序，为未来更多制度改革铺路。

三是关联系统："积金易"平台还对接香港特区政府一站式个人电子身份认证及电子签名平台"智方便"系统，为"积金易"平台提供用户统一身份认证等服务。

（二）国外经验

1. 澳大利亚超级年金 SuperStream 平台

澳大利亚超级年金是澳大利亚养老保险体系的第二支柱，于 1992 年在《超级年金担保法》的指导下建立，作为基本养老金的补充，主要为缓解政府财政压力，强制要求雇主为符合条件的员工缴费。澳大利亚的超级年金体系通过其监管体制、科技数字化等方面的设计，建立起强大的数据共享和信息整合机制，从而促进超级年金高效、透明和健康发展。

一是监管体制，澳大利亚超级年金监管机构包括澳大利亚审慎监管局（APRA）、澳大利亚证券投资委员会（ASIC）和澳大利亚税务局（ATO），三大监管主体职能清晰，分工明确又相互配合，通过签署谅解备忘录（MoU），为机构之间的协调、合作和信息共享奠定基础。基于谅解备忘录合作框架约定，各方在超级年金领域展开深入合作，当发现超级年金涉嫌违反投资规则或税务规定时，APRA 和 ASIC 将会联合其他监管机构（如 ATO）展开调查。

二是科技数字化，澳大利亚税务局为优化超级年金供款机制建设了 SuperStream 平台，实现了雇主、基金管理人、服务提供商、ATO 以及相关政府部门信息系统的无缝对接。SuperStream 平台包括三部分：服务前台提供统一的线上服务渠道，支持雇主通过该系统为员工进行超级年金供款，要求雇主使用标准化电子格式提交数据并进行电子支付，确保信息安全并自动化处理支付流程，另外还支持雇主和基金管理人实时追踪供款进度。信息后台包括对接超级年金监管机构系统、服务提供商系统、超级年金基金系统等，从而保证超级年金管理和支付过程的效率和透明度。另外，雇主还可以通过 SuperStream 平台使用在线服务 EmployerTICK 来验证员工详细信息，确保员工供款数据准确有效（见图7）。

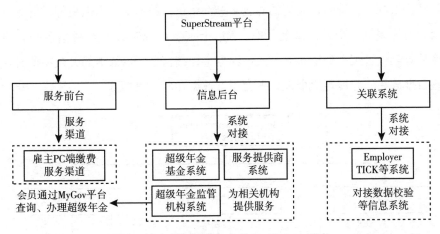

图 7　澳大利亚超级年金 SuperStream 平台

SuperStream 平台通过相关系统对接澳大利亚政府集中服务平台 MyGov，超级年金会员可通过后者查询和管理年金账户，极大地提高了用户体验和管理效率：查询账户余额、交易记录，检查雇主供款情况；拥有多个超级年金基金账户时，可以进行合并，以提高管理效率并减少管理多个账户可能产生的额外费用；检查和找回这些遗忘的年金；在不同超级年金基金之间进行转移和投资转换，帮助会员选择最适合自己风险偏好的超级年金。

2.荷兰养老金在线信息平台

荷兰是公认的养老金制度最健全的国家之一，与我国较为相似，其养老金体系由基本养老金（第一支柱）、职业养老金（第二支柱）以及个人养老

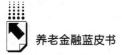

金（第三支柱）构成。养老金登记基金会（Stichting Pensioenregister，SPR）是由荷兰社会保险银行、养老金联合会和荷兰保险公司协会 2008 年发起成立的非营利组织。

SPR 管理和运营的 Mijnpensioenoverzicht.nl 在线信息平台于 2011 年推出，提供 PC 端和移动端养老金查询渠道供居民进行查询，其信息后台通过对接各养老金管理人系统，并关联欧盟和荷兰的身份认证系统，支持居民查看其养老金权益，包括基本养老金、职业养老金和个人养老金信息，旨在为居民提供统一、透明、便捷的养老金查询渠道，帮助他们做出更好的财务决策和退休规划。个人每次登录时，Mijnpensioenoverzicht.nl 在线信息平台直接从养老金管理人那里获取个人的养老金详细信息，以清晰的方式将所有这些数据放在一起展现给个人，平台不做数据存储（见图 8）。

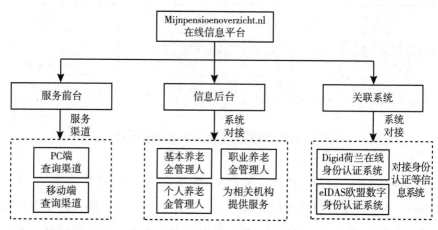

图 8　荷兰 Mijnpensioenoverzicht. nl 在线信息平台

（三）国内外经验总结

为提高运行管理效率，国内第三支柱个人养老金业务在推出前即按照高标准建立了统一信息平台，香港强积金在运行 20 多年后，正在积极搭建统一信息平台。国外也不乏建立年金行业信息平台的案例。以上信息平台的建设同时兼顾计划参加人、企业、基金管理主体、监管机构以及相关政府部门的需求，整体都包含服务前台、信息后台和关联系统三部分，对我国企业年金信息平台的建设具有重要的借鉴意义。

一是服务前台主要用于面向计划参加个人提供统一的线上查询和业务办理服务渠道；二是信息后台主要通过与市场各参与主体、监管机构的系统对接，提高各方运行和管理养老金账户的效率；三是关联系统主要与政府相关系统的对接，为养老金业务的开展提供基础信息核验和支持。

四　构建国内企业年金统一信息交互机制的建议

目前，国内多层次、多支柱养老保障体系制度已经建立并日益完善，覆盖人群、基金规模逐年增加，第一支柱基本养老保险[①]和第三支柱个人养老金均建立了统一的信息平台，实现数据互联互通，推动业务信息共享和协同发展。而第二支柱企业年金虽自 2004 年正式启动以来运作已有 20 年，基金规模也已突破 3.1 万亿元，参与个人突破 3100 万人，但目前行业仍未建立全国统一的信息平台。借鉴国内外养老金信息平台建设经验，结合企业年金行业特点，建议企业年金信息平台建设架构设计包括以下三部分。

（一）提供统一便捷的服务前台

企业年金信息平台应借助相关渠道系统，面向参加企业年金计划的个人提供全国统一的线上服务渠道，为参加个人提供企业年金查询、咨询、投诉等服务，具体包括对接国家社保公共服务平台、人社政务服务平台，以及电子社保卡、掌上 12333App 等渠道，为个人提供统一便捷的查询服务，以检查和找回个人遗忘的年金，解决个人因工作调动等原因存在多个计划时，无法知悉各年金计划管理机构是谁、无法实时了解自己所有年金

---

① 第一支柱基本养老保险信息平台即全国社会保险公共服务平台，由国家社会保险公共服务平台和地方社会保险公共服务平台组成。

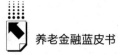
账户余额、无法有效进行养老规划的问题。当个人存在对年金的疑问或投诉时，能够通过以上平台随时提出，平台及时将信息传达至对应的年金管理人（见图9）。

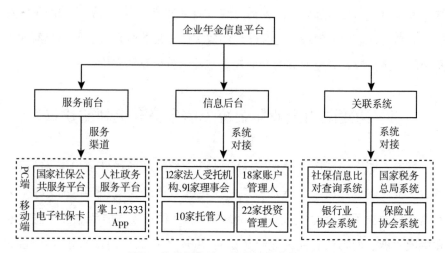

图9　企业年金统一信息平台架构设计

（二）搭建高效集中的信息后台

企业年金信息平台应与企业年金受托机构、账管人、托管人、投管人业务系统进行对接，根据管理人类型的不同设置不同系列的业务接口，增加业务办理校验，为相关机构提供计划新建、缴费、归属、转移、支付等服务，形成轮毂状信息交互机制，以提高业务信息交互效率（见图10）。以转移业务为例，转出单位年金计划受托人通过信息平台转移接口出具转出指令，选择转出单位年金计划托管人、转入单位年金计划受托人及受托户。系统校验转出指令上的收款受托户信息与选择的受托户一致时，将转出指令发送给托管人，托管人执行转移划款后，及时在信息平台进行确认，信息平台自动将转出指令里包含的转移人员姓名、证件号码、转出日期、已纳税金额、未纳税金额等信息推送至转入单位年金计划受托人。转入单位年金计划受托人根据信息平台收到的匹配信息，与受托户资金流水核对一致后，通知账管人为转移员工完成转入资金的匹配操作，员工即可享受转移资金后续带来的收益。

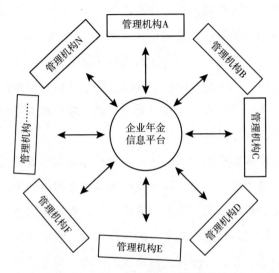

图10　基于企业年金统一信息平台的轮毂状信息交互机制

个人计划新建等业务均通过企业年金信息平台接口提交，信息平台同步记录个人账户信息，能够实现个人账户信息在信息平台和年金账户管理人系统的双备份，为年金账户信息安全增加保障。同时，信息平台记录个人在每个企业年金计划下的计划状态，如个人参加多个计划，已在其中一个企业计划领取年金资产，再通过其他企业计划发起支付申请时，可增加系统校验和限制，杜绝个人在不同机构同时领取年金而少缴个税的情况。另外，可根据监管需要，要求各管理人通过专用接口上传企业年金计划企业行业分布、不同企业年金规模分布、底层投资资产分布、权益资产占比等信息，以便实施精准的行业监管。

（三）关联系统提供业务核验支持

企业年金信息平台应与人社部的社保信息比对查询系统、国家税务系统，以及银行业协会、保险业协会相关系统对接。一是对接第一支柱基本养老保险信息平台，提供个人基本养老保险信息校验，确保参加企业年金个人满足已参加基本养老保险的条件；选择退休支付领取的，校验个人基本养老保险是否已经开始办理领取，确保领取符合政策规定。二是对接国家税务系统，将个人企业年金领取信息及对应个人所得税缴纳信息推送至税务系统，将企业年金领取信息纳入个人综合所得进行年度汇缴。三是对接国家金融监督管理总局、证监会、银行业协会、保险业协会等监管机构的系统，为监管机构及行业协会提供各机构年金规模管理数据，减少多渠道数据报送引起的口径不一致，提高数据报送的效率。

人社部负责统筹推进国内多层次社会保障体系的建设，其既是国内企业年金行业的牵头管理部门，也是第一支柱基本养老保险和第三支柱个人养老金信息平台的建设牵头部门，在养老保障体系信息平台的建设上积累了丰富的经验，因此，建议人社部负责平台的建设规划、维护管理，以及与相关政府机构、行业协会、年金管理人进行系统的对接协调等工作。

建立国内企业年金信息平台的主要目的是提高企业年金行业运作管理效率，解决信息沟通不畅等行业痛点，建议在建设正式启动前，牵头部门在重点征询企业年金四类管理人意见的同时，听取相关部委、行业协会的意见，以充分满足各方实际需求，确保信息平台建设成果的最大化。

参考文献

陈琛、李永山、汪剑明：《区块链技术在年金运营管理中的应用探索》，《中国保险资产管理》2018 年第 3 期。

宋京燕：《个人养老金信息管理服务平台助力个人养老金制度启动实施》，搜狐网，2022 年 12 月 29 日，https://www.sohu.com/a/622446286_759437。

王长涛：《企业年金行业信息平台构建初探》，《保险研究》2011 年第 11 期。

银监会大型银行部课题组：《澳大利亚超级年金监管框架及对我国养老金管理公司监管的启示》，《金融监管研究》2016 年第 7 期。

积金易：《积金易平台介绍》，香港强积金积金易官网，2024 年 5 月 3 日，https://www.empf.org.hk/。

澳大利亚税务局：《SuperStream 缴费系统介绍》，澳大利亚税务局官网，2024 年 5 月 3 日，https：//www. ato. gov. au/businesses – and – organisations/super – for – employers/paying-electronically-through-superstream。

澳大利亚政府服务平台：《MyGov 超级年金查询介绍》，MyGov 官网，2024 年 5 月 3 日，https：//my. gov. au/en/services/work/currently-employed/superannuation。

B.10
商业银行参与养老服务金融的
路径探索及建议

孙静漪[*]

摘　要： 实现"老有所养"，需要国家、企业和个人共同努力。对商业银行而言，当前开展养老金融服务业务面临各项服务和相应 IT 系统板块零散导致流程复杂无法快速响应客户需求、考核体系不科学导致业务发展机会错失、养老投顾缺位导致无法满足客户个性化养老金融服务需求等问题。而境外成熟商业银行养老金融服务实践经验表明，根据客户养老需求，为其提供个性化的养老金融规划和解决方案才是金融机构着眼长远，体现自身价值所在。未来，建议商业银行在养老金融服务上，逐步构建由简单的产品叠加增值养老服务模式向复杂的"一站式养老金融规划服务模式"和"养老金融生态圈"模式逐层推进的服务形态，并做好养老金融投资者教育。

关键词： 商业银行　养老服务金融　养老金计划管理　投资者教育

一　境内商业银行养老金融服务现状及挑战

（一）商业银行开展养老金融服务情况

当前，我国商业银行开展的养老金融服务大体由养老金金融、养老服务

---

* 孙静漪，高级经济师，中邮理财有限责任公司产品管理部产品经理、研究员，清华五道口养老金融 50 人论坛青年研究员，主要研究方向为养老金融。本文仅代表个人观点，与供职单位无关。

金融和养老产业金融业务三个部分组成。

商业银行养老业金务即养老金管理服务，包含第一支柱基本养老金的受托管理和投资管理服务，第二支柱企业年金、职业年金的受托管理、账户管理、受托顾问和投资管理等基金管理服务，以及第三支柱个人养老金账户的开立等。人力资源和社会保障部《2024 年二季度全国企业年金基金数据摘要》数据显示，2024 年第二季度末，工行、农行、中行、招行四家银行受托管理企业年金共计 4747 亿元，受托管理企业共计 25887 家，覆盖职工4863112 人。与此同时，金融产品不断丰富，截至 2024 年 6 月底，共 822 只产品纳入个人养老金产品目录，其中储蓄类产品 465 只、理财类产品 26 只、保险类产品 137 只、基金类产品 194 只[①]。

商业银行养老产业金融服务包含三个部分，即向养老产业相关企业提供贷款、结算等金融服务，向政府主导的养老基础设施或产业项目提供融资、担保等金融服务以及联合其他金融机构为养老产业相关企业提供并购重组、股权融资等服务。

商业银行养老服务金融业务，主要包括为居民提供养老理财产品与养老金整体解决方案。近年来，部分商业银行先行试点，围绕客户的金融需求与健康管理等非金融需求，推出了多元化的养老金融服务模式，主要有两种形式。一是"专属银行卡附加养老服务权益"模式。即商业银行为本行养老金客户或者中老年客户办理专属银行卡，持有该卡客户可同时享受支付结算等金融服务和"衣、食、住、行、医、娱"的非金融服务。如广发银行针对老龄客户资金安全与保值需求、缴费便利性需求，以及生活增值服务和情感关怀需求，为本行中老年客户提供专属卡，附加享有"专有优惠、专项服务、专题活动"权益。其中"专有优惠"为客户提供储蓄专项利率上浮和商超优惠；"专项服务"包含购买国债等绿色通道、免费法律咨询服务和养老社区优先入住资格；"专题活动"为老年人提供书画、摄影、烹饪和健康保健等学习班权益。二是"存房+养老服务"模式。即商业银行老年客户

---

① 数据来源于 Wind。

委托商业银行出租、运营房屋，并一次性或者分期获得房屋未来的长租收益，用于购买老年公寓或者入住养老机构。如建设银行的"存房养老金融"模式是房主委托建行旗下住房服务公司出租房屋，按照租金精算，老人可一次性获得或者分期获得定量资金，用以获取同建行进行战略合作的养老机构的养老服务，从而改善养老生活质量。

（二）商业银行开展养老金融服务面临的挑战

总体来看，商业银行近年来都将养老金融业务作为战略发展规划的一部分，更加注重养老群体（含老龄人群和备老人群）的金融、健康等多层次需求，但在实践上面临以下几项挑战。

一是商业银行养老金融服务分散在各个部门，不利于养老金融业务战略的实施与开展。虽然商业银行将养老金融业务作为战略发展规划的一部分，但大部分银行尚未建立完整独立的养老金融部门，导致养老金融相关服务零散化，降低了商业银行养老金融服务效率，如养老理财产品归资管部门或银行理财子公司管理，养老金托管归托管业务部管理，社保基金存款归公司金融部管理，社保卡发放、养老金代发、企业年金借记卡等归个人金融部管理等。已经成立独立部门的商业银行养老金融部在研发养老金融产品和服务时，通常需与银行内部多个部门进行协商合作，面临流程复杂、沟通成本高、研发周期长等问题，不能快速响应市场变化和满足客户需求。

二是商业银行现有考核体系制约养老金融业务发展。一方面，养老金融业务涉及部门众多，考核体系复杂；另一方面，养老金融业务投入产出回报周期长，与商业银行以年度为基准的考核体系产生矛盾。以养老产业融资为例，前期投入成本巨大且处于亏损状态，若干年后才能收到回报。在现有年度考核体系下，前期的亏损状态与机构利益相悖，导致管理者根据年度考核体系做出舍弃该业务的决策，从而错估养老金融业务的价值。

三是尚未建立起统一的养老金融服务 IT 系统，无法更快触达客户养老需求。与商业银行开办养老金融服务分散在各个部门相类似，商业银行养老金融 IT 业务分散在各个系统板块，内部尚未整合建立起统一的养老金融服务 IT 平台系统。此外，以银行内设管理部门的身份开展养老金融业务，必须服从以整个银行体系风控要求为核心的规则，难以满足养老金融客户个性化和多样化服务要求。

四是养老投顾业务缺位，无法满足客户的个性化综合养老金融服务需求。信安金融调查数据显示，在 2022 年美国居民养老理财决策来源中，"专业的投资顾问建议"有 68% 的贡献。目前国内的商业银行在养老金融服务上，主要还是聚焦于单一的账户开立等。随着养老保险第三支柱工作启动，以及个人养老金账户开立，客户一站式养老理财规划需求增长。不同年龄段、不同特征客群对于养老金融目标、养老规划及金融产品的需求必定存在较大的差异，但由于商业银行在专业养老金融投顾业务方面进展缓慢，还无法满足客户个性化综合养老服务需求。部分股份制银行理财公司虽然开展理财咨询服务，但也仅对机构客户开展。

二 境外银行养老金融服务实践及经验启示

境外成熟市场的商业银行养老金融服务主要聚焦于养老金计划管理和养老金资产管理业务。其中，养老金计划管理业务主要包括参与者教育、报表填写、账务处理等，以满足客户的个性化咨询服务需求，起到资金引流的作用；养老金资产管理业务主要包括受托管理及投资管理，为客户实现风险管理与资产增值目标提供"标准化解决方案"。该方案包括不同的投资形式、投资标的、投资策略。如摩根大通的养老金资管业务在"Asset & Wealth Management"板块，既提供权益、固收、另类、货币等各种主要资产类别的资管产品，也针对广大客户的需求，提供多元资产组合的投资管理方案。在产品组合上，境外商业银行不仅在资产管理产品上进行创新，还通过整合不同业务板块形成矩阵式产品组合，满足客户一站式需求。

养老金融服务模式上，国外商业银行在高端养老护理服务上与第三方合作的深度更广，为老龄客户提供的"一站式养老金融"服务更全面，模式更成熟多样。一是与第三方机构合作，向客户提供"补充养老服务"。如美国银行通过旗下信托公司"美国信托与美林",引导客户到第三方养老机构享受特定折扣,与豪华旅游公司合作,利用外部机构满足客户需求,扩大对客户的健康关爱服务。二是以分档养老服务费的方式,为客户提供健康养老解决方案。如摩根士丹利财富管理公司协同巴尔的摩健康顾问公司 Pinnacle Care 合作,通过由简单到多元的三个层次会员制,为客户提供健康关爱服务。基本档可为客户提供基本的居家生活评估和医疗咨询服务。中间档为客户提供专业个人健康顾问、旅行助理和全天候应急服务。最高档为客户提供医疗费用和保险索赔等关乎客户健康与医疗需求的服务。三是综合性养老解决方案。美国银行的"Merrill Lynch Clear"方案,为客户提供住房、理财、健康评估、休闲服务等一站式服务,全方位涵盖老年客户生活。

境外养老金融服务经验表明,商业银行更多站在客户生活的角度上,按照其生活中财务规划和解决方案提供一站式养老金融服务,而非简单推介产品。为了了解客户多元化生活目标与跨生命周期的财务管理需求,海外成熟机构会与客户分阶段地进行持续沟通,再根据目标提供包括财务规划、退休规划、房产管理、养老社区和保险保障等在内的一揽子金融服务。其以投资咨询服务作为服务前端,养老金资产管理和增值服务作为服务后端的养老金融服务模式值得借鉴。为个人客户进行财务规划和提供解决方案,既能显著提升客户黏性与信任,又能增加业务价值。富国银行统计显示,科学的财务和养老规划能让93%的客户了解自己的目标,88%的客户觉得有能力过上计划的生活。信安金融2022年调查数据显示,投资者在投资理财决策时面临三大担忧:回报率赶不上通货膨胀率(33%)、投资持续损失(31%)和缺乏可靠信息来源(29%)。而当投资者获得金融专业人士的支持时,其投资信心水平大幅提高到85.7%。

三 商业银行开展养老金融服务的禀赋和优势

我国老龄化的问题需要整个养老体系以及相应的金融体系予以变革来应对。商业银行不仅具备渠道与客户等天然资源禀赋,还有自身独特的优势,如理财产品创新灵活、投资范围广泛和投资能力突出以及敏锐的端对端数字化流程等。商业银行开展养老金融服务，对完善我国多层次养老金体系，引导居民将储蓄养老转变为投资养老，为资本市场和经济发展带来长期的资金，助力融资体系转变和养老金体系优化至关重要。

（一）商业银行开展养老金融服务的必要性和紧迫性

一是有助于完善我国多层次养老金体系，减轻人口老龄化背景下财政压力。与发达经济体相比，我国养老金体系三大支柱比例失衡，截至 2023 年末，我国养老金第三支柱规模仅约为 280 亿元①。作为我国金融体系最重要的组成部分，商业银行在品牌、网络和客户等方面优势显著，同时能够通过创设养老理财产品等，发力养老金融服务，满足个人对养老金融资产配置以及保值增值的需求，夯实居民养老财富储备，有利于促进第三支柱发展，形成安全稳健的个人养老资金储备，弥补第一、第二支柱覆盖范围及替代率短板，缓解人口老龄化背景下我国基本养老金财政压力，也有助于形成覆盖全民、权责清晰、保障适度、可持续的多层次社会保障体系。

二是商业银行的战略转型升级要求其尽快布局养老金融服务市场。随着我国经济全面进入新常态，银行业告别十余年快速增长期，粗放的发展模式带来的资产质量承压、客群基础薄弱等问题凸显，银行亟待寻找新的业务增长点，实现内涵式发展。在老龄化问题不断加深的大背景下，提供契合老年或者备老客户需求的金融服务将成为银行不容忽视的重要战略方向。另外，养老金的投资周期长、注重相对收益的特征可以发挥银行在风控方面的优势，同时也有益于优化银行自身的资产负债结构、压缩营运成本和平滑经济周期波动。商业银行围绕客户养老需求，解决老年人群养老、康养需求，构建从产品至服务的全生命周期养老金融服务体系，不仅可以促使商业银行"以产品为中心"向"以客户为中心""以综合解决方案为中心"的转型，

---

① 《个人养老金制度将全国推行，如何撬动更多"职场人"参与?》，https://news.cctv.com/2024/04/11/ARTIyN7O5F3HHBy6gNHsZshf240411.shtml。

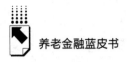

也有利于商业银行拓展业务领域，挖掘客户需求，提升客户黏性。

三是从商业银行自身业务发展和经营角度出发，布局养老金融服务有必然性。养老理财产品的天然属性和当前商业银行客户追求低风险、低波动、绝对收益理念的高度契合，向现有客户推广的成本较低，在较短的时间内易形成业务规模并产生经营利润。当前，基金公司和保险公司在养老金融服务开发、布局以及投资者教育上均领先于商业银行。在人口老龄化的大背景下，老年人群未来将是银行的重要客户，如果老龄客户占比较高的商业银行在养老金融服务布局上仍无所作为，银行将失去这一重要客群和市场，因此，为了自身经营和发展，商业银行需要尽快布局养老金融服务市场。

作为居民最信赖的金融机构，商业银行通过发售养老理财产品，提供个人养老投资咨询及管理，有利于引导家庭部门将短期储蓄变为专业机构运营的"长钱"，推动间接融资体系向直接融资体系转变，并有利于将正确的投资理念和规范化的运营模式引入资本市场，改善资本市场投资环境，从而更好地服务实体经济，助力经济转型。

（二）商业银行开展养老金融服务的禀赋和优势

截至2023年末，银行理财规模26.8万亿元，在各类机构中占比最高，是中国资产管理行业当之无愧的主力军。与其他金融机构相比，商业银行客户庞大，渠道广泛，品牌优势突出，在养老账户管理、老年资源和产品配置上有天然的优势。此外，商业银行具备强大的投研优势和敏捷的端对端数字化流程等独特的禀赋，能够通过创设灵活的养老金融产品，满足不同养老服务场景下客户对理财产品的定制需求，有望在养老金融市场快速发展中率先成为提供"一站式"服务的养老金融综合服务商。

1. 天然优势

广泛的网络渠道。目前，商业银行各分支机构仍是理财产品的主要销售渠道。全国各商业银行的网点数目已超过十万个，几乎覆盖了100%的县级及以上区域，商业银行已成为居民购买各类金融产品的首选途径。商业银行遍布广泛的营业网点为销售养老金融产品提供了极大的便利。由于大部分中老年客户不熟悉线上业务，所以线下营业网点是他们购买养老金融产品的重要渠道。此外，商业银行还拥有网上银行、手机银行等线上渠道体系。商业银行以庞大的服务网络和众多的业务人员为途径，能够实现养老金融服务的广泛覆盖，有利于更多的人群接触和购买养老金融产品和服务。

丰富的客户储备。不是每个人都有保险，但是几乎每个人都有银行账户，商业银行拥有金融行业最广泛的企业客户和个人客户群体，在与客户的金融业务往来中，与客户联系紧密，具有快速了解客户各种现实需求和潜在需求的条件。此外，银行是目前最主要的养老金发放渠道，而个人养老储备也主要以储蓄存款等形式存在于商业银行，因此，银行不仅具有最庞大的客户基础，也与当前和未来的老龄客群建立了亲密的联系，商业银行具备充分利用这一资源的优势，开展养老金融服务。

成熟的账户管理体系。商业银行在养老三大支柱中担任账户管理人和托管人的角色，具备成熟的账户管理体系。商业银行依托一类账户开设优势，积极布局养老金账户，在开立账户时可直接实现养老金融客户的获取和养老金融服务的开展。商业银行还可通过账户体系建设，将养老储蓄、养老理财、基金、保险、养老消费、金融科技等各类业务归集整合，为客户提供全品类个人养老金特色产品体系及综合化养老金融服务。

2. 商业银行在养老理财产品创设和金融科技上的独特优势

一是强大的投资能力使其拥有灵活的养老理财产品创设能力。商业银行理财子公司在投资准入上拥有全牌照优势（见表1），这使其拥有比其他资管机构更为丰富的投资标的、更为灵活的投资策略，有能力实现动态资产配置策略和多资产低波动策略，具备创设与客户生命周期匹配的养老理财产品的能力，可满足客户的养老需求以及不同养老服务场景下客户对理财产品的定制需求。

二是结合敏捷的端对端的数字化流程，更快触达客户需求，实现综合投顾服务。近年来，在科技金融战略引领下，商业银行加大金融科技投入，建立了敏捷的端对端的数字化流程。其面向养老客户及服务场景提供服务，可保障业务独立性和弹性扩展，实现业务敏捷化。商业银行系统可以对客户的年龄、风险等级、投资经验、资产情况、投资收益等进行个性化的全视图分

表 1　资管机构产品投资范围对比

			存款	大额存单	同业存单	标准化债权	非标准化债权	股票	未上市企业股权	商品及衍生品	商业银行信贷资产
银行理财	商业银行	公募	√	√	√	√	√		×	√	
		私募	√	√	√	√	√	√	√(封闭式)	√	
	理财子公司	公募	√	√	√	√	√	√	×	√	
		私募	√	√	√	√	√	√	√(封闭式)	√	
信托计划	资金信托	开放式	√	√	√	√	√	√	×		
		封闭式									
	组合类产品		√	√	√	√	√	√		√(避险)	×
保险资管（非保险资金）	股权投资计划		√		√	√（可转债）	×	√	√	×	
	债权投资计划		√		√	√	√		×	×	
公募基金			√	√	√	√	×	√	×	√	
私募基金	开放式		√	√	√	√	×	√	√	√	
	封闭式		√	√	√	√	×	√	×	√	
私募资管计划			√	√	√	√	√	√	√	√	
AIC	债转股投资计划		√	√	√	√	×	×	×	×	

资料来源：上海法询金融信息服务有限公司整理。

析；利用人工智能配置模型对客户退休需求与各类金融产品特征要素进行匹配分析，生成专业资产配置建议；财富顾问与客户交互资产配置建议，在客户认可后通过手机一键下单。此外，以商业银行为核心探索打造数字化的开放服务平台，还有利于与第三方养老机构客户管理对接，拓展服务场景。

四　商业银行布局养老金融服务构想

针对当前养老金融发展所面临的困境，商业银行可在借鉴境外成熟市场养老金融发展经验的基础上，充分利用自身禀赋资源，在养老金融服务模式和投资者教育上做如下发力。

（一）养老金融服务模式设想

境外实践表明，根据客户养老需求，为其提供个性化的养老金融规划和解决方案，既是商业银行转型的必然要求，又是其着眼于长远，体现自身价值的必然选择。因此，基于当前实际，商业银行可逐步构建由简单的产品叠加增值养老服务模式，向复杂的"一站式养老金融规划服务模式"和"养老金融生态圈"模式逐层推进的服务形态。

1.　"养老理财产品+增值服务选择"模式

任何金融消费的促成都依附于客户的感性认知和理性决策。在养老金融产品和服务中嵌入医养服务权益，可更好地迎合中老年客户的健康养老需求，使金融产品更具温度，使客户获得温暖的关怀和舒适体验。当前，医疗挂号服务、养老床位、术后护理和养老旅居均属于稀缺服务资源。商业银行可通过理财子公司与高端医疗机构、养老院机构、护理机构合作开发养老理财产品。客户购买的养老理财产品达到一定的额度时可获得养老机构优先入住权或者居家护理等其他权益。在争取该机构的床位优先入住权时，商业银行应通过签订排他性条款，增加双方对合作的投入和承诺，从而与客户之间形成持续的输出服务形态，以增强产品竞争力和客户黏性。对此，2024 年 1月 15 日颁发的《国务院办公厅关于发展银发经济增进老年人福祉的意见》

中也提到"加强养老金融产品研发与健康、养老照护等服务衔接",给予该养老金融服务模式的构建以政策性指导。

2. "养老规划咨询服务+理财产品"的一站式养老金融服务模式

养老规划既包括在财富积累阶段规划如何谨慎地积累养老的财富,也包括在退休后规划如何可持续地进行养老支出。国外经验表明,制定合理的积累和支出策略是理财经理能为客户提供的最有价值的服务之一,很多理财经理把 80% 的时间花在了为客户进行养老规划上。[1] 而根据目前政策,养老金第三支柱实施由个人在商业银行开立唯一的个人养老金投资账户,然后自主或者委托开立机构进行养老投资品选择。随着国内养老金融产品的逐渐多元化,以及未来国内养老税收等基础制度的不断完善,国人的养老金融规划也将更为专业化和个性化,这对金融机构和投资者本人都提出了较高的要求。

作为居民获取养老投资理财产品的首要渠道,商业银行可以凭借专业的理财经理服务,借助理财规划软件的辅助或者同智能投顾机构合作,为客户实施"一对一"定制化的养老理财规划服务。根据客户的投资和养老生活目标,为用户提供投资规划、养老生活规划等投资咨询服务。在为其制定合理的养老金积累和支出策略的同时,匹配适合的养老理财等金融产品,并定期检视和动态调整方案实施效果,从而精准触达客户的支出保障需求、资产配置需求和老龄生活服务需求。

3. "养老金融生态圈"模式

一是"居家养老服务生态圈"模式,为居家养老和社区养老提供支撑,助力"一刻钟"居家养老服务圈。[2] 商业银行因其物理网点布局和人员队伍优势,天然具备成为居家养老和社区养老的落地实施机构的条件。如中国邮政储蓄银行的 4 万个网点广泛分布在城乡社区,可以充分发挥其网点分布优

---

[1] 哈罗德·埃文斯基等:《新财富管理》,翟立宏、杜野、张雄杰译,机械工业出版社,2015,第 211 页。

[2] 2019 年初,国家发改委等 18 部门联合发布《加大力度推动社会领域公共服务补短板强弱项提质量促进形成强大国内市场的行动方案》,提出到 2022 年,全面建成以居家为基础、社区为依托、机构为补充、医养结合,功能完善、规模适度、覆盖城乡的养老服务体系。

势和邮政网络特点，将网点改造为社区养老服务中心，包含养老护理、情感关怀、图书馆及金融服务等；并加强员工培训，使其可以向社区老年客户提供陪护、休闲、心理关怀等基础服务，有条件的情况下提供营养餐饮、基础家政等延伸服务，走入社区，走进家庭，践行"以人为本"，提供更有温度的金融服务。

二是加大养老产业投资，打造"养老理财+养老服务+资产管理"的闭环。居、养、乐、医是老人四大核心需求，衍生出四大养老产业。银行理财资金一方面可以在投资端助力养老产业投资，尤其是在养老地产、养老服务运营和养老信息化建设、医疗健康等方面加大投资力度；另一方面可以在增值服务领域，通过被投企业及其产业链，为理财客户提供如高端养老院床位、高端医疗服务、高端健康体检等服务资源，并尝试通过合理的产品设计，实现养老服务为落地实体，资产管理为金融保障，养老理财为中间纽带，三者形成闭环，围绕养老客户打造出"养老服务生态圈"。

三是打造"线上线下生态圈"模式，商业银行可利用手机银行和客服中心为老年客户提供智能养老服务。例如，可以在手机银行和客服中心中嵌入智能养老服务功能，联合专业服务机构，使老年人通过手机银行 App 和客服热线联系到所需的服务和获得生活健康咨询，如紧急救助、安全预警、智能关怀、走失定位、居家购物、智慧家政、辅助挂号、预约服务等，并可创建"老人—子女—银行"三方联动模式，通过手机 App、上门服务等方式加强服务互动，使线上服务生态与线下服务网点无缝衔接，为老年客户提供全方位、人性化的服务支撑。

（二）开展投资者教育

商业银行做好养老金融投资者教育，是发挥专长、服务民生、践行社会责任的具体实践，应充分利用渠道和客户资源优势，强化个人客户对于养老规划与长期养老金投资的理念，让个人客户"养老有规划、时间有概念、投资有手段、未来有保障"。

一是投资者教育的内容应全面、通俗易懂，并与客户生活场景紧密结合，启发客户养老储备意识。商业银行基于渠道的便利性,利用遍布全国的物理网点、电子银行,通过向客户分发养老金融知识读本普及相关知识点,知识点应覆盖全面,涵盖不局限于储蓄、证券、保险等方面的知识,以通俗易懂的语言、图片形式显现。在内容策划上,还应将相关金融知识与客户息息相关的生活场景紧密结合。如境外机构把人的生命周期分为几个重要的人生阶段:步入职场、成立家庭、置业安居、生儿育女、退休、遗产规划,每个阶段都有对应的养老财务规划与理财小技能的相关内容。场景也包含生活中的突发和意外事件,如失业、患病等,并相应制作相关的养老规划投教内容。

二是投资者教育的方式上,应重视投资者的需求与体验,形式丰富多样。随着互联网普及,养老金融投资者教育可实现线上与线下相结合,以出版刊物、视频教学、游戏、模拟体验、线上交流、知识竞赛、专题活动等丰富多样的形式吸引受众兴趣。如 VISA 开发了线上理财小游戏,玩家可根据游戏角色的社会背景、财务状况等选择角色,模拟角色为生活中遇到的养老金不足、清偿债务等状况做出财务规划和决策,并获得系统的评估和建议。而针对投资理财受骗,新加坡金融管理局为投资者设计了模拟海岛休闲度假区投资骗局的线上游戏,引导投资者进行"投资",让投资者亲身体验投资骗局,从而更直观地了解投资骗局特点,达到规避风险的目的。

三是细分客群开展定制化课程,树立品牌形象。养老金融需求的覆盖范围广,处在不同生命阶段的需求也各有不同,同时处于不同社会环境的群体在学习能力、知识水平、对金融市场的认知与态度等方面也存在较大差异,因此商业银行在开展养老金融的投资者教育时,应根据受众的年龄、受教育程度等方面对受众进行细分,针对不同的群体定制不同的金融课程,打造属于自己的养老投教品牌。例如,对于县域农村客群,就要先从基础的养老制度和金融法律知识开始,由易到难、从简至深地开展进阶式普及;对于投资经验相对丰富的企业主等富裕人群,其养老规划往往与企业传承和遗产规划相互交织,需要在税收筹划和风险管理方面有所侧重;由于女性群体天然面临的长寿风险更大,因此对于女性群体,尤其是单身女性群体则需要更早地树立其养老金储备意识。

五 配套机制措施

实现"老有所养",需要国家、企业和个人共同努力。对于商业银行开展养老金融服务业务而言,一方面,需要政府管理部门和金融监管部门继续推进养老金体系相应的制度、指引、实施细则等规范性文件出台;另一方面,需要商业银行加强业务研究,加快业务布局,切实把居民的养老金保值增值需求落到实处,建设养老生态圈,切实满足广大居民的养老金融康养一体化需求。

一是加强组织领导,成立专门的团队。养老金融业务运营关乎百姓利益、关乎民生福祉,养老金融涉及产品设计开发、第二支柱营销及产品销售、投资、风控、信息系统、客户管理、第三方合作,需联络协调政府机关、行业组织、企业年金委托人、企业年金受托人、个人投资者、银行部门以及增值服务提供方如体检、康养机构等,服务内容则包括受托管理、账户管理、托管、管理顾问、投资、权益信息管理、信息存储与查询和代理服务等,养老金融服务是一个复杂的系统工程,需成立专门的团队来推进。

二是打造养老生态圈,满足客户一站式养老金融服务需求。银行在商业养老金领域独具禀赋,其在渠道布局、客户资源、品牌信誉等多方面具有天然优势。商业银行应充分利用优势,打造"财富+养老"一站式服务商。在具体分工上,商业银行充分发挥客户资源和客户管理优势,把握客户触点,做好账户和客户管理,同时引进养老增值服务第三方,与健康医疗机构和养老社区运营商形成生态结盟,落实、服务好广大养老金客户的养老增值服务需求;银行理财子公司应充分发挥投研优势,做好投资管理,为养老资金创造稳健可持续的收益。

三是协同做好风险防范,加强老年金融教育。针对养老金投资运作,建立单独的风控体系和风险分析框架,确保其独立于其他投资的投资理财,明确收益指标、风险指标、风险调整收益指标等量化指标,确定可以承受的风险敞口并细分。针对养老理财产品,对每只产品提取风险准备金,准备金的提取应覆盖产品整个生命周期。针对叠加的养老增值服务，明确合作方的权利和义务，并在投资者进行权益消费时充分说明。同时，将养老金融教育理念融入养老金产品的设计、投资、信息披露、投后管理等各个环节，根据投资者的不同风险偏好和收益特征进行差异化咨询和辅导，建立以客户和产品为导向的养老金融教育体系。

参考文献

董克用、姚余栋主编《中国养老金融发展报告（2023）》，社会科学文献出版社，2023。

B.11
养老金领取框架下公募基金产品
创设的借鉴与启示

胡兵 桑敏 崔陈晨*

摘 要： 退休期或领取期管理基金是一种旨在帮助投资者将缴费期所积累的养老金资产转化为退休后分期收入，同时实现退休阶段待领取资产保值增值的基金产品。该类基金最早于2007年在美国推出，截至目前已在全球多地发行，部分基金已成为第二、第三支柱养老金的配套产品。但从境外发展效果看，由于投资策略有效性不强、实际效用与投资者需求预期有偏差等原因，整体发展不及预期。我国境内虽尚未发行该类公募基金，但在养老投资策略应用和定期支付两方面已积累了一定实践基础。在发展境内退休期管理公募产品时，应聚焦领取期需求，锚定更加稳健的收益目标，重点做好与领取期现金流相匹配的投资策略安排、满足养老金定频足额领取需求。未来，应坚持发挥公募基金投资管理优势，通过加强对领取期有效投资策略的研究、探索拓宽投资渠道、优化满足养老金领取的基金支付机制、建立针对养老类公募基金的收益演示机制等举措，探索养老金领取框架下的公募基金产品创新研发，为助力我国养老金融高质量发展贡献更多力量。

关键词： 养老金领取 公募基金 产品创设

---

* 胡兵，华夏基金养老金业务总监、董事总经理，主要研究方向为养老金资产管理；桑敏，华夏基金养老金管理部产品团队负责人，主要研究方向为养老金资产管理；崔陈晨，华夏基金养老金管理部产品经理，主要研究方向为养老金资产管理。本文仅代表个人观点，与供职单位无关。

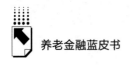

一 公募基金服务退休期养老金管理的现实需求

随着养老金参与人的结构性转移以及投资环境的日益成熟，我国养老金财富管理重点将逐步从财富积累转向兼顾养老金领取的管理规划。近年来，我国人口老龄化问题愈加严峻，国家已将积极应对人口老龄化上升到国家战略层面，并密集出台了多项支持政策。公募基金探索发展服务退休期的养老金管理产品，是响应国家战略部署的具体实践，具有重要意义。

一方面，是积极应对人口老龄化及养老财富管理的具体举措。从人口结构变化看，截至 2023 年末，我国养老金领取人数超 3.1 亿人，占同期参与人总数的 30%。其中，企业年金领取人数超 300 万人，2012 年以来企业年金领取人数的年均复合增长率达 18%，呈现高速增长态势。从养老金积累水平看，我国多支柱养老金体系建设成效显著，体量逐步扩大。截至 2023 年末，市场化运营养老金总规模已超 10 万亿元。在此趋势下，我国退休后养老财富管理需求将增多，公募基金应发挥自身优势，进一步做好应对准备。

另一方面，是适应全生命周期养老金管理需求的必然选择。作为养老金投资管理的主力军，公募基金行业深耕养老金领域多年。但在新形势、新挑战之下，基金产品不应只定位于目前普遍的单一功能财富管理工具，应拓展能力边界，锚定投资者全生命周期的养老财富管理需求，建立能够有效应对定期待遇领取需要的养老财富管理方案。同时，加强对领取阶段风险收益目标的理解，创设更多针对领取期资金需求特征的有效投资策略。

为充分发挥公募基金在投资增值方面的产品优势，更好地服务广大人民群众退休期养老金管理需求，我们对境外退休管理公募基金以及境内相关属性的金融产品发展情况进行了梳理研究，以期为我国探索创设养老金领取框架下的公募基金产品，形成一站式退休金管理服务体系，提供参考借鉴。

二　境外退休管理公募基金的发展经验

（一）产品诞生背景

20 世纪末以来，全球补充养老金快速发展。以美国为例，一方面，可投资类养老金账户资金规模逐步增加，为计划参与人在退休时贡献了可观的资金积累。自 1997 年起，美国补充养老金市场规模已近 10 万亿美元，占当年 GDP 比重超过 100%，成为美国民众退休收入的重要来源。另一方面，将这笔钱在退休后继续保留在养老金计划中的诉求日益普遍。如何在帮助退休人员实现养老金稳定支取的同时更好地将留存资金保值增值，成为养老金管理行业新的挑战与机遇。

在此背景下，退休管理基金产品应运而生。该类产品最早于 2007 年在美国诞生，研发初衷是旨在帮助基金投资者在达到一定年龄后，能满足美国法规对养老金账户待遇领取设定的最低领取额要求（Required Minimum Distribution, RMD）[1]。此后，随着各国养老金制度体系的不断发展完善和人们退休金收入的提高，养老金领取期的资产管理需求在英国、日本、中国香港等一些养老金制度体系发达的国家和地区日益普遍。目前，多地已发行了功能类似的退休管理类公募基金，并且部分已成为第二、第三支柱养老金制度的配套产品。

（二）整体设计思路

整体来看，退休期或领取期管理基金从功能目标角度可分解为：一是帮助投资者将工作期缴费积累的养老金资产转化为退休后的分期收入；二是实现退休后账户资产的保值增值。我们选取了几个主要市场的退休管理类基金产品作为研究样本，并对该类产品的设计思路进行了梳理总结（见表 1）。

---

[1] 根据 2024 年最新规则，当养老金账户持有人年满 72 岁时，通常必须每年开始从传统 IRA、SEP IRA 和退休计划账户中提取符合要求的最低金额，以确保美国国税局能获得税收。

表1　全球退休管理类基金研究样本的基本特征

市场	基金名称	运作形式	配置策略	领取策略安排	是否配套养老金计划
美国	富达退休收入管理类基金	FOF	下滑曲线模型	本金消耗型系统领取计划;投资者可自愿选择是否加入;通过赎回基金份额进行定期支付;支付金额与年龄、业绩等因素挂钩	—
	先锋生活策略稳健增长基金		目标风险模型	原产品属于本金消耗型系统领取计划,并设置了固定领取比例;后转为普通产品,但可搭配领取计划;在投资顾问的帮助下设置领取金额;通过份额赎回实现	—
	普信退休收入系列基金		下滑曲线模型	本金消耗型系统领取计划;通过赎回基金份额进行定期支付;前5年设置了固定的支付比例,与业绩表现挂钩;后续年份采用浮动形式进行定期支付	—
英国	法通退休收入基金		动态资产配置(类似下滑曲线按年龄调整权益配置)	本金消耗型系统领取计划;通过赎回基金份额进行定期支付;投资者可以自定义领取金额;到期日期前基金资产全部支付完毕	—
日本	野村日本债券股票平衡基金		恒定股债再平衡策略(两只特定子基金)	达到退休年龄前无定期支付;达到退休年龄后可转化为养老年金	服务第二支柱DC和第三支柱
中国香港	宏利MPF退休收益基金	直接投资	动态资产配置(权益在20%~60%)+每月派息	当投资者年满65岁或提早退休时,可选择每月或每季提取固定金额,或者一次性全部提取本金及收益	强积金计划中的一个成分基金

资料来源:各产品发行机构网站。

从投资策略上看,美国、英国的退休收入管理基金多通过常用的TDF、TRF或类似下滑曲线等策略实现动态资产配置调整。并且,这些策略多是在机构已有的常规TDF或TRF产品基础上,结合退休人员的风险收益偏好,对下滑曲线或目标风险的权益中枢进行调整后形成的。此外,也有产品采用普通FOF策略和直接投资模式。

从领取安排上看,为满足领取金额和频次要求,多采用可分本金的自动赎回模式，通过直接嵌入产品条款或采用标准基金搭配领取计划的方式实现。同时，还会根据具体产品定位，承诺领取期限或约定支付比例。例如，美国多采用"养老公募基金+单独领取计划"的形式，在最大限度复用已有基金产品的情况下，为投资者搭配更灵活的领取安排，以实现美国国税局对养老金计划规定的最低取款额度要求。样本中英国法通公司（Legal & General）的退休收入基金产品，约定了领取到期日，旨在帮助退休者在退休后的一段时间内获得定期收入，同时允许投资者根据自身风险偏好与投资目标，灵活调整账户的定期支付额度，最终在到期日将基金资产全部支付完毕。可见，领取方案设计中，预计领取金额、频率、本金消耗与否、支付水平是否挂钩业绩、叠加领取计划等，是重要的考量因素。此外，日本和中国香港的研究样本，都是匹配第二或第三支柱养老金计划的全生命周期基金，在缴费期实现基金积累后，自退休期开始待遇领取。

为详细探究境外退休管理类基金的发展情况，我们选取在使用场景、投资策略和领取安排上相对更具有代表性的美国富达退休收入管理类基金和香港宏利 MPF 退休收益基金作为研究案例，以期见微知著。

（三）美国富达退休收入管理类基金

1. 产品定位

富达为养老金领取阶段投资者设计了两个系列的公募产品，一个是"富达纯粹最低取款系列"（Fidelity Simplicity RMD Fund），另一个是"富达退休管理系列"（Fidelity Managed Retirement Fund）。两个系列的主要功能一致，但聚焦的细分服务对象有所差别。富达纯粹最低取款系列旨在服务即将或已达到法定 RMD 年龄（最新标准为 73 岁）而必须领取养老金的投资者，为他们提供符合美国国税局规定的最低取款额度；而富达退休管理系列旨在为刚退休不久且未来将面临养老金账户 RMD 最低领取金额要求的投资者，提供综合收入管理及解决办法，领取比例一般高于富达纯粹最低取款系列（见表2）。

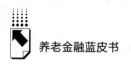

表2 富达退休收入管理类基金设置情况

单位：%

系列名称	系列目标	基金名称	匹配的投资者生日	推算出所适配投资者的当前年龄	当前权益仓位
富达纯粹最低取款系列	为即将达到RMD年龄的人设计，在达到RMD的10～20年后逐步与Simplicity RMD Income Fund的资产配置水平靠拢,并最终与之合并	Fidelity Simplicity RMD income fund	1937年及之前	87岁以上	22
		Fidelity Simplicity RMD 2010 fund	1938～1942年	82～86岁	31
		Fidelity Simplicity RMD 2015 fund	1943～1947年	77～81岁	41
		Fidelity Simplicity RMD 2020 fund	1948～1952年	72～76岁	50
		Fidelity Simplicity RMD 2025 fund	1953～1957年	67～71岁	57
		Fidelity Simplicity RMD 2030 fund	1958～1962年	62～66岁	64
富达退休管理系列	为60岁及以上刚退休，未来会面临RMD的投资者设计，最终资产配置会在达到RMD年龄向Managed Retirement Income Fund靠拢,10～20年后最终并入	Fidelity Managed Retirement income fund	1937年及之前	87岁以上	22
		Fidelity Managed Retirement 2010 fund	1938～1942年	82～86岁	24
		Fidelity Managed Retirement 2015 fund	1943～1947年	77～81岁	30
		Fidelity Managed Retirement 2020 fund	1948～1952年	72～76岁	37
		Fidelity Managed Retirement 2025 fund	1953～1957年	67～71岁	43
		Fidelity Managed Retirement 2030 fund	1958～1962年	62～66岁	48
		Fidelity Managed Retirement 2035 fund	1963～1967年	57～61岁	53

注：数据截至2024年3月末。

资料来源：富达官网，https：//www.fidelity.com/mutual-funds/fidelity-funds/overview。

两个系列都下设了多只目标日期基金（命名规则为：20XX fund）和一只稳健配置基金（命名规则为：income fund）。与积累期的养老目标基金不同，退休管理基金名称中的数字代表的不是投资者的退休日期，而是投资者达到法规要求必须从养老金账户中最少按照RMD进行资金领取的年份（Horizon Date）。根据目前的产品设置，"富达纯粹最低取款系列"下设5个对应不同最晚领取年份的目标日期基金，而"富达退休管理系列"设有 6 个对应不同最晚领取年份的目标日期基金。在同一时点上，最晚领取年份设定越近的产品，配置方案越保守、权益类资产配置中枢越低，整体的收益、风险目标也更趋于稳健。对于任一产品，在到达最晚领取年份的 10 ~ 20 年后，当产品的战略配置中枢与系列中稳健配置基金（权益仓位在 20% 左右）一致时，该年份的目标日期基金将被并入稳健配置基金中。

对于投资者来说，可以根据自身情况，申购适配的目标日期基金，并在达到与基金名称中目标日期基本一致的法定最晚领取年份时，开始通过配套的领取计划，逐步赎回其基金份额，实现定期领取的目的。

2. 资产配置

富达两个系列的退休管理基金均采用 TDF 策略，底层投资于一系列富达基础基金。与普通的养老目标基金类似，两个系列的退休管理基金在战略资产配置中枢层面均分别设有一条下滑曲线（Glide Path）。在基于下滑曲线得到长期战略资产配置中枢的基础上，允许投资经理进行上下 10% 的战术配置比例调整，以反映投资经理的短期择时判断。

为进一步研究富达领取期下滑曲线的设置情况，我们对聚焦领取期的"富达纯粹最低取款系列""富达退休管理系列"，以及偏重积累期的"富达自由收入系列"三个系列的目标日期基金的下滑曲线进行横向对比，总结出了以下三个特点。

（1）退休阶段的下滑曲线，均呈"前高后低"的趋势。在投资初期 50 多岁时配置约 60% 较高比例的权益类资产，随着时间的推移，资产配置会趋于保守，逐年降低权益类比例，最终在 85 岁左右降至 20%，以匹配投资者随年龄增长而不断降低的风险承受能力，同时提高现金类比例以提升资产流动性保证定期领取额度。且考虑到美国股市增长性以及美国养老金账户持有人经济水平普遍较好，退休金领取需求迫切性不高，产品在退休阶段仍保持较高权益仓位（见图 1）。

（2）富达纯粹最低取款系列下滑曲线上不同年龄对应的权益仓位，整体较富达退休管理系列更高，最终在 90 岁左右趋同。究其原因，或是因为

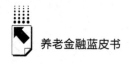

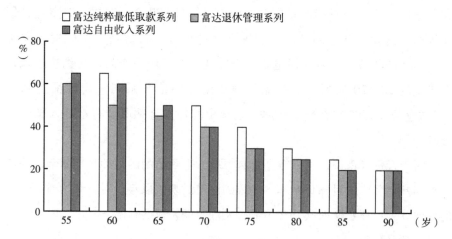

图 1 富达三个系列目标日期基金在退休阶段的下滑曲线权益仓位对比

注：数据截至 2023 年 9 月 29 日。

资料来源：根据各系列基金的招募说明书披露的下滑曲线整理。

服务 70 多岁即将领取人群的富达"纯粹最低取款系列"，较服务 60 岁左右退休新人的"退休管理系列"，资金积累期更短，投资者在申购基金的同时基本就要启动定期领取，因此需要更高的权益投资增厚收益，以维持一定的领取期限。

（3）退休管理基金的下滑曲线与普通目标日期基金在退休领取阶段的设置差异不大。从权益仓位设置看，或是为了退休阶段两类基金产品的转换，富达退休管理系列基金的下滑曲线与富达旗下自由收入系列普通养老目标日期基金下滑曲线退休阶段设置基本相同，但同时也说明，富达退休管理系列基金并没有体现出专门针对退休阶段投资者现金流特点的资产配置特征（见图 2 至图 4）。

3. 领取安排

富达退休管理系列基金的领取安排主要通过产品之外单设的系统性领取计划（Systematic Withdrawal Plan，SWP）实现。持有人可以自愿加入，加入后可以随时暂停或退出；也可以不参加系统性领取计划，只将富达退休管理系列基金视为传统的共同基金进行投资。该领取计划属于本金消耗型，定

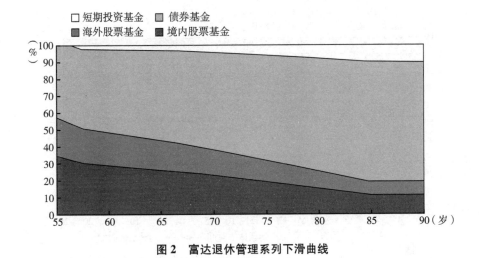

图2　富达退休管理系列下滑曲线

图3　富达纯粹最低取款系列下滑曲线

期支付是通过赎回基金份额来实现的。

　　领取计划下的提款频次可以是月度，或自主选择提取周期。领取的金额取决于投资者的年龄、退休收入需求、基金的投资业绩和投资金额等因素，通常会每年变化。如果投资效果不理想或出现市场性风险等，未来投资期限内的计划提款额度可能会受到影响。根据投资者不同的风险偏好以及承受能力，富达退休管理系列基金在具体操作上可以对年限、每月计划提款额度进

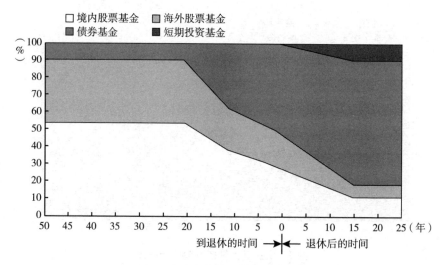

图4 富达自由收入系列下滑曲线

资料来源：各系列产品招募说明书。

行不同的设定，一般投资者可以选择定额或一定比例领取。

此外，富达针对该系列基金设置了账户最低持有量要求。随着不断领取带来的基金账户价值降低，当投资者账户中的基金余额由于任何原因低于1000美元时，富达可以出售所有剩余的基金份额。在执行该操作之前，富达将至少提前30天通知持有人是否购买基金以满足最低额度。

4. 收益及规模情况

收益方面，截至2024年第一季度末，富达两个系列退休收入管理类基金下的13只基金产品在过去5年和10年平均年化收益率均集中在3%~5%，近一年收益率在5%~15%，虽然取得了一定水平的投资回报，但相较市场中其他可比目标日期基金，收益表现并不亮眼，晨星给出的五星评级普遍为2~3星。

规模方面，虽然富达退休收入管理类基金推出至今已近17年，但总规模只有约2.5亿美元，远低于富达旗下其他普通养老目标日期系列基金约1800亿美元的总规模（见表3）。

表3 富达退休收入管理类基金规模及收益率情况

单位：百万美元，%

系列名称	基金名称	起始运作时间	当前规模	近1年收益率	近5年年化收益率	近10年年化收益率
富达纯粹最低取款系列	income fund	2007年8月30日	30.39	5.96	3.03	3.46
	2010 fund	2007年8月30日	9.89	4.67	3.03	4.02
	2015 fund	2007年8月30日	19.57	9.69	4.59	4.84
	2020 fund	2007年12月31日	47.32	7.27	4.46	5.09
	2025 fund	2019年8月16日	11.77	13.01	2.14（近3年）	—
	2030 fund	2022年12月15日	0.78	14.69	—	—
富达退休管理系列	income fund	2007年8月30日	15.21	5.60	2.70	3.12
	2010 fund	2007年8月30日	6.11	6.10	3.22	3.95
	2015 fund	2007年8月30日	5.81	7.21	3.98	4.49
	2020 fund	2007年12月31日	8.32	5.03	3.86	4.71
	2025 fund	2007年12月31日	49.8	9.67	5.31	5.38
	2030 fund	2019年8月16日	42.26	10.67	1.41（近3年）	—
	2035 fund	2022年12月15日	6.39	11.55	—	—
业绩基准：可比目标日期基金		2000~2010	8.54	4.37		4.36
		2015	9.72	5.07		4.89
		2025	11.61	5.92		5.63
		2030	13.69	2.95（近3年）	—	
		2035	16.14	—	—	

注：资料来源于富达官网，https：//www.fidelity.com/mutual-funds/fidelity-funds/overview，根据各产品月报整理，截至2024年3月末。业绩列示费前收益率，可比目标日期基金情况来源于Morningstar。

（四）香港宏利MPF退休收益基金

1.产品定位及领取安排

香港宏利MPF退休收益基金成立于2020年9月21日，是强积金市场首个涵盖退休前及退休后阶段的派息类投资方案。截至2023年末，该基金规模为 19.42 亿港元，作为宏利环球精选（强积金）计划中的一个成分基金，约占宏利环球精选（强积金）计划 29 只成分基金 3070 亿港元总规模的 1%。

与前文介绍的富达退休管理类基金仅聚焦退休领取阶段并采用 TDF 模式不同，该基金是全生命周期养老类基金，并在直接投资的基础上，通过一定的派息规则设置，为退休人士提供定期及稳定的收益来源，提升客户持有体验。对于 65 岁以下的基金份额持有人，每月派息将自动再投资于宏利 MPF 退休收益基金本身，以寻求资本收益增长；而 65 岁以上的基金份额持有人所获得的每月派息将自动投资于提供本金保障的宏利 MPF 利息基金①。根据产品规则，派息资金来源可以从基金已变现的资本增值、本金或总收入中拨付，同时对是否派息、派息频次、派息率（年领取率）不做任何保证。该产品目标年度派息率为 4%。值得注意的是，由于该基金亦可通过分本金维持派息，因此月度派息模式只是增加了一种基金实现稳定收益的方式，并不完全代表基金资产的保值增值情况（见表 4）。

表 4　宏利 MPF 退休收益基金部分案例时点的派息情况

截止日期	每单位派息（元）	从可分派收入净额支付（%）	从资本(本金)中支付（%）	年度派息率（%）
2024 年 4 月 18 日	0.03	100	0	0
2023 年 10 月 18 日	0.03	0	100	4.56
2023 年 1 月 17 日	0.03	0	100	4.14
2021 年 8 月 18 日	0.03	0	100	3.74
2021 年 1 月 18 日	0.03	100	0	3.65

资料来源：宏利环球精选（强积金）计划基金季报。

---

① 宏利 MPF 利息基金最少 70%投资于港元固定收益金融工具，最多 30%投资于其他资产。资料来源于宏利官网，https://www.manulife.com.hk/zh - hk/individual/products/mpf/manulife-global-select-scheme/retirement-income-fund.html。

领取方面，遵照法规要求，当投资者年满 65 岁①退休年龄或提早退休时，基金提取有以下选项：一是固定以每月/每季提取特定金额，作为退休金的一项收入来源；二是单次部分/全数提取，以满足个人需要。

2. 资产配置及收益情况

该基金采用分散化直接投资模式，20%~60% 投资于股票及与股票相关的标的，其余则投资于债券、存款以及强积金计划一般规则下准许的其他投资。截至 2023 年 12 月 31 日，该基金资产配置情况如图 5 所示，权益仓位合计为 40.1%。

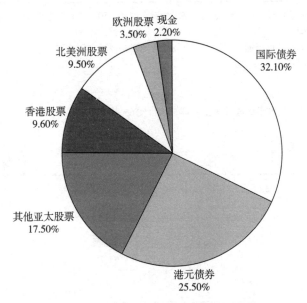

图 5 宏利 MPF 退休收益基金资产配置情况

资料来源：宏利环球精选（强积金）计划基金季报，截至 2023 年末。

为更直观展示该基金的收益水平，我们将其与计划中另外一只适用于退休后养老金管理的同类混合基金进行横向比较（见表 5、图 6）。

---

① 目前香港法定退休年龄为男性 65 岁，女性 60 岁。

表 5　宏利 MPF 退休收益基金与计划内可比基金的累计收益比较

单位：%

基金	产品类型及配置情况	成立时间	近1年收益率	近3年年化收益率	成立以来年化收益率
宏利 MPF 退休收益基金	普通混合基金-全球-20%～60%资产投资于股票及与股票相关的投资	2020 年 9 月 21 日	1.01	-7.43	-4.51
宏利 MPF 65 岁后基金	类 TDF-全球-配置权益资产占比会随着年龄增长自动下调①	2017 年 4 月 1 日	7.16	-2.63	1.67

注：①大致的下滑曲线为，50 岁之前基本为满仓权益，50～64 岁权益配置逐步减少，65 岁及以后基本为债券类配置。

资料来源：宏利环球精选（强积金）计划基金季报，截至 2023 年末。

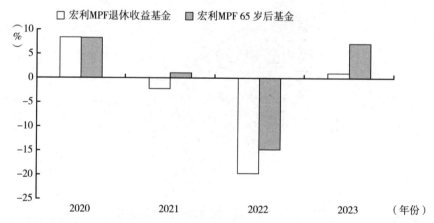

图 6　宏利 MPF 退休收益基金与计划内可比基金的近 4 年历年收益率比较

资料来源：宏利环球精选（强积金）计划基金季报，截至 2023 年末。

（五）境外产品发展经验总结

通过以上总结梳理可以看到，境外公募基金服务退休期养老财富管理需求的产品模式已形成，有以下特点。一是产品类型多样，可以承接养老金管理的多样化需求。产品定位上，有重点帮助投资者满足法规领取要求的，也有主要关注退休期财富积累的。管理区间上，有仅针对退休阶段财富管理的基金，也有配套养老金制度、覆盖缴费和领取的全生命周期产品。投资模式上，有FOF类，也有分散直接投资类。二是创新领取设计，满足投资者个性化方案。首先，产品框架上，针对养老金领取需求，能实现基金本金和收益的共同定期支取，是一种符合现实需求的产品设计。其次，产品对领取期限、频率、金额的设置大多可满足个性化要求，同时允许个人随时购买、随时退出，并且通过领取计划的设置，使产品具备双重性质——既可以作为一般公募产品，也可以作为对接退休收入的特别选择，设计更为灵活。此外，TDF/TRF模式下的系列退休管理基金，几乎覆盖了全部年龄段、风险偏好的投资者，功能清晰，便于选择。

但同时，退休管理类基金发展面临的问题也比较突出。一是基金规模偏小，发展效果不及预期。退休期管理类公募基金的单体规模普遍不大，样本基金的规模基本分布在几亿至十几亿当地货币不等。二是策略有效性、针对性不强，收益表现不尽如人意。部分现有退休管理类基金的投资策略大多是照搬积累期产品下滑曲线或投资策略的设计思路，未能很好地契合退休阶段的资金流特征，没能体现出基金在投资增值上的产品优势，反而会因在养老金资产规模最大、风险最敏感的退休初期采用高权益仓位，给退休金在遭遇市场下行时带来巨大风险和严重损失。

三 境内退休管理属性产品的发展现状

虽然国内尚未发行服务退休期管理的公募基金，但在养老金投资策略研发和定期支付机制应用两方面，已分别落地了养老目标基金和定期支付基金，为未来探索发展一站式投资增值和定期支付的退休管理公募基金奠定了基础。

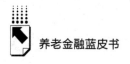

（一）养老金投资策略发展情况

2018 年初，证监会发布《养老目标证券投资基金指引（试行）》（中国证券监督管理委员会公告〔2018〕2 号），标志着我国境内规范化、专门服务养老资产长期配置需求的养老目标基金正式推出。该类基金聚焦于缴费阶段的养老金财富积累。制度规定，养老目标基金应当采用成熟稳健的资产配置策略，控制基金下行风险，追求基金长期稳健增值；投资策略包括目标日期策略、目标风险策略以及中国证监会认可的其他策略。首只养老目标基金于 2018 年 9 月起运作，截至 2023 年末，全市场共有 249 只产品成立，管理规模近 700 亿元，长期收益稳健良好，满期产品近 5 年平均年化收益率达4.67%。但受近年市场影响，满期产品近 3 年平均年化收益率为 -1.16%，市场下行时期的回撤控制有待加强（见表 6）。

表 6 我国境内养老目标基金运行情况

项目	数量（只）	规模（亿元）	持有人数（万人）	近 3 年年化收益率(%)	近 5 年年化收益率(%)
目标日期基金 TDF	112	211.80	213.70	-0.43	5.36
目标风险基金 TRF	137	485.96	328.50	-2.61	3.39
合计/平均	249	697.76	542.20	-1.16	4.67
沪深 300	/	/	/	-13.39	2.73

注：数据截至 2023 年 12 月 31 日，数量已合并各份额整体统计，业绩选取满期产品。
资料来源：Wind。

（二）基金定期领取实践情况

与境外大部分退休管理基金的领取功能类似，我国境内的定期支付公募基金，可定期自动赎回一定比例的基金资产，实现定期支付效果。2013 ~ 2014 年，先后有 7 家基金公司累计发行了 10 只定期支付型基金，其中包括5 只中长期纯债基金、3 只二级债基以及 2 只混合型基金。此后，再未有该类产品批复。2017 年以来，已陆续有 4 只基金清盘终止。因此，截至目前，存量产品共 6 只，总规模超 40 亿元（见表 7）。

表 7　我国境内存量定期支付基金情况

单位：亿元，%

序号	基金全称	投资类型 （二级分类）	成立日期	基金规模	成立以来 年化收益率
1	交银施罗德定期支付双息 平衡混合型证券投资基金	平衡混合型 基金	2013 年 9 月	33.74	15.23
2	博时双月薪定期支付 债券型证券投资基金	中长期 纯债型基金	2013 年 10 月	3.66	7.05
3	工银瑞信月月薪定期 支付债券型证券投资基金	混合债券型 二级基金	2013 年 8 月	2.53	5.04
4	景顺长城鑫月薪定期 支付债券型证券投资基金	中长期 纯债型基金	2014 年 3 月	1.80	4.44
5	国泰安康定期支付 混合型证券投资基金	偏债 混合型基金	2014 年 4 月	0.50	6.29
6	交银施罗德定期支付 月月丰债券型证券投资基金	混合债券型 二级基金	2013 年 8 月	0.39	4.16
总计		/		42.63	/

注：数据截至 2023 年末。成立日期和年化收益率列示成立最早份额情况，规模列示所有份额加总。
资料来源：Wind。

产品设计上，6 只产品均采用"非 FOF 模式+定期自动赎回"。定期赎回机制与常见的基金分红模式的最大区别是，定期赎回是可分本金的，而分红只对投资收益进行分配，不影响本金。每只产品设定有定期支付比例（通常叫作"年化现金支付比例""份额支付基准""折算比例"等），当期支付金额一般通过"在定期支付日满足定期支付机制参与条件的基金份额数×定期支付比例×定期支付日基金份额净值"计算所得。管理人会根据基金运行情况及可支付能力，对约定的现金支付比例进行定期调整。功能定位上，根据产品宣传信息，交银施罗德月月丰、国泰安康两只产品在投资目标中均提及"为投资者提供长期养老理财工具"，而工银瑞信、博时、景顺长

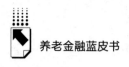
城 3 只产品名称中均含"月薪",或意为投资者增加一份固定薪金收入,满足日常开支需求(见表 8)。

表 8　6 只定期支付公募产品的要素梳理

单位:%

基金全称	定期支付时间	最新支付比例	分配条件
交银施罗德定期支付月月丰债券型证券投资基金	月度(首次为成立后满 3 个月)	4	权益登记日登记在册的基金份额持有人即为分配对象
交银施罗德定期支付双息平衡混合型证券投资基金	月度(首次为成立后满 3 个月)	6	权益登记日登记在册的基金份额持有人即为分配对象
工银瑞信月月薪定期支付债券型证券投资基金	月度(首次为成立后满 2 个月)	6	1. 自愿选择 2. 持有满期(30 天) 3. 持有份额不低于 1000 份
博时双月薪定期支付债券型证券投资基金	双月第 3 个工作日(每运作周期的前 4 个月除外)	以实际折算金额为准	满足折算条件
景顺长城鑫月薪定期支付债券型证券投资基金	月度(首次为成立后满 1 个月)	3.50	权益登记日登记在册的基金份额持有人即为分配对象
国泰安康定期支付混合型证券投资基金	季度	3.0	1. 自愿选择 2. 持有满期(90 天)

资料来源:各产品说明书。

(三)其他退休管理类资管产品发展借鉴

1. 银行理财

与公募基金的情况类似,虽然目前暂无直接服务养老金领取期的银行理财产品,但银行理财近年也在养老金缴费期财富积累及定期支付功能探索方面取得了一定进展。

2021 年 9 月,银保监会出台《关于开展养老理财产品试点的通知》(银保监办发〔2021〕95 号),开始了银行理财产品针对养老金财富管理的实践探索。养老理财产品采用符合养老需求的资产配置策略,实现投资者养老资金长期稳健增值,以固收类产品为主、混合类为辅,债券和非标资产配置比例大多超 80%，封闭期 1~5 年。相较于养老目标基金，养老理财产品最大的产品特色是，设置了风险缓释机制，包括风险准备金、平滑基金、损失减值准备等，以提升持有体验。自 2021 年 9 月试点至今，11 家理财公司在 10 个试点城市发行了 51 只产品，认购投资者约 47 万人，规模超过 1000 亿元[①]。2023 年，50 只养老理财产品平均收益率（简单算术平均）为 3.20%，且所有产品均录得正收益[②]。

对于定期支付功能，2023 年 12 月 28 日平安理财发行了首只定期支付型理财产品"平安理财启明颐年定期给付三年 1 号固收类理财产品"（见表9）。根据说明书，产品采用封闭运作模式，存续期间，投资者不可申购和主动赎回，但在定期给付机制下，管理人可按照定期给付约定自动赎回投资者理财产品份额。从宣传材料看，该产品通过定期给付的方式，在兼顾投资者追求长期理财稳健增值的同时，满足投资者日常现金流和消费的现实需求。此外，还有部分理财产品以持续稳定分红为亮点，如招银理财颐养丰润系列、平安理财新卓越稳健系列、广银理财增利定开系列、宁银理财惠添利分红系列等。

表 9　平安理财启明颐年定期给付三年投资策略及定期支付安排

产品名称	投资策略	定期支付安排
平安理财启明颐年定期给付三年 1 号固收类理财产品	债权类比例不低于 80%，非标比例不高于 49%，权益类资产（优先股，权益类、混合类）比例不高于 20%；以低波资产+优质票息资产打底，适度参与利率债追求增厚交易收益；业绩比较基准为 3.65%/年	产品存续满 1 年后开始每月定期支付，月度支付比例 0.3%，累计年度支付比例 3.6%

资料来源：根据产品说明书整理。

2. 保险产品

保险行业在养老金管理的产品设计方面也有着一定的经验积累和前沿探

---

① 数据来源于 2024 年 1 月 25 日国新办新闻发布会，http：//www.scio.gov.cn/live/2024/33261/tw/。
② https：//www.financialnews.com.cn/zgjrj/202405/t20240508_ 292189. html。

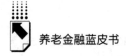

索，主要体现在以下三方面。

一是发挥传统保险产品优势，通过精算提供养老金终身领取服务。在年金保险中，有一类专门提供退休后养老金终身领取服务的保险产品——养老年金保险①。相较于普通年金保险购买后最快 5 年后才能进行年金领取的规定，养老年金保险不受该项限制，可以采取即期年金形式，为投保人提供定期、定额的领取服务。特别是对于已退休②的投保人，在符合一定条件的情况下，犹豫期结束的次日即可开始领取养老年金，为养老生活提供长期稳定的现金流支持。传统的养老年金保险在财富管理效果上更类似于储蓄，虽然保本和定期支付效果明显，但增值属性较基金等资管产品相对不强。这在一定程度上为公募基金探索领取期管理产品市场提供了空间。

二是创新产品形态，提升商业养老保险投资属性。近年来，保险行业也加大了对养老金积累期产品的创新研发。例如，创设了采用"保底收益+浮动收益"账户收益模式的专属商业养老保险③，以及采用锁定养老账户与持续养老账户"双账户"模式的商业养老金④等投资属性更强的商业养老保险产品。这些都是在传统保险产品的基础上，锚定养老金长期属性，通过产品形态创新，提升投资属性，获得了较好收益表现。2023 年，专属商业养老保险稳健型账户年化结算利率在 2.1%～4.15%，进取型账户结算利率在

---

① 根据《人身保险公司保险条款和保险费率管理办法（2015 修订）》第十条："养老年金保险是指以养老保障为目的的年金保险。养老年金保险应当符合下列条件：（一）保险合同约定给付被保险人生存保险金的年龄不得小于国家规定的退休年龄；（二）相邻两次给付的时间间隔不得超过一年。"

② 若投保时未退休，则退休后的首个保单周年日开始定期领取养老年金。

③ 专属商业养老保险投保简便、缴费灵活、收益稳健，聚焦服务新业态从业人员和灵活就业人员养老需求，取得良好成效。其特点以养老保障为目的，60 周岁及以上方可领取养老金，领取期限不短于 10 年。专属商业养老保险产品会设立稳健型和进取型两个账户，对应不同收益率，且都有保底收益，投保人可对两个账户之间的资金比例进行自由切换。

④ 银保监会于 2022 年 12 月发布《关于开展养老保险公司商业养老金业务试点的通知》（银保监办发〔2022〕108 号），推出商业养老金。这是养老保险公司经营的新型商业养老保险业务，主要依托保险经营规则创新产品和服务，是我国第三支柱中区别于个人养老金业务的另一组成部分。

3%~4.25%。固收类商业养老金自成立至 2023 年末的算术平均收益为
3.40%，普通混合类为 3.14%。这些创新一定程度上提升了保险产品在资
产管理中的竞争力，为保险行业进一步探索退休期养老金资产管理提供了
有益经验积累。

三是依托保险公司养老服务全生命周期优势，打造"保险+养老服务"
的整体养老规划。例如，泰康、友邦等保险机构，依托其康养服务优势，打
造一站式"养老生态圈"闭环，为客户配套提供康养或旅居养老资源，提
升养老服务全面性。

四　未来境内退休管理类基金产品的发展要点

（一）产品定位上，应更加聚焦领取期需求

从投资者角度看，养老金需求场景一般分为工作缴费期和退休领取期两
个阶段，不同阶段的资金管理需求有较大差异。工作期没有领取需求，投资
者更需要借助金融产品实现养老金缴费的充足积累。而到了退休期，定期领
取需求替代了缴费现金流，投资者需要借助金融产品将工作期的财富积累充
分且有效应用到退休生活中，产品的主要功能就应聚焦在定期领取以及剩余
资金的保值增值。因此，在设计退休管理类基金产品时，应在服务全生命周
期的养老金管理需求的基础上，更加关注领取期的产品设计定位，探索真正
回归养老金领取阶段客户需求本源的产品管理模式。

（二）收益目标上，应较积累期更加稳健

积累期产品的收益目标通常会对标社平工资或 GDP 涨幅等，但这些指
标反映的是全社会所有居民的生活成本及财富增长情况，更偏重在职人员。
当投资者进入养老金领取阶段后，老年生活成本将与年轻时处于工作状态的
生活需求有显著不同。因此，需要寻找专门的指标，精准对标居民的养老成

本变化。以中国保险资产管理业协会发布的中资协—生命资产中国养老成本指数①为例，该指数是国内首个老年人综合生活成本指数。自指数 2017 年发布以来，截至 2023 年末，近 7 年年均成本涨幅为 2.33%，显著低于同期 8.64%的年均社平工资涨幅以及 5.48%的 GDP 年均涨幅②。这也从另一个角度印证了退休管理类公募基金的投资目标应更加稳健。

（三）投资策略上，应重点关注"退休风险期"的投资安全

虽然投资风险是伴随整个养老金投资周期的，但市场下行风险在各个阶段对投资者的影响大不相同。从投资管理角度来看，养老金管理周期应进一步细分为"积累期"、"退休风险期"和"领取期"三个阶段。其中，退休期前后的"退休风险期"因资金积累额最高，因此对收益率的敏感度也随之大大提升。如果在"退休风险期"没有控制好投资风险，损失的绝对额也将是最大的，并且随着养老金领取本金逐步减少，后续通过投资收益弥补损失的可能性也越来越小。故而在退休期前后，即本金积累最多的"退休风险期"，确保稳健收益意义重大。因此，退休管理基金不应简单复制使用现有适用于积累期的公募基金的投资策略，而应更加契合领取期特有的现金流情况及各管理阶段的投资者风险偏好。

（四）领取设置上，应定位于定频足额用尽

退休后的养老金需求是持续且相对稳定的，因此为满足退休后日常生活需要，退休管理基金产品应能有效帮助投资者合理分配使用其在缴费期积累的养老财富，提供较高频次的（如按月）、领取额度充足的（能实现一定养老金替代率水平的）养老金自动领取服务，且应尽量实现养老金财富积累在投资者生前物尽其用，最终领取完毕。因此，"定频+足额+用尽"是对退休管理基金产品的一项基本功能定位。

---

① 《中资协—生命资产中国养老成本指数》，https://www.iamac.org.cn/xxyj/YLCB/201707/t20170731_4921.html。
② 根据国家统计局相关数据计算所得，社平工资选取"城镇非私营单位就业人员平均工资"。

五　未来探索发展境内退休管理基金的建议

（一）科学设定领取期产品的投资策略

在退休前后的"退休风险期"，相较于追求更高的投资回报率，更重要的是尽可能避免投资损失。因此，要加强针对领取期投资策略的研究，重新审视领取期公募产品中领取期下滑曲线设置的有效性，更加科学地配置及调整领取期各阶段的资产配置方案及权益资产投资比例，也可以考虑通过"固收+"等投资策略，实现区别于积累期的资产配置效果。在保障必要现金流支出需求的前提下，真正帮助投资者实现领取阶段的资产保值增值，提升资产管理有效性。

（二）拓宽养老类金融产品的投资渠道

一方面，建议针对养老类金融产品适度扩大投资范围，积极探索海外资产，充分发挥境外投资市场广阔、分散风险的作用，分享全球经济发展成果。海外资产是应对低利率环境、资产荒的重要投资方向，是境外退休管理基金以及全国社保等养老金机构投资者的重要投资选项，投资比例占到了20%~30%。另一方面，建议进一步推动对衍生品工具的研究和应用，适时扩充衍生品工具进行风险管理，以应对市场波动，防范不确定性投资风险，把握长期投资机会。此外，领取期公募基金服务于社会大众的养老钱，建议在政策层面适度放开和向符合国家宏观政策的优质标的资源倾斜，如优质非标资产等，以提升基金长期稳健增值能力。

（三）优化满足养老金领取需要的基金支付机制

针对养老金领取期特征，需要通过定频、定额、自动赎回等机制来满足资金领取需要。但受基础环境限制或基金公司追求规模的影响，目前部分境外已运行的退休管理公募基金是通过分红机制实现资金定期返还、模拟养老金领取效果的。而在分红机制下，分配金额水平和确定性均较低，且由于不能分本金，最终也无法实现养老金物尽其用。此外，在公募基金现行"份额赎回"规则下，也无法直接在产品层面实现历次赎回金额恒定的效果，还需设计辅以其他产品的综合解决方案，增加了机构运营管理成本。

因此，退休管理公募基金在领取设计上需要打破常规：一方面，建议允许使用定期赎回机制，可以实现全部基金资产定期自动赎回，并且持有金额最终能全部赎回完毕；另一方面，通过行业统一的产品设计和 TA 系统设置，在产品层直接实现"份额赎回"规则下的定额支付。为提升产品灵活度和复用率，也可参考境外经验，将赎回功能做成单独的领取附加计划，以便投资者对其购买产品的定期赎回进行更加灵活的设置。此外，由于基金产品没有保险的精算制度，约定的领取期限和领取金额无法"两全"。在保障单期领取金额的前提要求下，基金未来的可支付期限或受影响。这也从另一个角度对退休管理基金的投资管理效率和投资增值效果提出了更高要求。

（四）探索建立针对养老类公募基金的收益演示机制

根据相关规定①，目前我国所有基金类产品，包括养老类基金，还无法演示未来的收益和风险。但值得注意的是，养老金资产管理在资金使用场景上，与普通资产管理业务有所不同。投资者仅基于现有披露信息，对"退休能拿多少钱、风险有多大"缺乏直观认识，不利于其做出完善的养老理财规划。针对养老类金融产品的收益风险演示机制在境外成熟市场已是一种较为普遍的做法②。在我国银行养老理财③和商业养老保险④中，风险收益演

---

① 《基金法》规定公开披露基金信息，不得对证券投资业绩进行预测。

② 在美国，SEC 允许投顾向客户演示养老基金产品在退休时的收益和风险；欧盟要求公募基金等泛欧个人养老金产品发行机构必须在招募说明书以及受益报告中提供收益风险演示；英国要求缴费确定型职业年金和个人养老金计划必须向养老金计划参加人展示退休时预计可以拿到的养老金（Statutory Money Purchase Illustration）。

③ 银行养老理财提供的业绩比较基准是直观的年化利率区间，如"5.8%~8%"。

④ 保险公司在销售个人税收递延型养老年金保险（B 类）、专属商业养老保险，以及养老年金保险等险种时可进行利益演示。

示机制也广泛应用。

因此，针对养老类基金产品，设立专属风险演示机制是满足投资者养老金融统筹规划的现实需求。建议借鉴海外公募产品及境内保险行业的收益演示制度，推行针对养老类公募基金的收益演示模式，可以结合投资者具体年龄、风险偏好、养老金预期需求等个性化前提假设，模拟持有产品带来的本金消耗、投资收益积累，以及领取支出的现金流情况，让投资者更直观、方便地了解养老金长期投资持有的实际效果，也可以增强与其他产品比较的直观性，更方便投资者全面、理性进行产品选择和养老理财规划。

（五）配套发展投资者教育和投资顾问服务

退休管理基金不同于储蓄和保险，本质仍是净值型资管产品，即便配套高效的投资策略及定期支付机制，仍具有资管产品所固有的投资风险，不能承诺保本和支付期限。但其优势在于资产的高效增值，是服务退休人群的重要投资选项。因此建议配套发展投资者教育服务。第一，行业机构要帮助投资者厘清各类金融产品的属性特征，并对各类产品的管理效用建立合理预期，以最终帮助投资者选择更契合自身投资需要的产品。第二，金融机构通过投资者教育，逐步梳理、明确领取期公募基金的用户群体，确保持有人风险收益偏好与基金产品的适配性。第三，应加强对机构产品宣传的监管，防止机构为博眼球夸大领取期产品效果，给投资者带来不合理预期引导。此外，单只基金产品可能在一定程度上难以满足投资者预期的退休生活领取需要。因此，亟须引入专业机构的投资顾问服务，依托专业能力，从投资者的具体需求出发，为其提供针对性、个性化、覆盖全生命周期的资产配置解决方案，以提升养老金全生命周期投资的有效性和持续性。

（六）加强先进科技在养老金产品管理及服务中的应用

现实中的养老金管理需求千人千面，特别是在退休后叠加养老金领取需求后，个性化程度又进一步提升，这对金融机构服务的有效性提出了挑战。近年来，随着人工智能技术的发展，境外机构已在探索通过 AI 大模型为投资者提供专属退休后的资产配置方案，出具完全针对其个人情况的、囊括三大支柱养老金账户的全生命周期综合性一站式养老金规划管理方案等。因此，加强科技赋能，持续优化投资者服务，提升退休管理类基金产品和服务供给的针对性、时效性、便利性，也将是未来境内该类产品的发展方向之一。

借鉴篇

B.12
日本个人免税投资账户 NISA 的
研究分析

刘净姿　刘阳*

摘　要:　日本的个人免税投资账户 NISA 具有税收优惠、重视投资等特点，已逐渐成为日本社会重要的个人投资工具。本文深入研究了日本个人免税投资账户的制度设计、运作模式及其对中国个人养老金制度的借鉴意义。NISA 自 2014 年推出以来，通过提供税收优惠，鼓励国民投资，对日本资本市场发展产生了一定影响。本文首先介绍了 NISA 制度的推出背景、制度演进和运作流程，包括旧 NISA 和新 NISA 的账户模式、税收优惠政策以及投资产品类型。随后，本文分析了 NISA 的参与情况、投资业绩和投教宣传策略，并通过与日本养老金第三支柱 iDeCo 的比较，揭示了 NISA 在促进国民储蓄向投资转化方面的优势。研究发现，NISA 的成功一定程度上取决于其

---

* 刘净姿，汇添富基金管理股份有限公司产品创新服务中心高级经理，清华五道口养老金融 50 人论坛联席研究员，主要研究方向为养老金金融、基金研究、产品创新；刘阳，汇添富基金管理股份有限公司产品创新服务中心经理，主要研究方向为养老金金融、基金研究、产品创新。本文仅代表个人观点，与供职单位无关。

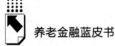

税收激励、账户灵活性和对投资的重视。这些特点不仅提高了民众的参与度，也提升了资本市场的活跃度。日本的经济发展历程和老龄化结构与我国高度类似，NISA 经验对我国的借鉴意义在于，个人养老投资账户的设计应注重税收激励、账户灵活性和投资选择的多样性。此外，政府在投资者教育和宣传方面的积极作用不容忽视，这对于提升民众的金融素养和参与意愿至关重要。

关键词： 个人免税投资账户　税收优惠　权益投资　指数基金　投资者教育

一　NISA 制度简介与建立背景

（一）制度简介

NISA 的全称是日本个人储蓄账户（Nippon Individual Savings Account），由于 NISA 制度是账户制并且具有投资方面的税收优惠政策，因此通常被称为"日本个人免税投资账户"。NISA 是用于鼓励国民进行投资的账户，由日本政府于 2014 年 1 月建立推行。在日本进行一般投资需要缴纳超过 20%①的投资收益所得税，而 NISA 的核心是给予税收优惠，对一定额度内的投资收益免征所得税。2022 年 11 月 28 日，日本政府出台"资产收入倍增计划"，决定将 NISA 制度改革为"新 NISA"制度，提出未来 5 年内要使 NISA 账户总数翻倍至 3400 万个、投资金额翻倍至 56 万亿日元的目标。新 NISA 制度于 2024 年 1 月开始正式实施。

---

① 在日本，从股票和投资信托中获得的股息和分配，需要缴纳所得税和居民税，合计征收 20.315% 的税金，包括所得税（15%）、住民税（5%）、重建特别所得税（所得税额的 2.1%）。

（二）建立背景

日本政府专门建立 NISA 制度主要有两个原因，一是希望民众为老年生活积累更多资金。日本是世界上老龄化率最高的国家之一，截至 2023 年末，日本 65 岁及以上人口占日本总人口的比例约为 29.1%，日本的老年抚养比为 51%[①]，养老负担沉重，如何维持正常社会经济活动已成为政府重要议题。与此同时，日本的养老体系依然以公共养老金为主，但只能实现 40% 左右的替代率[②]，需要进一步增加民众未来的养老资金积累。二是鼓励民众积极投资资本市场。"失去的三十年"导致日本民众失去信心，资产配置非常保守。日本居民金融资产中投资现金、存款的比例超过 50%，而投资公募基金的占比长期不足 5%[③]。因此，日本政府考虑建立制度来引导居民将资产更多地从"储蓄"转化为"投资"，带动资本市场的发展。

日本 NISA 制度设计的灵感来源于英国个人储蓄账户（Individual Savings Account，ISA）。英国 ISA 自 1999 年 6 月推出至 2021 年末[④]，资产规模已增长至近 7000 亿英镑（合计约 6.3 万亿元），其中，股票型 ISA 规模已近 4000 亿英镑，占 ISA 资产的近 60%。股票型 ISA 中，有 70% 投资公募基金，还有不到 20% 直接投资于股票。截至 2022 年末，英国已有超过 2000 名"ISA 百万富翁"（通过 ISA 账户积累超过 100 万英镑）[⑤]。日本政府认为，通过 ISA 这样的账户结构能改变人们对投资的态度，尤其是年轻一代的投资

[①] 数据来源于日本总务省统计局，https：//www.stat.go.jp/data/topics/topi1321.html。

[②] 数据来源于 OECD 数据，https：//www.oecd.org/en/data/indicators。

[③] 数据来源于日本央行，截至 2023 年 3 月底，日本家庭金融资产为 2043 万亿日元，在家庭金融资产中，现金存款占 54.2%，保险、养老金和标准化保障占 26.2%，股票占 11%，投资信托占 4.4%。

[④] 根据英国投资协会年度报告 *Investment Management in the UK 2021-2022*，报告数据截至 2021~2022 财年末，https：//www.theia.org/sites/default/files/2022-09/Investment%20Management%20Survey%202021-22%20full%20report.pdf。

[⑤] 根据英国税务海关总署（HM Revenue and Customs，HMRC）在 2023 年初公布的官方数据，英国现在拥有 2000 名 ISA 百万富翁，平均账户资产可达 141.2 万英镑。

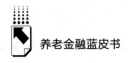

观念。因此，日本政府效仿英国 ISA 的做法和账户模式，制定相关法规，建立了日本的 ISA，也就是 NISA 制度（Nippon ISA）。

二 NISA 制度模式介绍

（一）制度演进和运作流程

1. 阶段一：2014~2023 年实行"旧 NISA"制度

NISA 是具有免税功能的账户，通过该账户投资金融产品，可享受投资收益免税，并设置一定的免税年限。

"旧 NISA"制度从 2014 年建立开始已运行十年。旧 NISA 账户包括三类：普通 NISA、定投 NISA 和青少年 NISA。每个投资者只能开立唯一的 NISA 账户，且不能相互转换。

其中，普通 NISA 和定投 NISA 的参与人均为成年人，通过普通 NISA，投资者每年最多可以享受 120 万日元的免税额度，免税年限为 5 年；通过定投 NISA，投资者的年度免税额度上限为 40 万日元，免税年限长达 20 年。青少年 NISA 仅限未成年人参与，其年度免税额度上限为 80 万日元，免税年限为 5 年。如果持有人年满 18 岁，则自动转为普通 NISA。随着 NISA 制度改革，2024 年起已不再允许新增青少年 NISA 账户（见表 1）。

表 1 "旧 NISA"的账户模式（2014~2023 年）

项目	成人 NISA		青少年 NISA
	普通 NISA	定投 NISA	
制度开始时间	2014 年 1 月	2018 年 1 月	2016 年 4 月
参与人群	20 岁及以上（2023 年前）18 岁及以上（2023 年）	20 岁及以上（2023 年前）18 岁及以上（2023 年）	20 岁以下（2023 年前）18 岁以下（2023 年）
是否可共用	否,仅能选择一个账户;青少年 NISA 在持有人年满 20 岁（2023 年前）/18 岁（2023 年）后可转为普通 NISA		
免税期限	5 年	20 年	5 年

项目	成人 NISA		青少年 NISA
	普通 NISA	定投 NISA	
年度免税额	120 万日元	40 万日元	80 万元
账户免税总额	600 万日元	800 万日元	400 万元
可投资产品	股票、公募基金、REITs 等	适合长期、积累、分散投资的公募基金	股票、公募基金、REITs 等
领取限制	无	无	已成年或在灾害等不可避免的情况下可免税领取
特点	可投资金额最大 投资方式灵活 品种丰富,适合各类投资者	免税期限较长 投资方式简单 仅限定投,适合懒人	有变现限制 可强制累积教育金 品种丰富,适合各类投资者
备注	由于日本法定成年年龄由 20 岁下降为 18 岁,2023 年开始普通 NISA、定投 NISA 在 18 岁及以上即可参与		2023 年底结束

资料来源：日本金融厅，汇添富基金整理。

2. 阶段二：2024年开始，改革为"新 NISA"制度

2024 年 1 月 1 日开始，日本政府启动新 NISA 制度，旨在大幅扩大免税投资额度，进一步推动 NISA 的发展，形成稳定的家庭资产。相比改革前的模式，新 NISA 账户分为定投组合和成长组合，两类组合可以共用、共享免税额度，免税总额大幅提升至 1800 万日元，且取消了免税年限的要求，进一步延长了投资期限（见表 2）。

表 2　新 NISA 制度的账户模式（2024 年开始）①

项目	定投组合	成长组合
定位	定投以稳定积累账户收益	关注资产增值,投资更加灵活
参与人群	18 岁及以上	18 岁及以上
免税年限	无期限	无期限

---

① https：//www. fsa. go. jp/policy/nisa2/know/index. html.

续表

项目	定投组合	成长组合
年度免税额	120万日元	240万日元
账户免税总额	两个账户可共用,免税总额为1800万日元 (其中成长组合最多1200万日元)	
可投资产品	适合长期、积累、分散投资的公募基金	股票、公募基金等
禁止投资的产品	合同存续期限不满20年、每月分配型公募基金,以衍生品交易为主的公募基金(对冲目的除外)等	
与新NISA制度的衔接	存续NISA账户无法转为新NISA。 存续NISA账户内未到免税期限的资产继续运作,已到免税期限的资产需要赎回或者转为个人应税账户	

两类组合都有禁止投资产品类型的限制。定投组合:https://www.am-one.co.jp/pickup/nisa-guide/whats-nisa/tsumitatetousiwaku.html;成长组合:https://www.am-one.co.jp/pickup/nisa-guide/whats-nisa/seichotousiwaku.html。

资料来源:日本金融厅,汇添富基金整理。

在可投产品类型上,新NISA制度沿用了旧NISA的相关规定,定投组合与定投NISA的可投产品类型相同,成长组合则与普通NISA/青少年NISA的可投产品类型相同(见表3)。

表3 通过NISA可以购买的产品类型

项目	资产类型
投资信托 (公募基金)	股票型
	平衡型
	债券型
	商品型
国内股票 (上市型品种)	境内股票IPO
	ETF/ETN
	REIT(房地产投资信托)

资料来源:日本金融厅,汇添富基金整理。

在参与流程上，投资者需要通过符合条件的金融机构参与 NISA，开立投资账户。金融机构类型主要为证券公司、银行、基金公司、保险公司及其他类型金融机构，具体名单由日本金融厅定期发布。每个投资者通过金融机构只能开立一个 NISA 账户，开户时由税务局校验账户唯一性，如存在多个账户的情形，会对已有 NISA 账户中的资产追溯到购买日，转移到投资者的应税账户中。需要注意的是，存续的旧 NISA 无法直接转为新 NISA。从 2024 年开始，已经持有 NISA 账户的投资者，金融机构会自动为其开立新 NISA 账户，无须投资者自行操作。新 NISA 的持有人可以对旧账户的资产做如下处理：如账户内资产还没到免税期限，可继续运作享受税收优惠，也可直接选择赎回或转入个人应税账户（NISA 持有人名下的一般账户或指定账户）。

账户开立后，投资者最早当天就可以进行投资。如果投资者对开立 NISA 账户的金融机构不满意，可以在清空账户资产的前提下更换金融机构。此外，NISA 账户是独立账户，目前不可与持有人名下的其他养老金账户（如国民年金账户、iDeCo 个人养老金账户等）和投资顾问账户打通。

运作监管方面，日本金融厅（Financial Services Agency，FSA）负责监督和管理日本的金融事务。由于 NISA 是投资属性的账户，相关的法规政策制定、账户规则、产品清单、持续监管、信息披露、品牌宣传等事务，全部都由日本金融厅主导。具体监管方式上，日本金融厅对其采取低度监管①。金融机构运营 NISA 要遵守《金融产品交易法》（*Financial Instruments and Exchange Act*，FIEA）和《金融工具经营者综合监管指引》，履行信息披露义务，接受日本金融厅的检查。同时，由于主要投资公募基金，日本投资信托协会也会配合进行日常的自律管理。

---

① 低度监管（Light-touch Regulation）是指政府或监管机构对特定行业或市场采取的一种较为宽松的监管方式。这种监管模式的理念是减少政府干预，促进市场自由化，但这并不意味着完全放任，而是在确保不损害消费者权益和市场公平竞争的前提下，给予市场更多的自主权，旨在为市场参与者提供较大的自由度，鼓励创新和竞争，同时保护消费者和公共利益的基本安全。

（二）日本投资的税收制度和 NISA 的税收优惠

1. 日本投资的税收制度

日本的税收制度较为复杂，涉及所得税、法人税、消费税等近 50 个税种。其中，居民投资股票、债券和基金，均需要缴纳合计 20.315% 的税金①，包括所得税（15%）、住民税（5%）、重建特别所得税（所得税额的2.1%）②。具体来看，征税对象包括基金分配的收益、基金转换或赎回时产生的收益、股票分配的股利、股票出售产生的资本利得、债券的利息以及债券出售或赎回产生的资本利得③。

从纳税方式来看，日本证券账户可分为一般账户和指定账户④。对于一般账户，投资者需要自行计算投资产生的应纳税额，并提交纳税申报表。由于自行计算需要记录所有交易并计算应纳税额，个人准确报税十分困难，因此证券公司也提供了指定账户。指定账户分为两种：代扣代缴指定账户和非代扣代缴指定账户。对于前者，税款由证券公司计算并代扣代缴；对于后者，税款由证券公司计算，但仍然由投资者提交纳税申报表。一般而言，纳税损益可以结转三年，并且股票、基金和特定公共债券、公司债券可以共享纳税损益。例如，股票部分的亏损可以抵扣基金产生的利润，从而降低纳税额。

整体来看，日本民众投资金融资产的税率较高，且应税事件繁多，计算复杂。虽然证券公司提供了代为计算和缴纳的服务，以及多资产合并计税的政策优惠，税收仍然是日本民众参与投资的一大障碍。正因为此，NISA 制度的建立才能具备民众广泛参与的基础。

2. NISA 的税收优惠

NISA 账户的核心优势是豁免约 20% 的投资收益所得税。值得一提的是，

---

① https：//www.jsda.or.jp/jikan/qa/055.html.
② https：//www.jsda.or.jp/jikan/qa/053.html.
③ https：//www.jsda.or.jp/jikan/qa/054.html.
④ https：//www.jsda.or.jp/jikan/qa/057.html.

NISA 账户的年度免税额和免税总额针对的是"投资金额"而非"账户内投资收益"。这意味着，投资者投入账户的本金总额不能超过规定的免税额度上限，但在投资过程中实际积累的资本利得和股息红利、豁免的税款总额，根据每个人的投资情况而有所不同。

（1）旧 NISA 的税收优惠方式①

在旧 NISA 的制度下，投资者首先需要根据自己的投资需求，选择开立普通 NISA 或者定投 NISA，两者不可同时开立。假设投资者于 2022 年开立了普通 NISA，则投资者可于当年买入最多价值 120 万日元的基金或股票，并在 2026 年末前享受投资收益免税。通过以下几种情形来说明旧 NISA 的税收优惠方式。

免税期间获利卖出：假设该投资者于 2022 年买入了 120 万日元基金，并于 2023 年以市价 150 万日元卖出，则获利部分可免收 6.09 万日元税款。投资者可于当年再投入 120 万日元（2023 年额度），总额度占用为 240 万日元（2022 年与 2023 年合计，总投资上限为 600 万日元）。

免税期间亏损卖出：假设该投资者于 2022 年买入了 120 万日元基金，并于 2023 年以市价 100 万日元卖出。由于 NISA 账户和应税账户不通，亏损的 20 万日元也无法抵扣应税账户的收益。若投资者再投入 120 万日元购买基金，总额度占用仍为 240 万日元。

免税到期后转入应税账户：假设该投资者于 2022 年买入了 120 万日元基金，并持有至 2026 年末。2027 年起，该基金自动转入应税账户，当日收盘价将被视为应税账户买入价格。假设转入当日收盘价值 80 万日元，当投资者未来以 110 万日元卖出时，尽管以初始买入价 120 万日元计算仍亏损 10 万日元，也需要对应税账户的升值部分纳税 6.09 万日元（应税账户升值 30 万日元）。

由此来看，虽然在制度上，旧 NISA 提供了免税投资方式，但由于免税期限和累计投资上限的设置，对投资者而言仍有诸多不便。第一，实际免税

① https：//www. toushin. or. jp/nisa_ contents/nisa/index. html.

效果与单笔投资收益挂钩较大,若某笔投资收益不佳甚至亏损,不仅占用当年额度和总额度,还无法对亏损进行税收抵扣。第二,免税账户和应税账户的衔接制度可能导致投资者在实际亏损的情况下被征税,容易引起投资者的不满。

(2)新 NISA 的税收优惠方式

新 NISA 在税收优惠方面进行了重大优化。一是提升了总体免税额度。在旧 NISA 制度下,普通 NISA 和定投 NISA 仅能选择开立一个账户,免税总额度为 600 万日元或 800 万日元。而新 NISA 的成长组合和定投组合可以同时使用,合计免税总额度可达 1800 万日元(其中成长组合上限为 1200 万日元)。新 NISA 的总额度是原先普通 NISA 的 3 倍、定投 NISA 的 2.25 倍,大大提高了免税总额度。二是能够重复使用免税额度。新 NISA 在免税方式上也有重大突破,2024 年之前,投资者即使卖出资产,也会占用免税额度。但新 NISA 可以进行本金税优返还,也就是说,如果投资者出售了账户内投资的资产,其中的本金部分,能够将相应的免税额度在次年释放出来,供投资者在下次买入时继续使用。例如,如果投资者以 100 万日元购买金融产品,并在金额达到 150 万日元时出售,则可以在次年继续使用这 100 万日元的免税限额。三是设置了无限期的免税期限。取消免税期限对投资者来说非常友好,对于希望能够长期投资的人来说,没有免税期限,投资者可以等待资产价格上涨,而不必像以前一样担心免税期临近而被迫卖出资产。对于那些对资产长期上涨没有信心的投资者来说,由于免税额度没有使用期限,可随时进行买卖,操作灵活便利。

总体来说,投资者可以结合自身需求,在 NISA 账户内灵活使用各类组合来适应自身的投资风格,以尽可能地提高投资收益并合理安排免税额度的使用。

(三)NISA 与 iDeCo 的制度比较

NISA 是具有税收优惠属性的个人投资账户,其账户功能中包括养老投资属性，与日本养老金第三支柱 iDeCo（Individual-type Defined Contribution Pension Plan）在某些方面具有一定可比性①。

NISA 与 iDeCo 相比，在制度目标、制度特点、税收优惠等方面具有显著差异。其中值得一提的是，由于 iDeCo 更侧重保障退休后的养老生活，投资相对更加保守，资金主要投向公募基金、存款以及保险产品。但 NISA 更侧重于引导长期投资行为，其建立的目的就是"将储蓄转化为投资"，因此投资范围包括上市公司股票、公募基金、ETF、REITs 等更具投资属性的资产（见表 4）。

表 4　NISA 与 iDeCo 的制度差异对比

项目	NISA	iDeCo
制度目的	购买住房、教育基金，以及养老基金等为将来准备可自由支配的资金	养老基金
投资产品	股票、公募基金、ETF、REITs 等	公募基金、存款、保险产品等
参与年龄	18 岁及以上	原则上，为 20 岁及以上、60 岁以下的各类人群
最高投资额	总额 1800 万日元	每年 14.4 万日元至 81.6 万日元（根据职业、有无企业年金而有所不同）
领取限制	无限制，随时可用	原则上，60 岁以前不得领取，年金方式或一次性领取
税收优惠	税后收入缴费，投资利润免税，领取时不另外扣税	缴费阶段免税，投资利润免税，领取时全额所得税扣除

资料来源：https：//www. toushin. or. jp/newnisa_ contents/nisa_ ideco/index. html。

---

① 日本养老金体系分为三大支柱：第一支柱是公共养老金，包含国民年金和厚生年金；第二支柱为企业养老金，包含各类企业提供的 DB 和 DC 计划；第三支柱为国民年金基金和 iDeCo，适合没有参加企业养老金的自由职业者、中小企业雇员、公务员和家庭主妇等。iDeCo 针对不同的职业人群设置不同的投资额度，年度投资限额为 144000 日元至 816000 日元，任何人都可以参与，原则上 60 岁之前不能领取。

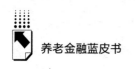

三 NISA 制度运行情况

（一）账户参与

新 NISA 制度刚刚实施，目前还没有全面的统计数据。本文主要分析从建立到 2023 年底旧 NISA 制度的运行情况。根据日本金融厅的统计数据，截至 2023 年末，共有超过 2200 万个 NISA 账户建立，近两年来[①]提升了 31%，占日本总人口的比重超过 18%。账户参与规模合计约 36.69 万亿日元（约 1.74 万亿元）（见表 5）。

表 5 NISA 账户的总体参与情况（截至 2023 年末）

项目	账户数(万个)	规模(亿日元)
成人 NISA	2136.0056	354252.6242
普通 NISA	1161.9485	308432.4188
定投 NISA	974.0571	45820.2054
青少年 NISA	127.2445	12607.6254

资料来源：日本金融厅，汇添富基金整理。

2023 年 2 月，日本投资信托协会对日本各地 20~79 岁的 2 万名受访者开展了 2022 年度 NISA 计划调查。调查显示，一方面，与上一财政年度相比，受访者对普通 NISA 的认知率达到 81.6%，定投 NISA 的认知率达到 75.2%，均比上年有所提升，民众对于 NISA 的认知程度保持在较高水平。另一方面，持有普通 NISA 和定投 NISA 的人中，通过账户持有金融产品的人分别占 17.1% 和 13.8%，因此，引导投资行为仍然是一个长期挑战。能够看到，年轻人使用定投 NISA 的比例在不断提升，因此加速 NISA 计划的推广，鼓励年轻人使用该计划尤为重要（见图 1、图 2）。

[①] 日本金融厅官网可查的 NISA 账户数和规模最早为 2022 年 3 月 31 日，因此这里的近两年的时间区间为 2022 年 3 月 31 日至 2023 年 12 月 31 日。

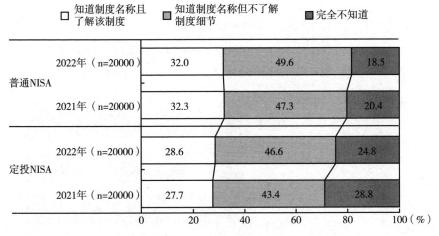

图 1　普通 NISA 和定投 NISA 在民众中的认可度调查

资料来源：日本投资信托协会，汇添富基金整理。

　　总体来看，NISA 制度对于日本国民家庭金融资产的形成具有重要作用，其中，公募基金发挥了重要作用。根据日本投资信托协会的调查报告，截至2022 年末，公募基金的持有账户中，普通 NISA 和定投 NISA 分别占比38.1%和32%，其中普通 NISA 相比上年提升了 3 个百分点，近 3 年均维持在 35%以上。虽然 NISA 账户持有公募基金的比例与投资者普通应税账户（63.5%）还有一定差距，但可以看到，NISA 在短时间内已成为公募基金持有结构中重要的组成部分（见图 3）。

　　未来，资金有望持续流入 NISA 账户。根据野村证券的调研报告，有超过65%的受访者预期，未来五年资产管理行业的现金流入将增长 50%或更多，而其中最重要的来源是 NISA 账户（见图 4）。

（二）参与机构和可投产品

1. 参与机构

　　在日本，有很多专业金融机构为投资者提供 NISA 账户相关服务，主要包括开户、资产管理和投资咨询、税务筹划、金融教育培训和 NISA 账户管理服务等。

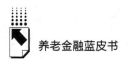

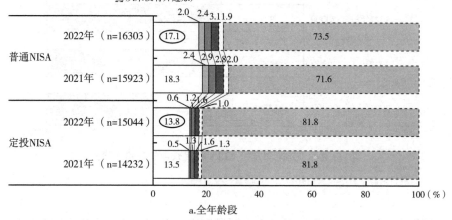

a.全年龄段

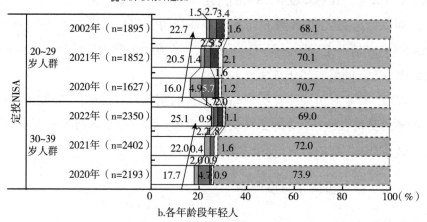

b.各年龄段年轻人

图2 日本民众开立NISA账户和产品购买情况

资料来源:日本投资信托协会,汇添富基金整理。

		特定账户/一般应税账户	普通NISA	定投NISA	iDeCo（个人型固定缴费年金）	积分投资/运营账户	企业型DC（企业型固定缴费年金）	其他	不清楚 (%)
2022年	(n=5302)	63.5	38.1	32.0	15.5	14.4	9.4	0.8	2.3
2021年	(n=5584)	62.4	35.1	35.2	16.6	17.5	9.8	0.8	1.7
2020年	(n=4675)	65.1	40.4	24.4	13.5	–	9.6	1.0	3.4

		特定账户/一般应税账户	普通NISA	定投NISA	iDeCo（个人型固定缴费年金）	积分投资/运营账户	企业型DC（企业型固定缴费年金）	其他	不清楚 (%)
20~29岁人群	2022年 (n=587)	50.1	25.9	65.6	19.4	18.7	16.4	0.7	1.2
	2021年 (n=638)	47.0	22.4	61.3	16.0	22.3	14.4	0.5	1.6
30~39岁人群	2022年 (n=802)	52.9	28.6	55.5	22.9	23.6	15.2	0.5	1.1
	2021年 (n=1012)	56.1	27.6	54.5	24.7	28.3	15.7	0.7	1.2
40~49岁人群	2022年 (n=990)	57.7	31.7	39.5	24.1	20.7	11.9	1.1	2.0
	2021年 (n=1174)	60.4	28.6	44.8	25.6	23.3	13.1	0.4	1.2
50~59岁人群	2022年 (n=959)	64.4	37.0	27.1	22.6	14.8	11.5	0.4	1.7
	2021年 (n=916)	62.2	35.5	27.2	22.1	16.5	9.5	1.3	1.4
60~69岁人群	2022年 (n=986)	73.8	48.3	13.7	6.4	7.4	4.4	0.8	3.2
	2021年 (n=938)	69.7	45.9	16.3	5.9	9.1	4.4	0.9	2.3
70~79岁人群	2022年 (n=978)	75.1	50.4	8.4	0.6	4.6	1.1	1.1	3.7
	2021年 (n=906)	75.4	49.6	10.6	2.0	4.1	1.3	1.0	2.6

图 3　公募基金产品的投资者构成

资料来源：日本投资信托协会，汇添富基金整理；数据截至 2022 年末。

日本金融厅定期更新公布能够参与 NISA 业务的金融机构名单。截至 2023 年 12 月 7 日，共有 609 家金融机构能够为客户提供 NISA 服务，包括 72 家证券公司、238 家银行、6 家基金公司、1 家保险公司和 292 家其他类型金融机构（见表 6）。

2. 可投产品

日本金融厅定期发布 NISA 账户可投资产品目录。其中，"定投组合"因具有"定投以稳定积累账户收益"的账户定位，需要运作更加稳定、标准相对更加严格审慎的产品供投资者选择。因此，日本金融厅会制定并定期披露"定投组合"的产品清单①。截至 2024 年 2 月底，共有 282 只产品纳

---

① https：//www. tsumitatenisa. jp/.

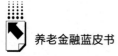
入目录，包括 274 只公募基金和 8 只 ETF 产品（见表 7）。其中，公募基金包括股票、债券等各类资产的主动型基金、场外指数基金、REITs 等。定投 NISA 对可投产品有明显的偏好，以指数型产品为主（227 只），产品数量占到公募基金约 83%。

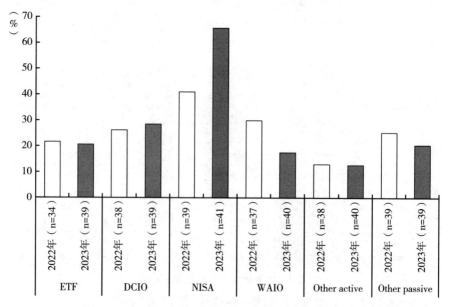

图 4　关于未来五年现金流入将使资产管理规模至少增长 50% 的预测

注：DCIO、WAIO 分别代表 DC 养老金计划投资的基金和包管账户（wrap account）投资的基金。

资料来源：野村证券。

表 6　可以提供 NISA 服务的金融机构

单位：家

机构类型		机构数量
证券公司	证券会社	72
银行	信托银行	104
	信用金库(地方银行)	134
基金公司	投信会社	6
保险公司	保险会社	1

机构类型		机构数量
其他	信用组合(中小企业金融合作组织)	14
	农协组织(管理农协信托业务)	265
	劳动金库(工会金融机构)	13

资料来源：日本金融厅，截至 2023 年 12 月 7 日，汇添富基金整理。

表 7　NISA "定投组合"可投资产品清单

单位：只

公募基金		国内	跨市场	海外
公募基金	股票型	51	27	76
	复合资产型	5	113	2
ETF		3	—	5

资料来源：日本金融厅，截至 2024 年 2 月 29 日，汇添富基金整理。

而"成长组合"更关注资产增值，投资方式也更加灵活，可投资产品理应更加丰富和多元。因此，"成长组合"的产品由各家资产管理公司根据税法要求，将其认定为符合条件的产品向日本投资信托协会申报，由日本投资信托协会对已申报的产品进行审核并予以公布。根据协会最新公布的名单，"成长组合"可投资的产品中，上市产品（包括 ETF 和 REITs）共 302 只，非上市产品共 1879 只。

不同金融机构提供的产品和费用也不同。以野村证券为例，其在定投组合中提供 19 只产品（包含 17 只股票指数基金和 2 只主动权益基金，涵盖日本、美国、全球及新兴市场）（见表 8），在成长组合中提供 410 只产品（包括上市股票、上市投资信托、房地产投资信托、公开发行股票投资信托等）。

其中，被动产品受到追捧。根据日本金融厅公布的数据，定投 NISA 中，指数基金的比例不断上升。截至 2023 年 9 月，指数基金的比例已经达到 88.1%（见图 5）。野村证券在官网列示了最近一个月内最受定投 NISA 欢迎的产品（见表 9），均为股票型的指数产品，投资区域覆盖日本、美国和全球。仅面向线上销售的产品由于总体费用低廉，非常受到投资者欢迎。另外，NISA 账户强调全球配置，定投组合的 227 只可投资产品中，有 179 只为境外投资标的，随着 NISA 规模的不断扩大，个人海外投资也有所增加。

表8　野村证券 NISA 账户"定投组合"产品清单

单位：%/年

	基金名称	投资区域	费用
指数基金	日本股票指数（日经225）	日本	0.143
	日本股票指数（TOPIX）	日本	0.143
	美国股票指数（S&P500）	北美	0.094
	世界股票指数	全球	0.058
	新兴市场股票指数	新兴市场	0.186
	野村30发达国家股票投资信托	全球（不含日本）	0（2031年开始为0.11）
	野村津立外国股票投资信托	全球（不含日本）	0.209
	野村津立日本股票投资信托	日本	0.187
	野村6资产等额平衡	全球	0.242
	累计8项资产等额余额	全球	0.242
指数基金（eMAXIS Slim 系列，仅限线上购买）	国内股票（TOPIX）	日本	0.143
	国内股票（日经平均指数）	日本	0.143
	发达国家股票指数	全球（不含日本）	0.099
	新兴市场股票指数	新兴市场	0.152
	美股（S&P500）	北美	0.094
	全球股票（日本除外）	全球（不含日本）	0.058
	全球股票（所有国家/地区）	全球	0.057
主动基金	日富美 Plus	全球	1.078
	公共30基金	全球	1.078

资料来源：野村证券官网，汇添富基金整理。

（三）投资业绩

公开渠道并未披露 NISA 账户的投资收益情况，但因 NISA 账户主要投资公募基金产品，本文比较了定投 NISA 可投资基金与全部基金产品的收益情况。整体来看，截至 2022 年末，定投 NISA 可投资基金过去五年平均年化

图 5　定投 NISA 中指数基金与主动股票基金的比例

资料来源：日本金融厅，汇添富基金整理。

收益 5.7%，而基金整体平均年化收益仅 3.5%。从具体分类看，国内股票、发达国家股票、全球股票和平衡型的年化平均收益分别超过同类基金整体 0.5 个、2.4 个、3.3 个和 1.7 个百分点。仅新兴国家股票基金收益弱于同类基金整体 0.1 个百分点（见表 10）。

表 9　野村证券最受定投 NISA 欢迎的 5 只产品

排名	基金名称	购买渠道
1	eMAXIS Slim 全球股票	仅线上购买
2	世界股票指数（所有国家）	线上、线下均可购买
3	eMAXIS Slim 美股（S&P500）	仅线上购买
4	美国股票指数（S&P500）	线上、线下均可购买
5	日本股票指数（日经 225）	线上、线下均可购买

资料来源：野村证券，汇添富基金整理。

表 10　NISA 不同投资标的的收益情况

单位：只，%

分类	产品数量		年化收益（过去五年）	
	NISA	全部	NISA 平均	全部平均
国内股票	40	726	4.8	4.3
发达国家股票	29	616	10.9	8.5

续表

分类	产品数量		年化收益（过去五年）	
	NISA	全部	NISA 平均	全部平均
新兴国家股票	11	221	3.2	3.3
全球股票	8	58	8.9	5.6
平衡型	61	705	3.8	2.1
国内债券	0	108		-0.9
发达国家债券（非投资级）	0	234		2.3
发达国家债券（投资级）	0	422		0.0
发达国家债券（信用等级混合）	0	90		0.6
可转换债券	0	22		1.4
全球债券	0	88		0.4
新兴国债	0	264		-0.1
国内 REIT	0	108		7.8
海外 REIT	0	208		4.9
商品	0	34		11.1
其他	0	73		2.8
合计/平均	149	3977	5.7	3.5

注：资料来源于日本金融厅，产品数量和投资收益情况均截至 2022 年末，统计标准为成立满五年的投资信托，不包括 ETF 和货币基金，汇添富基金整理。

（四）投教宣传

日本金融厅通过多种方式普及投资者教育，致力于提升民众对 NISA 账户的认知程度，提升国民金融素养和投资程度。日本在 NISA 的投教宣传方面具有以下特色。

1. 日本金融厅七种 NISA 账户投资模式及测算

日本金融厅根据不同类型、不同需求的客户，提出七种 NISA 账户的投资模式及示例，便于投资者根据自身情况选择适合的投资方式，具体如表 11 所示。

表 11　日本金融厅提供的七种 NISA 账户投资模式及测算

序号	针对的客户群体	投资模式（示例）
1	想要长期持续进行小额储蓄投资的人	使用"定投组合"每月投资 3 万日元，连续 40 年，到期资产总额 2778 万日元（约合投资本金的 1.9 倍）

序号	针对的客户群体	投资模式(示例)
2	希望在一定时间内连续进行稍大额投资的人	使用"定投组合"每月投资 5 万日元,连续 20 年,到期资产总额 1641 万日元(约合投资本金的 1.4 倍)
3	想要使用"定投组合"达到年度投资限额并在此后继续持有的人	使用"定投组合"每月投资 10 万日元,连续 15 年,此后保持有该资产 15 年,到期资产总额 3635 万日元(约合投资本金的 2 倍)
4	想要使用"成长组合"将大量资金投资于股票、投资信托等的人	使用"成长组合"以 2400 日元购买 1000 股 A 公司股票并持有一年(购买金额 240 万日元),到期资产为 1000 股+分红 4.8 万日元
5	想要同时使用"定投组合"和"成长组合"额度,在短时间内达到年度投资额度,然后继续持有的人	使用"定投组合"每月投资 10 万日元,连续 5 年;同时使用"成长组合"每月投资 20 万日元,连续 5 年。5 年后分别持有 15 年,到期资产总额 3021 万日元(约合投资本金的 1.7 倍)
6	想要稳定、灵活地投资的人,在需要时提取资金来使用的人	使用"定投组合"每月投资 5 万日元。10 年后提取 100 万日元,但继续投资 10 年。到期资产总额 1403 万日元
7	想要从小额投资开始并随着收入增加而增加投资金额的人	以每月 1 万日元的"定投组合"开始投资,投资金额每 5 年增加至每月 3 万日元,共总投资 25 年,到期资产总额 1959 万日元(约合投资本金的 1.3 倍)

注:假设投资期间的平均年化收益率为 3%。
资料来源:日本金融厅,汇添富基金整理。

2. 为主动营造熟悉的投资环境,日本金融厅于2017年10月推出了"工作场所定投 NISA",鼓励各部委、地方政府以及私营企业积极引入

简单来说,就是由企业与 NISA 代理商签订协议,批量帮助企业雇员开立 NISA 账户。企业可以向使用工作场所定投 NISA 的员工提供"激励金",作为公司福利的一部分,该笔资金可以从企业所得税中扣除一定比例。日本金融厅对能够从事工作场所定投 NISA 业务的金融机构进行了更为严格的划定,目前有 27 家金融机构(13 家银行、10 家证券公司和 4 家基金公司)能够从事该业务[1]。

---

[1] 数据来源于日本金融厅,https://www.fsa.go.jp/policy/nisa2/workplace/pdf/04.pdf。

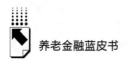

3. 政府鼓励通过各类年轻人喜欢的方式进行宣传，并将 NISA 制度纳入国民金融教育体系

例如，新 NISA 推出后，日本金融厅分别在 2023 年 12 月、2024 年 1 月和 2 月举办了三场活动，邀请熟悉 NISA 的名人（包括明星、运动员等），讲解新 NISA、交流人生规划和资产形成的基础知识，号召大家一起来学习和思考金钱、投资和未来。日本政府也会制作各类科普性、趣味性的投资者教育材料，吸引普通民众关注长期投资。同时，日本金融厅设立"金融经济教育研究会"，并将 NISA 制度纳入学校教材，在 NISA 日（2 月 13 日）举办各类活动，让家长和孩子一起参加，并派遣讲师到学校和社区进行市民讲座等。

（五）NISA 与 iDeCo 的运行比较

虽然我们认为 NISA 并不属于日本个人养老金的范畴，但因 iDeCo 和 NISA 都具有国家通过给予税收优惠引导个人进行长期投资的属性，故比较两者的运行情况差异并分析原因。

日本个人养老金 iDeCo 从 2001 年建立，比 NISA 制度早 13 年，但目前 iDeCo 在参与人数和参与规模上都远远落后于 NISA。从管理规模看，截至 2023 年末，iDeCo 的参与规模仅约 2.19 万亿日元（约 1042 亿元），落后于 NISA 账户 35.4 万亿日元（约 1.68 万亿元）的发展规模。从参与人数上看，截至 2023 年末，NISA 账户数达到 2136 万个，而 iDeCo 的账户数仅约 300 万个（见图 6 和图 7）。

NISA 制度之所以发展相对更快，主要原因可能在于，一是账户管理更加灵活。由于 iDeCo 是养老金账户，锁定期较长，通常到 60 岁才能提取；而 NISA 账户是投资账户，随时可取可用，投资者可以更早地获得收益。二是税优额度限制更少。相比 iDeCo 根据职业等因素的不同，每年提供 14.4 万日元至 81.6 万日元不等的税优额度，NISA 制度一次性提供全生命周期总额 1800 万日元的税优额度，额度更高且没有时间限制，对民众来说更有吸引力。三是账户投资属性更强。相比 iDeCo，NISA 多提供了包括股票、ETF

图 6　NISA 账户数变化

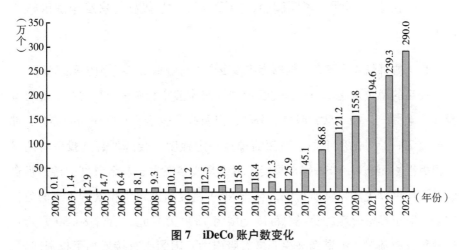

图 7　iDeCo 账户数变化

资料来源：日本金融厅，数据截至 2023 年末，汇添富基金整理。

等 "投资" 属性更强的资产，受到投资者欢迎。四是账户费用更加低廉。相比 iDeCo 每年收取的多项账户管理费用①，NISA 账户的 0 费率普遍受到欢迎。五是营销宣传的触达更加成功。NISA 作为一种新兴的投资账户，配合

---

① iDeCo 账户的管理费用包括初次开立账户的订阅费 2829 日元、国民年金基金联合会会费 105 日元/月（仅限缴纳养老保险费当月）、管理机构费用（因具体金融机构而异）、退款费用 1048 日元/次。资料来源于 https：//www. toushin. or. jp/newnisa_ contents/nisa_ ideco/index. html。

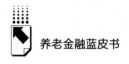

新政策推出的一系列宣传推广也更加成功，可能更容易被寻求投资机会的年轻投资群体所接受；而 iDeCo 作为养老金计划，可能需要通过更长时间的培育来获得市场的认可和信任。

四　NISA 制度发展经验及对我们的启示

NISA 制度不属于日本养老金体系，但其内涵和外延相比个人养老金账户更加广泛，在制度设计、投资管理、投教宣传等方面，都能够为完善我国个人养老金制度和养老金投资运营体系提供借鉴意义。

（一）制度层面：紧抓痛点、持续改革，为激发民众参与提供核心动力

1. 大幅降低投资税负，能够克服投资者参与资本市场投资的重要障碍

较高的税负水平一直以来是民众参与日本股市投资的重要障碍。在日本投资金融资产，如利息、股息、分红，以及投资股票、基金获利的部分，都要征收 20.315% 的所得税，高额的税负一定程度上会降低普通投资者的参与积极性。而通过 NISA 账户投资，不论是股票股息、基金分红，还是投资收益，均可以免除投资所得税，且新 NISA 制度给到每个投资者永久的免税期限，对于投资金额的免税总额度上限为 1800 万日元（合计 86.30 万元）。这种税收激励对于投资者来说非常有吸引力，因为它直接增加了投资回报，使投资者在投资决策时更倾向于选择 NISA 账户。

税收制度的优化有助于提升我国个人养老金制度的参与激励性。建议进一步提升税收优惠额度、研究在领取阶段不对投资收益征税等措施，研究完善相对合理公平，同时更加具有激励作用的个人养老金税收机制，在提高个人养老金制度激励性的同时，创设一个既能促进个人养老金投资，又能维护税收体系的整体平衡。

2. 充分具备灵活性的投资账户，能够极大促进投资者参与意愿

NISA 账户设置极为灵活，因此受到投资者喜爱。第一，NISA 对投资

者参与的资金门槛没有任何限制，对中小投资者非常友好。第二，新 NISA 的免税总额上限为 1800 万日元，但并未设置免税期限。因此，在投资过程中，选择什么样的投资时点、投资金额、投资期限，完全取决于个人的目标和意愿，可操作性强。第三，NISA 实行完全开放的账户模式，资金进出没有任何限制。在投资者有特殊需求时，能够随取随用，且投资免税不受影响。这种灵活性使 NISA 账户不仅适用于长期投资，也适用于短期资金的灵活运用，包括短期的用于购房、教育、改善生活等目的的资金，这种支持多样化资金用途的模式使 NISA 账户对于不同需求的投资者都具有吸引力。

我国的个人养老金账户实行退休前封闭运作，目前仅能够在达到退休年龄、完全丧失劳动能力、出国（境）定居等情形下领取。建议适当增加账户的灵活性，更方便投资者参与，优化个人养老金的提取条件，增加重疾、自主购房等大额资金需求的提前支取情况，并公布特殊情况认定细则，或可尝试探索允许个人通过缴纳惩罚税的方式提前支取，用这种方式鼓励长期投资。

3. 坚持制度定位，是制度得以长期健康可持续发展的重要基础

日本政府在推行 NISA 制度改革的过程中，始终坚持制度服务于普通民众，避免税收优惠过度偏向富裕阶层：通过设置无期限的免税额度上限，确保税收优惠不会无限制地累积给已经拥有大量资产的富裕阶层，确保税收优惠的公平性，使中产阶级和低收入群体都能够从 NISA 中受益，进而促进财富的相对均衡分配，显示了政府对提高国民财富和促进金融市场发展的承诺。政策的持续性和稳定性有助于形成长期投资的环境，为投资者提供了信心，鼓励他们投资股票、基金等资产，做出长期的投资计划。这有助于增强社会的整体经济安全感，对于日本经济的长期增长和金融市场的成熟至关重要。

坚持制度定位对完善我国个人养老金同样重要。个人养老金是国家给予税收优惠、个人自愿参与、自主投资的养老金计划。未来建议研究探索更多灵活就业人员及没有被基本养老保险基金、年金基金覆盖的投资者群体的参与方式，提供丰富的以公募基金为代表的普惠金融产品，进一步提升信息披露质量。

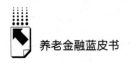

（二）投资层面：重视资产配置、重视权益投资，促进 NISA 与资本市场互助增长

1. 重视发挥权益投资的作用，持续助力资本市场的发展

总体来看，NISA 重视长期资金的资产配置作用。NISA 允许投资者在账户中选择多种投资产品，包括股票、ETF、REITs 等，为投资者提供多样化的投资渠道，有助于分散风险并提高潜在的回报率。在此基础上，NISA 更加注重发挥权益投资的作用，相比养老金账户，NISA 的可投资产品类型以证券类为主，并且推出一次性投资、定投功能为主的账户类型，为投资者的长期投资提供丰富的底层资产和账户功能。截至 2023 年末，日本家庭金融资产为 2141 万亿日元，比上年同期增长 5.1%[①]，连续 5 个季度创历史新高。NISA 制度促进资金不断流入股市，一定程度上助推了日本股市的上涨。同时，股市上涨也进一步激发了各类投资账户开展投资的信心，带动更多的普通投资者积极入市，推高了整个家庭金融资产余额。可见，NISA 对于资产管理行业和资本市场的发展提供了持续助力。

养老投资的长期性决定了权益投资应当在资产配置中发挥重要作用。作为其他支柱养老金的补充，个人养老金更重视"投资"，更应发挥权益投资的作用，为居民承担起补充养老、提高替代率的任务。目前个人养老金中养老储蓄、保险和理财产品以固定收益类资产为主。建议进一步提升个人养老金的权益投资比例，将更多类型公募基金尤其是权益类产品纳入投资范围，同时加大宣传力度，提升投资者对于长期投资和权益投资理念的认知。

2. 通过定投组合投资指数产品带动了民众对于被动投资的认知

NISA 账户的定投组合中，可投资产品大多为指数基金。从 2018 年初到 2022 年底，仅定投 NISA 组合中的指数基金就出现了约 2.4 万亿日元[②]

---

① 数据来自日经中文网的报告，数据由日本央行发布，数据截至 2023 年末，https：//cn.nikkei.com/politicsaeconomy/efinance/55160-2024-03-22-09-01-29.html。

② 数据来自野村证券的研究报告 *Japan's Asset Management Business 2023-2024*，数据截至 2022 年末。

（1143 亿元）的净流入，大规模的资金流入表明了民众对于通过 NISA 账户进行指数基金投资的高度认可，也反映出指数基金作为一种便捷的资产配置工具，以其低成本、风险分散和透明度高等特点，逐渐受到日本投资者的青睐。

我国个人养老金 1000 元/月的免税额度天然契合定投方式。个人养老金业务是新生事物，为提高民众参与便利性，丰富民众参与形式，建议销售渠道优化定投机制、丰富投资模式，引入相对高频（如按月）的定投模式、不定期缴费后定时扣款投资的模式，以及诸如按照估值水平、市场点位等特定策略定投方案。

（三）投教层面：政府主导、多元宣传，增强民众的认知与信心

日本政府对 NISA 的支持和宣传是获得投资者认可的重要因素之一。政府通过扩大和改革 NISA 制度，鼓励家庭将更多资金投入风险较高的资产，而不是仅持有现金或存入银行。这种政策导向为投资者提供了信心，也反映了政府对于促进资本市场发展和家庭财富增长的积极态度。日本在 NISA 上对投资者教育方面的整体安排，有利于培养民众的金融素养和尽早准备养老储蓄的观念。早期制度建立时，青少年 NISA 作为针对未满 20 岁群体设计的产品，不仅对培养青少年的储蓄意识和金融素养有积极帮助，也为下一代搭建起金融投资的宝贵实践平台和体验机会，进而促进日本养老投资观念的长期持续发展。同时，NISA 账户面向资金小额的投资者，费用低廉，倡导长期投资、分散化投资，吸引了更多日本民众加入长期投资中。我国个人养老金尚处于运行初期，民众对于"养老要趁早、养老要投资"的理念有待进一步提升。建议推动创造政府、企业、市场机构、社会各界共同参与、共同行动的良好投资环境，让更多的民众正确认识和理解投资，促进我国个人养老金的长期健康可持续发展。

B.13
美国401(k)计划投资菜单设计及经验借鉴

恩学海　周 诺*

摘　要：　随着美国401（k）计划的完善和发展，部分计划参与者不再只满足于默认机制提供的养老金产品，具有自主投资的意愿。一份科学设计的投资菜单，能引领其构建资产配置比例合理的多元化组合，实现投资目标。同时，相对专业的投资菜单，对于缺乏专业投资能力和意愿的参与者具有难度，可潜在引导他们选择更简便、更适合、成功概率也较高的目标日期基金。美国实验与实证经验表明，科学的投资菜单应兼顾选项数量适宜、资产配置多元分散、投资工具复合、成本效益高、布局结构化等多个设计要素。目前，中国企业年金模式下，参与者可先尝试选择符合年龄、预期收益的投资组合，逐步探索个人选择权；在个人养老金账户中，可先行优化现有的可投菜单——形成客观评价标准、精选养老目标基金，以提升产品质量、目标基金的接受度和个人养老金的参与度。

关键词：　401（k）　养老菜单设计　行为经济学

一　401（k）计划投资菜单介绍

（一）投资菜单概述

401（k）计划是美国养老金第二支柱（企业年金与职业年金）的核心

---

* 恩学海，摩根基金管理（中国）多资产策略投资部资产配置及退休业务首席投资官，主要研究方向为多元资产投资管理、养老金投资；周诺，摩根基金管理（中国）多资产策略投资部投资组合经理，主要研究方向为多资产投资与退休金管理。

投资计划之一，截至 2023 年规模约 7.4 万亿美元，占美国养老资产比例达 19.3%[①]。该计划由雇主发起，为每位参与计划的雇员设立个人账户，定期由企业和职工按一定比例共同缴纳。该账户中雇主为雇员提供了一定程度的选择权，且以菜单的形式，列示雇员可投的金融产品，相当于 401（k）的可投池，引导投资人做出合理的选择。表 1 为 401（k）计划投资菜单的样例。

表 1　投资菜单样例

第一层：目标日期基金（默认投资）

目标日期

2025	2030	2035
2040	2045	2050
2055	2060	2065

第二层：核心菜单（自主投资）

资产类别	策略分类	风险/收益等级	细分策略
现金管理	短期固定收益	较低	短期固定收益
	稳定价值	较低至中等	稳定价值
	通胀保值债券	较低至中等	政府通胀保护债券
债券	中长期债券	较低至中等	核心债券（投资级信用债策略）
			中期债券
	高收益债	中等至较高	高收益债券
美国权益	大盘	较高	大盘价值指数
		较高	大盘价值
		较高	标普 500 指数
		较高	大盘成长指数
		较高	大盘成长
	中盘	较高	标普中盘 400 指数
	小盘	较高	小盘指数
		较高	小盘核心
		较高	小盘混合

---

① Investment Company Institute （ICI）, "2024 Investment Company Fact Book", https://icifactbook.org/pdf/2024-factbook-ch8.pdf.

续表

资产类别	策略分类	风险/收益等级	细分策略
海外权益	全球大盘	较高	全球大盘指数
		较高	全球大盘价值
	全球小盘	较高	全球小盘指数
新兴市场	新兴市场权益	较高	新兴市场权益指数
公司股票	公司股票	较高	公司普通股

美国401（k）计划参与者具备个人自主选择权，包含两种投资途径，服务不同投资能力的参与者，一是通过默认投资机制，投向符合年龄的目标日期基金，二是在核心投资菜单中选择不同类型产品。因此，投资菜单也包含两部分：第一部分为不同退休年龄对应的目标日期基金，通常仅提供一家机构的系列产品；第二部分为核心菜单，根据资产类别、细分策略井然有序地展示可投基金及其他金融产品，数量适中、类型多元，供员工自主选择。这不同于国内的企业与职业年金计划，计划参与者通常不具备自主选择投资标的的权利。

投资菜单的设计因雇主而异，由"计划发起人"（Plan Sponsor）制定，在企业年金投资环节中，该角色至关重要。计划发起人是企业为雇员制定退休计划的负责人（通常为雇主，由专门的部门或人员运作）。在401（k）的场景中，具体而言有两个主要职责。第一，不同企业人口统计学特征、职业（薪资增速、停止缴费/退出率等）、储蓄行为、风险偏好等存在差异，计划发起人负责确定相关变量，以构建定制化的下滑曲线。第二，计划发起人负责确定投资菜单选项数量、具体标的，员工仅可在该范围内投资。该菜单能帮助参与者在面对规模与数量庞大的公募基金市场时，缩窄投资范围、聚焦优质的基金；同时菜单将直接引导参与者的投资决策，决定投资组合的结构，从而对最终的退休财富产生影响。这就要求审慎、严谨、科学地设计投资菜单。美国也在法律层面界定了计划发起人的信义责任（Fiduciary Duty），其独家代表计划参与者的利益，并尽职、专业、规范地管理福利计划。

在401（k）计划中，参与者自主或在投顾指引下投资，但是投资风险由参与者个人承担。在规模庞大的公募市场进行长久期投资，个人投资者通常难以正确配置资产与选择基金，易过于激进或保守。同时，2023年约65%的401（k）计划资产投向公募基金[1]，那么，25.5万亿美元广阔的公募基金市场[2]，也对个人投资者精选基金提出了挑战。

投资菜单的影响体现在直接、间接两方面。直接地，投资菜单聚焦却也局限了投资范围，所提供投资工具的全面度与代表性、多元性、优质性将决定投资组合的有效性即风险收益。间接地，人在投资选择过程中，会产生复杂的心理变化，从行为经济学的角度，作为投资决策时面对的首要信息，投资菜单会带来一定的心理及行为暗示，影响投资者参与的意愿、理性决策的能力、决策的独立性。比如菜单过于复杂，投资者往往难以完全消化、分辨信息，投资者可能会放弃投资原则，或遵从简化原则、思维惯性，选择位置靠前、过往熟悉的标的等，弱化了投资选择的理性；又如菜单中如含有较高比例的权益基金，或引导投资者配置过多权益基金，影响独立决策。这都将在无形中影响投资组合及最终的投资结果。

（二）历史演进过程

1. 发展初期：投资菜单的出现与规范化

投资菜单创设之初，伴随着资本市场的发展和主动管理公募基金行业的崛起，促使投资菜单不断为投资者引入新的选择，出现了以下四种现象。第一，早期计划发起人认为，更大的可选集拥有更强的选择灵活性与空间，符合选项"越多越好"的直觉偏好[3]。投资菜单中选项数量快速增长，1993～

---

① Investment Company Institute（ICI），"2024 Investment Company Fact Book"，https：//icifactbook. org/pdf/2024-factbook-ch8. pdf.

② Investment Company Institute（ICI），"2024 Investment Company Fact Book"，https：//icifactbook. org/pdf/2024-factbook-ch3. pdf.

③ Iyengar Sheena and Lepper Mark，"When Choice is Demotivating：Can One Desire Too Much of a Good Thing?"，*Journal of Personality and Social Psychology* 79（6），2000：995-1006.

2002年，美国401（k）菜单中可供选择产品的中位数从5增长至13[1]；2001年Vanguard养老研究中心数据显示，其下DC账户投资菜单选项数量平均数为15，最高达59[2]。第二，数量之外，从投资菜单资产配置结构的角度看，早期菜单中资产比例并无明确的规则，易导致选项中资产比例失衡。由于菜单中选项数量的增长恰逢美国公募主动基金的发展，1990~2003年，公募基金从3000余只激增至8000余只，且增量以主动权益基金为主，因此研究人员观察到，菜单新增选项中近2/3的基金为主动权益基金，无形中会导致整个组合权益资产比例较高[3]。第三，菜单选项之间也存在同质性，菜单设计缺乏对资产比例、类型的限制，引入诸多高相关的基金，在2001年调研的417个、选项中位数为8的计划中，可供选择且具备5年以上业绩记录的公募基金之间的相关性，高于公募行业均值[4]。第四，伴随大量主动基金发展、入选，投资组合的费率问题也随之抬升，在复利效应作用下，长期亦会损害退休财富，因此投资工具的选择也需要考虑成本效益，主动基金alpha是否足以覆盖费率的拖累。

对于上述问题，投资菜单逐步进行针对性优化，并在此过程中，诞生了多资产基金（目标风险基金、目标日期基金等）。一方面，帮助投资者避免了选项的干扰；另一方面，投资者由于相对缺乏投资知识和对该品种的认知，他们会在此类基金外再添加更多选项，使最终的投资组合偏离投资目标与配置中枢。研究人员通过实验验证了该问题的存在：实验中设计了两类投资菜

① Brown Jeffrey R. , Scott J. Weisbenner, "401（k）Investment Options, Portfolio Choice and Retirement Wealth", National Bureau of Economic Research, https：//www.nber.org/papers/w15317.

② Iyengar Sheena , Jiang Wei and Huberman Gur. "How Much Choice is Too Much? Contributions to 401（K）Retirement Plans", in Olivia S. Mitchell, and Stephen P. Utkus ed. , *Pension Design and Structure: New Lessons from Behavioral Finance* (Oxford: Oxford University Press, 2004), pp. 83-96.

③ Brown Jeffrey R. , Scott J. Weisbenner, "401（k）Investment Options, Portfolio Choice and Retirement Wealth", National Bureau of Economic Research, https：//www.nber.org/papers/w15317.

④ Edwin J. Elton, Martin J. Gruber, Christopher R. Blake, "The Adequacy of Investment Choices Offered by 401（k）Plans", *Journal of Public Economics* 90（6~7）, 2006：1299-1314.

单，一类只有一只权益、一只债券基金两种选择（相当于 50% 权益配置比例），需投资者自行选择或组合，另一类是包含 5 只多资产目标风险基金，权益配置比例从 25% 到 100% 不同风险等级。结果显示，第一类中 32% 的参与者选择 50% 权益配置比例，15% 只选择权益配置，而在第二类中 51% 参与者选择权益仓位 100% 的多资产基金，远高于第一类中仅选择权益配置的比例（15%）。由此观之，投资者在自己构建组合时，对分散化投资有一定的意识，但对于"分散化"的理解更多停留在数量而非底层的资产配置比例上[1]。

在此阶段，围绕投资菜单中选项数量过多、资产配置失衡、多样性不足、费率抬升等现象展开了一系列实验与实证研究，表明这些结构性问题潜在影响了投资行为与投资结果。在信义义务的驱动下，计划发起人开始重视投资菜单的设计，对菜单中产品的投资数量、品种、比例等设计要素都更为审慎，力求做到数量精简、资产配置结构均衡、品种分散多样等标准化、规范化的设计原则。

2. 养老投资普及与投资菜单的成熟

2006 年《养老金保护法案》（*Pension Protection Act*）中，推出了美国的养老金合格默认投资选择（Qualified Default Investment Alternative，QDIA）制度。该制度通过提供自动投资选项（目标日期基金），降低了雇员个人投资选择的门槛，有助于那些不熟悉金融市场的雇员参与养老金投资。雇主如果采用 QDIA，并且在投资过程中遵循了相关法规，可以免除因投资决策导致的受托责任。

自动投资与 QDIA 为雇员提供一种即使在缺乏专业知识的情况下也能争取实现资产增值的途径。雇主可以为雇员提供一个自动且专业的投资选择，从而促进了养老金计划的普及和雇员的财务福祉。该制度的推出，克服了人的"惰性"以及"选择困难"，大幅提高了养老金计划的参与率，同时提高了贡献率，避免因为储蓄不足造成无法达成长期收益目标。2021 年 401

---

① Benartzi Shlomo, Richard Thaler, "Heuristics and Biases in Retirement Savings Behavior", *Journal of Economic Perspectives* 21 (3), 2007: 89-104.

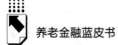
（k）计划中，61%以上超过 10 亿美元规模的 401（k）计划提供自动加入机制①；2022 年，68%的参与者持有目标日期基金②。

QDIA 制度的确立，确实满足了相对普惠的养老投资需求，但仍然存在一定的自主投资需求，并且在养老投资参与度提升的过程中，投资者教育随之普及，计划参与者的金融知识得以提升，不满足于单一的默认投资选项，需求多样化，QDIA 默认操作个性化不足。调查显示，仅 36%的参与者需要投资专家并完全采纳他们的建议或代表他们进行决策，其余 39%的参与者会听取建议但自主决策、25%参与者会进行独立决策③，后两者反映了较强的自主投资意愿。从资金实际投资情况看，20 岁年龄段约有 34%的资产会投资于目标日期基金以外的投资标的，到 60 岁年龄段非目标日期基金占比上升至 68%④，多元化投资需求持续存在并上升。投资机构也会根据自主参与度，将计划参与者分为被动投资者、部分主动投资者及主动投资者三类，并通过优化菜单设计为后两者提供服务。尽管参与者主动参与意愿不低，但仅有不到 40%的投资者对自己应投选项有信心，参与者仍需要更多的支持⑤。因此投资菜单的设计原则中，逐步考虑计划参与者投资意愿、人口统计特征，提升菜单的适应性与定制化，支持投资者优化自主投资。这进一步丰富了投资菜单设计的内涵，逐步进化为当下的形态，较好满足投资需求。2023 年调查显

---

① Investment Company Institute（ICI），"The BrightScope/ICI Defined Contribution Plan Profile：A Close Look at 401（k）Plans 2021"，https：//www.ici.org/system/files/2024 - 08/24 - ppr - dcplan-profile-401k.pdf.

② Investment Company Institute（ICI），"2024 Investment Company Fact Book"，https：//icifactbook.org/pdf/2024-factbook-ch8.pdf.

③ J. P. Morgan Asset Management，"2024 Defined Contribution Plan Participant Survey Findings：Expanding Expectations，Expanding Opportunities"，https：//am.jpmorgan.com/content/dam/jpm-am-aem/global/en/RI-PPSR-24.pdf.

④ Investment Company Institute（ICI），"2024 Investment Company Fact Book"，https：//icifactbook.org/pdf/2024-factbook-ch8.pdf.

⑤ J. P. Morgan Asset Management，"2023 Defined Contribution Plan Sponsor Survey Findings"，https：//dcresearch.jpmorganfunds.com/#section-36.

示，84%的 DC 计划拥有者认为，养老计划需要提供相对优质、完善的投资菜单[1]。

二 401（k）计划投资菜单的动因与影响

（一）对投资行为的影响

1. 菜单设计的行为学基础

行为学对投资菜单的设计提供重要的理论基础。参与者在进行投资决策这种相对复杂得多的选题时，主要存在选项过量、简单等分、选择惰性等投资行为。需通过有效的菜单设计来正确引导，并规避因设计不严谨而产生的潜在负面影响，从而最大限度地达成投资目标。

选项过量与认知负荷[2]：在面对过量的专业信息时易存在认知局限，因结果具有不确定性，从而倾向于选择放弃或延迟投资。

简单等分策略[3]：选项数量较少时，直接等权重配置到所有选项中。

选择惰性[4]：当选项数量较多且复杂时，通常会采取避免极端、选择中间项、从众等相对普遍或惯性的选择策略，比如，计划参与者的决策会纯粹因为某选项所在的位置居中，而弱化理性决策，这就意味着投资选项的排布无形中会对标的选择造成一定暗示。

2. 菜单设计对行为的影响

结合上文所述存在的投资行为，研究表明菜单中选项数量过多、资产占

---

[1] Investment Company Institute （ICI）, "2024 Investment Company Fact Book", https：//icifactbook. org/pdf/2024-factbook-ch8. pdf.

[2] Iyengar Sheena, Lepper Mark, "When Choice is Demotivating：Can One Desire Too Much of a Good Thing?", *Journal of personality and social psychology* 79 （6）, 2000：995-1006.

[3] Benartzi Shlomo, and Richard H. Thaler, "Naive Diversification Strategies in Defined Contribution Saving Plans", *American Economic Review* 91 （1）, 2001：79-98.

[4] Benartzi Shlomo, Richard H. Thaler, "How Much is Investor Autonomy Worth?", *The Journal of Finance* 57 （4）, 2002：1593-1616.

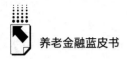
比不均、展示结构不清晰、顺序不合理都将触发不利于理性投资的行为。因此在菜单设计过程中，对于上述设计要素都应有慎重的考量。

（1）选项数量

首先，较多的选项数量降低投资者参与率，也就是人们常说的"选项过量"。考虑到参与者的投资水平，在面对过量的专业信息时易存在认知局限，因担忧结果的不确定性，从而倾向于选择放弃或延迟投资。2001年针对 Vanguard 记录的 647 份真实的投资菜单，对应 79 万名参与者的投资组合实证研究发现，菜单数量与参与率存在负相关的关系。在菜单中每增加 10 只基金，雇员的参与率将下降 1.5~2 个百分点[1]。

其次，较多的选项数量使参与者简化其投资决策，弱化决策理性，从而影响投资组合的资产配置，这体现在两个维度。

一是倾向于选择保守的资产类别。在上述同一批 Vanguard 菜单及参与者中发现，核心菜单中每增加 10 只基金，投资组合中配置相对低风险的基金品种（货币市场基金与债券型基金）的比重将上升 5.4 个百分点，同时对于股票基金的配置将下降 7~9 个百分点[2]。尽管我们在前文论述提到，早期投资菜单扩容，增加的选项中多数为主动权益基金，且增加得越多，股票增量占比越高。但参与者面对更大的可选集时，知识存在局限，使简单、易于理解的选项仍具有吸引力，最终倾向于将资金暂存于低风险的品种，延迟做出符合其风险水平、理性的投资决策。因此增加菜单中的投资选项，会使整体组合增配低风险资产，资产配置趋于保守，影响长期资产增值。

二是投资策略的简化。这体现在对已选标的权重配置上，选项数量越多，对于已选标的的权重分配，更倾向于采取相对简化的等权策略。在计划

---

① Iyengar Sheena , Jiang Wei and Huberman Gur. "How Much Choice is Too Much? Contributions to 401 (K) Retirement Plans", in Olivia S. Mitchell, and Stephen P. Utkus ed. , *Pension Design and Structure: New Lessons from Behavioral Finance* (Oxford: Oxford University Press, 2004), pp. 83-96.

② Iyengar Sheena, Jiang Wei, "How More Choices are Demotivating: Impact of More Options on 401 (K) Investment", https://api. semanticscholar. org/CorpusID: 17517360.

层面，2001 年基于 170 份计划的实证研究中，参与者倾向于应用简单等分投资策略；在参与者层面，针对 2001 年覆盖 57 万名参与者的 639 份计划的实证分析显示，参与者尽管不会等权投资所有的选项，但倾向于在已选标的中使用等分策略，称为"有条件的等分策略"①。这意味着，如果参与者选择了较多的同类别基金，再配合有条件的等分策略，投资组合整体的资产比例也将失衡。这就要求在菜单设计环节，既要避免选项过量引发过于简单的配置策略，也应通过菜单分类、理念宣导等设法引导投资者配置多元资产。

（2）资产配置

在不改变数量的前提下，投资菜单的结构将对投资组合的资产配置产生影响。早期的研究发现，因等权策略的存在，投资菜单中资产配置比例与投资组合中资产配置比例有很强的正相关②。但随着有条件等分策略的提出，进一步研究发现菜单结构对投资组合的资产配置的影响，也与选项数量相关。当菜单选项小于 10 项时，菜单中股票基金的占比与组合中股票基金的占比确有正相关性。但菜单选项超过 10 项时，这种正相关性显著降低，也符合上文中数量过多导致配置趋于保守的现象③。

（3）投资菜单的布局

在面对较为复杂的选择时，除了上文提及的简化投资策略（倾向于保守配置、有条件等分策略），计划参与者倾向于使用相对惯性、简单的规则来应对，诸如使用避免极端、选择中间位置选项等偏直觉的策略。首先，参与者会避免极端，引发一定的从众心理，一项在大学校园覆盖 170 位 401（k）计划参与者的调查显示，参与者认为中位数组合相较于自己设计的组

① 有条件等分策略：选项数量越多，对于已选标的进行等权配置，如在 100 个选项中选择了 10 个标的，每个标的权重设定为 10%。参见 Huberman Gur, Jiang Wei, "Offering Versus Choice in 401 (K) Plans: Equity Exposure and Number of Funds", *Journal of Finance* 61 (2), 2006: 763-801。

② Jeffrey R. Brown, Nellie Liang, Scott Weisbenner, "Individual Account Investment Options and Portfolio Choice: Behavioral Lessons from 401 (k) Plans", *Journal of Public Economics* 91 (10), 2007: 1992-2013.

③ Huberman Gur, Jiang Wei, "Offering Versus Choice In 401 (K) Plans: Equity Exposure and Number of Funds", *Journal of Finance* 61 (2), 2006: 763-801.

合更有吸引力。其次，参与者也会倾向于在选项排列中位置居中的选项，该研究实验中也印证了这一点，从而弱化理性决策，这就要求投资菜单的顺序排布也应有谨慎的考量。早期，投资菜单尤其是目标风险基金通常在展示中，会按风险从低到高排列可投基金，中间选项对应中风险的组合，这无形中会对基金的选择造成一定暗示[①]。

对于有自主投资需求的参与者，菜单结构化的排列也可帮助投资者更直观地理解投资选项并做出决策，进而加强投资过程中对组合的关注度。

（二）对投资结果的影响

投资菜单的数量、结构、排布，将影响参与者的行为、潜意识、决策理性度，从而对养老投资组合及资产配置的结果产生潜在影响，长期来看过于保守或激进的组合，都将损害养老金的回报。同时，投资选项的费率、多样性也会对投资结果产生更直接的影响。菜单中若包含较多高费率的品种，费率的复利效应会对投资回报有显著损伤。需结合产品的实际超额回报来综合评估引入该类产品的成本与效益。此后，当默认投资相对成熟，适度丰富投资选项、品类、结构化的菜单对组合的风险收益、换手等方面存在积极影响，有助于增厚养老金收益。

（1）选项数量

精简选项数量并结构化布局，将帮助投资者优化投资行为及结果，包括降低换手、配置合适的目标日期基金、合理化权益配置中枢。实验人员对菜单精简前后的投资组合变化进行了研究，在维持原有菜单特征的基础上，删减菜单（在90个选项中删除了30个），使原有投资于被删减标的的投资者重新选择，并将投资菜单的布局设置为更清晰的四层结构，观察重选组合前后的变化。对于受影响需再选择的投资者，91%未做调整，当变更窗口结束后默认投入至适配的目标日期基金，9%选择主动投资。最终新组合中权益基金配

---

① Benartzi Shlomo, Richard H. Thaler, "How Much is Investor Autonomy Worth?", *The Journal of Finance* 57（4），2002：1593-1616.

置下降 18%、TDF 配置提升 14%、股票交易账户配置提升 2%。这次组合再平衡过程中，第一，定位到真正具有自主投资意愿的人群，非主动投资者回归到更稳妥的目标日期基金。第二，这些新的组合在此后一个季度和之后的一年中，均显示换手率、费率、持仓基金的数量显著减少。新组合整体费用下降 4bp，换手率下降 11.3%，考虑 0.5% 交易费用，假设节省的管理费、交易费以 5% 年化再投资 20 年，基于实验时点资产总量数据，相当于该实验组人均退休财富分别增厚 4000 美元、5400 美元。第三，从风险的角度，通过风险因子回归，新组合绝大多数风险因子的暴露降低、非系统性风险项下降。这既体现了对于多数参与者目标日期的合理性，更印证了选项数量精简、结构化的排布有助于降低组合的费用、优化组合的风险收益特征。[1]

选项数量也不宜过少，基于 2004 年覆盖 99 万名参与者的 1003 份计划的实证研究发现，投资菜单所构建的组合中每增加一只基金，夏普比率的损失、非系统风险的暴露均有下降，起到分散风险的效果，投资菜单有效性提升（见图 1）。但同时菜单多样性的效果将随着组合的扩容而边际减弱。当组合选项低于 10 项时，相关的负面评价指标快速下行，选项数量超过 10 项后，指标变化趋于平稳[2]。

随着自动加入与默认投资机制相对成熟后，部分具有自主投资意愿的需求受到更多关注。对于仍选择主动投资的参与者（这些群体具有明显特征，也意味着自主选择不适合所有人，他们较平均参与者更年长、有更高收入、有更多账户余额，目标日期基金或其他默认投资选项占资产比例低于95%），核心菜单数量应适度丰富，晨星研究显示，选项从 10 提升至 30 项，这些参与者选择的基金均值将从 4.4 只上升至 8.6 只，组合更为多元化，推动了组合的风险调整后收益整体上升约 11bp[3]。

---

[1] Keim Donald B., Olivia S. Mitchell, "Simplifying Choices in Defined Contribution Retirement Plan Design: A Case Study", *Journal of Pension Economics and Finance* 17 (3), 2018: 363-84.

[2] Ning Tang, Olivia S. Mitchell, Gary R. Mottola, Stephen P. Utkus, "The Efficiency of Sponsor and Participant Portfolio Choices in 401 (k) Plans", *Journal of Public Economics* 94, 2009: 1073-1085.

[3] David Blanchett, Morningstar Investment Management LLC, "How Core Investment Menu Size Impacts Participant Investment Decisions in Defined-Contribution Plans", https://www.morningstar.com/insights/2019/11/12/core-investment.

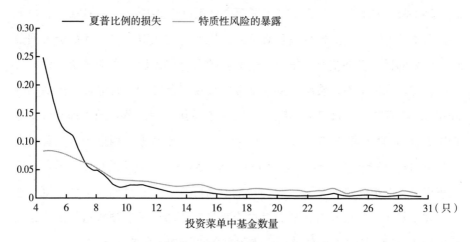

图1 投资菜单提供的基金数量与业绩表现

（2）费率

早期由于增加的选项多为更高费率的主动基金，因此选项数量上升也引发了组合费率的上升，菜单选项数量与参与者平均支付的费用存在正相关[1]。基于当时的测算，如将一个纯被动基金的投资组合调整为纯主动基金组合，预计增加0.35%的年化费率[2]。叠加历史数据来看，主动基金的超额收益并不十分显著，引入高费率、低回报的基金或损害投资者的长期利益。如今基金费率上升得到控制，低费率被动基金受到投资菜单的青睐，2021年，约96%的投资菜单中均提供指数基金的选项[3]。但在定期的评价回顾中，成本效益仍然值得关切。

[1] Brown Jeffrey R., Scott J. Weisbenner, "401（k）Investment Options, Portfolio Choice and Retirement Wealth", National Bureau of Economic Research, https://www.nber.org/papers/w15317.

[2] Jeffrey R. Brown, Nellie Liang, Scott Weisbenner, "Individual Account Investment Options and Portfolio Choice: Behavioral Lessons from 401（k）Plans", *Journal of Public Economics* 91（10），2007: 1992-2013.

[3] Investment Company Institute（ICI），"The BrightScope/ICI Defined Contribution Plan Profile: A Close Look at 401（k）Plans 2021", https://www.ici.org/system/files/2024-08/24-ppr-dcplan-profile-401k.pdf.

（3）投资工具

随着养老定制化需求的提升，投资工具也有所拓展，从相对单一的公募基金，扩充至一对多集合投资信托（Collective Investment Trust，CIT）和一对一的独立管理账户（Separate Managed Account，SMA，也称为 Separate Account），两类账户均是投资组合，都可作为投资菜单中，与公募基金平行的选项。例如，同样是美国大盘主动策略，部分计划提供公募基金，部分计划提供专户作为选项。

集合投资信托（CIT），采取一对多的形式，委托人持有专户份额，该投资形式仅适用于合格退休计划，账户资产管理人为银行、信托公司或其他金融机构。目标日期策略运用 CIT 形式最为广泛，诸多雇主已将目标日期公募基金转换为目标日期集合投资信托。整个美国目标日期策略市场中，CIT 与公募基金这两种投资形式，2023 年存量规模大约各占一半，但 CIT 占 2023 年该策略增量规模比重已达 67%[①]。CIT 目标日期策略通常是公募基金的映射，运作基本一致，但费率更低，并允许一定的定制化，目前 CIT 也逐步推广至单资产策略中。

独立管理账户（SMA），不同于 CIT、公募基金，为一对一专户，委托人为单一企业的 401（k）账户，因此客户直接持有组合中的股债等底层资产（而非基金或专户份额），资产管理人可完全按需设计账户与运作，定制化程度最高。

CIT、SMA 相较于公募基金，费率具备一定的优势：一是 CIT、SMA 与公募基金监管主体不同，注册、信披等要求较低，相关的运营费用低；二是没有零售客户，申赎相对稳定，潜在交易费用较低；三是受益于规模效应，管理费用有商榷空间。

研究人员对比了美国市场中 2000~2010 年，起投金额不低于 100 万美元的公募基金、SMA（包含非养老金客户）与 CIT，其费率中位数分别为 0.93%、0.82%、0.72%，换手率分别为 85%、60%、73%，同时 SMA 与 CIT 相较于公募基金超额具有显著性，费前、费后超额分别为 57bp、46bp[②]（99%

---

① Megan Pacholok, "2024 Target-Date Strategy Landscape", https：//www. morningstar. com/lp/ tdf-landscape? utm_ medium=referral&utm_ campaign=linkshare&utm_ source=link.

② Elton Edwin, Gruber Martin and Blake Christopher, "The Performance of Separate Accounts and Collective Investment Trusts", *Review of Finance* 18（5），2014：1717-1742.

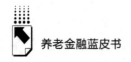

置信区间，四因子模型），专户的超额收益体现了其在费率、换手率以及资产管理人主动管理能力方面的优势。

三 401（k）计划投资菜单的设计框架

（一）传统菜单设计的科学原理

传统菜单设计及选项的展现形式，将影响消费者的体验与潜意识的决策。设计的核心目标在于一是清晰、分门别类地展示信息，帮助投资者准确理解选项，二是巧妙地利用心理暗示引导参与者的投资决策。

基于零售场景下的菜单实验，可以探索人们在应对选择时的自然反应。更多选项会吸引更多的购买者，但更少的选项将促进实际购买转化[1]。应用到菜单设计中，尽管消费者可能会被选项繁多的菜单吸引，但如果要促成结果转化，应将数量控制在有一定多样性但相对精简的范围内。

（二）投资菜单设计的现状及要素[2]

投资菜单的设计，一方面延续传统菜单的设计理念数量适中、清晰有序，另一方面具备更丰富的内涵、更深刻的社会价值。基于行为经济学的思想，通过菜单应尽量引导理性决策、规避误导，以客户利益最大化为目标。经历了几十年的实践，401（k）计划形成了规范化、科学化的设计原则，强调数量精简、各类资产比例合理、资产类别多元、业绩稳定以及成本效益合理。自动加入与默认投资机制推动养老参与率的提升，如今的菜单设计，

---

① Iyengar Sheena, Jiang Wei and Huberman Gur. "How Much Choice is Too Much? Contributions to 401（K）Retirement Plans", in Olivia S. Mitchell, and Stephen P. Utkus ed., *Pension Design and Structure: New Lessons from Behavioral Finance* (Oxford: Oxford University Press, 2004), pp. 83-96.

② 本部分内容如无特别说明，均引用自 Investment Company Institute（ICI），"The BrightScope/ICI Defined Contribution Plan Profile: A Close Look at 401（k）Plans 2021", https://www.ici.org/system/files/2024-08/24-ppr-dcplan-profile-401k.pdf。

在原有基础上，也开始关注自主投资者的需求。设计原则向定制化、个性化的方向演进，强调满足参与者不同投资水平、投资数量适度丰富、投资工具定制化、投资菜单结构清晰等。

投资选项数量：经历了数量无限制扩充、大幅压缩和适度放宽三个阶段，当下计划发起人重新诠释了选项数量。在默认投资相对成熟的环境下，对于有自主投资意愿的参与者，在精简的前提下，适当提升投资数量对投资组合的风险分散与收益有所裨益。根据 ICI 统计，2021 年 401（k）计划中选项数量为 28 只，如将同系列 TDF 视为 1 只，则核心菜单的选项数量为 20 只（见图2）。实践中，适宜的数量既有助于缺乏投资能力的投资者回归默认选项，也能帮助有自主投资意愿的参与者构建更高效的组合，保持了菜单的多样性、避免数量过少造成的代表性不足，也不会因数量过多而对投资者造成困扰。

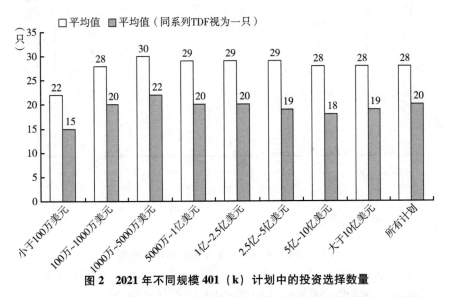

图2　2021年不同规模401（k）计划中的投资选择数量

注：由于核心投资菜单通常包括多只目标日期基金，因此在统计选项数量时，可将多只 TDF 分别计算数量或合并视为 1 只，后者能更好地反映核心菜单选项的数量。如菜单中有 10 只不同到期日的目标日期基金与 20 只其他基金，直接计数口径为 30 只，合并口径为 21 只。

资料来源：BrightScope DC Plan Database，摩根基金整理。

资产类别：基于 2021 年 BrightScope 记录在案的、雇主提供的 401（k）计划数据显示，近 100% 的计划菜单提供权益、债券基金的选择，95.8% 的计划菜单提供被动基金的选择，88.5% 的计划菜单提供目标日期基金的选择，56.5% 的计划菜单提供目标日期以外的均衡型基金的选择，98.4% 的计划菜单提供海外权益基金的选择，69.4% 的计划菜单提供任职公司股票、商品基金、地产基金等多样化的选择，体现了投资选择多样化的设计原则（见图 3）。

多元化的设计理念仍在强化，并逐步引入衍生品、低相关性的投资策略；需要注意的是，多元化的前提仍然是保持数量适度、不过载，减少同一资产/策略类别下的重复标的，丰富资产类别。

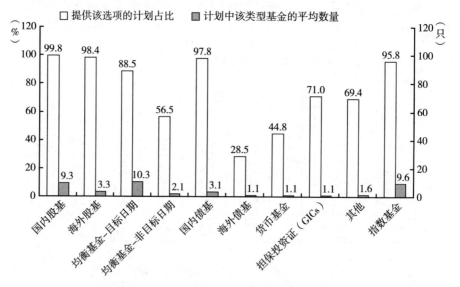

图 3 2021 年 401（k）计划投资菜单选项

注：此处基金包含公募基金、CIT、SA 和其他集合型投资组合工具；其他包含商品基金、REITs、股票、债券等；指数基金为独立分类，与其他分类存在重合。

资料来源：BrightScope DC Plan Database，摩根基金整理。

投资工具：在资产类别多样性的基础上，投资工具的使用也更为多元化，从公募基金产品走向产品+专户解决方案的复合选项。2021 年 401（k）

投资于一对多的 CIT 资产占比达 41%、SMA 占比 3%。当养老投资相对成熟、需求相对稳定，CIT 适用于具有相似目标、特征的一批委托人，以共担费用、降低成本，因而在成熟市场受到欢迎；SMA 适用于需求更为定制化的委托人，举例而言，传统的目标日期基金更适合年轻人，但对于那些临近退休的人来说，考虑到退休年龄、退休时点前后市场波动等因素，更定制化的 SMA 是一个有效的选择，可以帮助他们更好地实现个人退休目标。又如，当养老投资处于早期阶段，市场需求还未清晰，率先尝试的委托人亦会倾向于更高的账户透明度、更定制化，从而选择管理账户。

菜单布局：随着可投数量及种类的适度提升，投资菜单的设计也更为结构化，从内容到呈现形式上，进一步全方位地体现了清晰、简洁、多样化的设计原则，做到整体简洁而不简单。投资菜单通常有序划分为默认投资与核心菜单不同层级，分门别类展示不同策略。也有机构改变传统的资产分类方法，采用零售友好的语言，按投资目标划分投资选项（如划分为专注追求回报、专注降低风险或多样化组合三类资产，代替权益、债券、另类的专业表述）。

结构化布局之上，菜单设计专家们希望帮助参与者更好地理解各个选项。尽管发起人通常会尽心准备说明材料，调查显示 50% 的参与者表示不会读完所有材料[①]。通常，投资者相对刚性的自主投资需求与自身实际投资知识还不匹配，包括不具备多资产的概念、不理解细分策略的差异（如不清晰大盘股、小盘股之间的区别与配置思路）等。因此，为帮助投资者理解并合理配置，亦可在投教材料中展示模拟组合作为参考，将投资菜单选项按照资产类别分类（股票、债券、现金及稳定收益三类），并基于各资产内部的细分资产/策略长期预期风险回报，建议配置比例，每类资产形成一个多元化的组合，既帮助投资者快速区分资产类别，又能根据权重直观理解细分策略之间的配置价值、差异，并能体会到多元资产配置的理念。将参与者决策重心从个基层面提升到更影响长期资产回报的一级、二级资产配置层

① J. P. Morgan Asset Management，"2024 Defined Contribution Plan Participant Survey Findings：Expanding Expectations，Expanding Opportunities"，https：//am. jpmorgan. com/content/dam/jpm-am-aem/global/en/RI-PPSR-24. pdf.

面，引导投资组合资产配置更分散，以提升组合的风险收益，降低出现极端配置的结果，并在潜移默化中实现投资者教育。

组合费率：对于组合费率、成本效益的考虑也在持续。相较于2009年，2021年投资组合整体的费率从1.02%下降至0.81%〔按401（k）计划规模加权；如按照资产规模加权，0.47%下降至0.32%〕。与此同时我们看到，菜单中公募基金选项的费率下降（见图4）、提供指数基金的计划数量占比增加（见图5），也反映了投资菜单成本效益的设计原则。

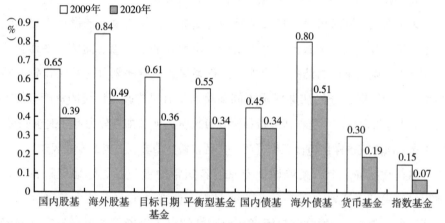

图4　401（k）计划中的公募基金费率呈现显著下降趋势（资产规模加权）

资料来源：BrightScope DC Plan Database，Morning Star，Lipper，摩根基金整理。

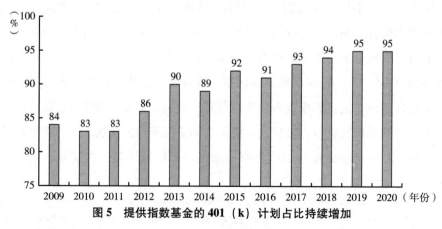

图5　提供指数基金的401（k）计划占比持续增加

资料来源：BrightScope DC Plan Database，摩根基金整理。

四 401（k）计划投资菜单设计的启示

上文阐述了401（k）计划投资菜单的内涵、设计理念与重要性，科学合理的菜单，关乎投资参与率、决策理性、定制化需求的满足，从而影响长期财富增值。但其作为养老投资中的一个环节，无法脱离整个养老体系而单独存在，因此，在启示层面，需结合我国养老体系多层次发展系统性的思考：一是以产品供给侧完善为基础，完善养老基金产品评价、优化供给，为默认投资、自主投资提供高置信度的工具；二是政策以及对于雇主端/计划发起人的规范与法律保护，计划发起人角色明确信义义务、明确客户为导向的原则；三是在此基础上，政策鼓励养老投资，包括自动加入、默认投资、税收优惠等政策，推动养老投资普及、参与者风险自担意识建立，在第二、三支柱实现默认投资与自主选择权并行。

由此，投资菜单才有应用的土壤，无论是现有的个人养老金养老目标基金可投池，还是潜在可创设的核心菜单，都可通过合理设计，实现价值最大化。结合我国当前第二、三支柱的发展形态，就其中的关键环节及落地方式，具体思考如下。

（一）第二支柱：从选择投资策略出发分步探索自主选择权

目前，我国第二支柱企业年金（职业年金），个人对投资是没有选择权的。实操中，企业建立单一年金计划或加入集合年金计划，由受托人选择投资管理人，形成不同的投资组合，这些组合的差异在于投资策略或资产配置，比如纯固收组合、含权组合等，不同组合投资形成整个年金计划的统一收益率，这个收益率适用于参加年金计划的每一个员工。也就是说，员工不能自行选择加入某一个组合。这样做的好处是大家一视同仁，坏处是无法顾及每个人的风险收益偏好。

是否应在我国的第二支柱中赋予个人选择权并引入养老菜单？基于对美国401（k）计划投资菜单发展历程的回顾，我们可以看到两点。第一，投资过程中兼顾个人风险收益偏好是大势所趋,针对不同人群,默认投资与自主选择并行,更好发挥第二支柱对于养老体系的支撑作用。第二,个人选择权需要一定的基础:既要通过供给侧优化、政策的配套、先满足普惠养老需求,同时也要在此过程中,强化投资者教育,让参与者建立自主投资的能力、风险自担的意识。为此,需要各方共同的努力。

供给侧,资产管理人应提供优质的适合养老场景、服务养老目标的产品;计划发起人应履行自身的信义义务,与计划参与者利益一致,通过提供正确的养老计划、设计科学理性的菜单、精选优质的产品、配套必要的投资服务,促进雇员积极参与养老投资,引导计划参与者构建有效的投资组合。同时,供给侧应重视投资者教育。

国内企业年金运作的机制下,主要有受托人、账户管理人、投资管理人、托管人四个角色,其中受托人,是指受托管理企业年金基金的企业年金理事会或符合国家规定的养老金管理公司等法人受托机构,在《企业年金管理办法》[①] 中明确界定主要职责包括选择与监督投资管理人、制定企业年金战略资产配置策略等,该职责界定,符合计划发起人制定投资菜单所需的专业能力以及应尽的受托责任。

结合国内第二支柱目前的发展情况,可逐步推动年金计划投资的组合层面个人选择权落地:对于多数参与者,个人可选择不同的投资策略/解决方案,而非具体的投资标的,风险是相对可控的。最简单的,计划参与者仅需选择投资年龄,计划发起人/受托人筛选一站式的目标日期公募基金或目标日期专户,适配参与者的投资年龄,类似的也可以尝试让参与者选择目标风险,形成对风险、收益的认知。

从投资工具上看,在我国养老公募基金尚未成熟的阶段,一对一专户适合第二支柱。委托人资金形成单一资产管理计划交由专业的养老金投资管理人打理,账户直接持有底层股/债资产,因此账户透明度高、定制化程度强,

---

① 人力资源和社会保障部:《企业年金基金管理办法》,https://www.mohrss.gov.cn/xxgk2020/gzk/gz/202112/t20211228_431643.html。

有助于国内的计划发起人/受托人明确投资目标与考核要求，实时跟踪评价组合，保证资产配置与产品运作的准确性，更有助于保障投资结果，亦可通过规模效应、负债端稳定性确立费率优势。目标日期/风险策略之外，有能力的计划参与者也可自行确定战略资产配置，考虑到公募行业单一策略已相对成熟，受托人可在各资产内部精选不同单策略的公募基金/专户/管理人，以 FOF/MOM 形式运作企业年金。需要指出的是，计划发起人/受托人需预先评估这部分参与者投资能力，提供咨询服务并在投资过程中保持跟踪，起到尽职责任。

（二）第三支柱：从优化现有养老目标基金可投菜单出发

在我国的第三支柱中，个人养老金参与者，可自由选择投资标的，是目前投资菜单相对合适的应用场景，目前可投公募基金目录中（可理解为个人养老金的公募基金"投资菜单"），包含所有符合成立时间与规模条件的养老目标风险与日期基金，但未对产品的业绩或其他维度进行任何筛选，截至 2024 年 6 月 30 日，整体数量达 198 只，规模约 67 亿元。产品数量多，较为同质化，业绩表现又参差不齐，既不便于参与者决策选择，又降低了产品吸引力，制约了个人养老金的发展。

在我国发展初期，建议精简菜单，减少参与者的投资决策点。当下，可先行优选现有的养老目标基金，减少重复产品，为投资者提供符合养老投资目标、一站式的养老目标基金，促进个人养老金发展。更好发挥养老菜单隐含的选拔机制，促进供给侧自我革新。初期暂不建议纳入非养老目标的其他类型基金。

当下优选养老目标基金产品涉及三个重要的环节：资管机构投资能力提升、评价体系建立与菜单制定者公平的选拔机制。

第一，提升养老目标日期基金产品质量与资管机构投资能力。针对核心的下滑曲线设计，资产管理机构加强方法论和投资能力，参考海外的成熟产品策略、结合我国人口统计学特征进行本土化改造，适当引入海外在测算长期资产回报、人口结构、消费行为与多资产配置方面的投研经验。

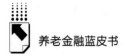

第二，加强现有目标日期养老基金的产品业绩与运作跟踪，对目标日期基金开展细化、针对性的考核，包括引导长期考核、弱化短期排名，关注产品跟踪误差、跟踪整体风险收益水平，考核持仓的资产多元性与分散度，确保符合产品定位及对应的资产配置中枢。并结合资产管理机构在养老投资者教育与研究方面的贡献，选择具有优质投资能力与社会价值的资产管理机构所管理的、长期符合养老基金定位的一批优质的目标日期基金，纳入个人养老金中公募养老基金的投资菜单，避免重复、无差别列示所有产品。

第三，个人养老金的菜单制定者是谁？其可否公允评价、选拔优秀基金？在目前我国个人养老金的框架下，参与者在银行渠道开户与投资，银行通常也有产品准入团队/产品经理部门，具备一定的基金产品评价能力，适合担任菜单制定者的角色。但目前银行作为公募基金核心的销售渠道，如要进一步实现客观公允的产品选择，需现有的基金销售模式转型。建立买方投顾的模式，基于资产管理规模收取投顾服务费用，以客户的长期留存为目标，那么银行对于基金的推介与选择就会从客户利益出发，更重视基金的投资价值，而非现行的以费用为导向。届时，银行作为个人养老金的投资菜单制定者，从制度上、商业模式上保证了其筛选投资选项的客观性。在成熟市场，公募基金的销售费用低，2023 年无销售服务费用（No-load fund）的长期基金销量占基金总销量的比例达 92%[1]，并且低费率被动基金规模壮大，2023 年末达 13.3 万亿美元，首次超过主动基金（不含货币和 FOF 基金）[2]；从渠道分布上，预计公募基金 75% 通过投顾与解决方案（养老计划）销售[3]。行业降费与财富管理将与养老投资形成有机的互动，也符合当下公募基金行业所倡导与转型的方向。

考虑到基金销售模式转型是长远之计，短期如需较快实现基金选择的客

---

[1] Investment Company Institute, "Trends in the Expenses and Fees of Funds 2023", https://www.ici.org/system/files/2024-03/per30-02.pdf.

[2] Adam Sabban, "It's Official: Passive Funds Overtake Active Funds", https://www.morningstar.com/funds/recovery-us-fund-flows-was-weak-2023.

[3] 《公募降费的大财富产业链影响与应对》，中金公司研究部，2023 年 8 月 7 日。

观性，落地第三支柱投资菜单，建议在监管引领下，设立独立的第三方基金评价机构。在个人养老金可投目标基金中，引入一套统一的评价标准，由持牌、独立的基金评价机构定期发布优秀基金池（如晨星的金牌基金，在美国市场推出亦涵盖目标日期公募和目标日期 CIT，且独立机构收入来源应为投资者/参与者而非资产管理者），要求银行作为菜单制定者仅允许从中选择。这不仅能较快推动养老基金的良性发展与实现投资菜单公允性，优化个人养老金市场，更能整体提升公募基金行业生态，正如晨星的出现，成为美国公募基金发展重要的里程碑。

资管机构投资能力的提升、客观的评价标准与机构建立、银行作为菜单制定者有能力及意愿为参与者提供优质的目标日期基金，这三者有望形成正向循环，敦促资产管理机构自我提升才可争取入选、争取规模，优化供给格局。更重要的是，这有望使监管层有信心、有置信度将养老目标基金作为默认投资的选项，并从法律层面支持默认投资的责任免除［401（k）中，雇主如果采用 QDIA，并且在投资过程中遵循了相关法规，可以免除因投资决策导致的受托责任］。产品入选后若有能力持续实现投资目标，方能推动默认投资内生发展，提高产品的接受度，推动参与率贡献率，践行政策本意，实现普惠价值。

后续，当目标日期基金、个人养老金达到一定的覆盖度与规模，在基金产品的评价机制相对成熟、夯实基础之后，方可进一步丰富投资菜单，全面应用前文所探讨的投资菜单科学设计。参考海外经验，未来伴随着自主投资需求的提升，投资菜单有较大扩容可能，引入主动、被动基金以及公募基金以外的投资工具。银行可作为菜单制定者，为投资者提供适度的选择权，满足更定制化的投资目标，设计选项数量适中但资产足够多元、费用合理、业绩优秀、分类清晰的投资菜单，并配合正确的投资引导与及时的跟踪评价。自主投资者获得更好投资体验的同时，构建多元分散的投资组合，优化组合风险收益，进一步增厚退休财富。

B.14
英国集合缴费确定型养老金剖析与借鉴

万群 靳彦卿*

摘 要： 集合缴费确定型（Collective Defined Contribution，CDC）养老金是近年来英国职业养老金市场的一项重要创新。CDC 养老金通过资金集合运作分散长寿风险和投资风险，向成员提供浮动的终身养老金待遇。这种管理模式使雇主无须承担硬性待遇偿付义务，同时为雇员提供了全生命周期养老保障，为英国职业养老金应对长寿风险提供了一种新的解决方案。未来，我国可以在英国 CDC 养老金取得丰富实践经验的基础上，根据国内市场需求，适时在职业年金等大型养老金计划中试点 CDC 管理模式，同时进一步优化市场机制，鼓励养老金管理人提升精算技术和资产负债管理能力，强化养老金在人口老龄化与长寿化时代下的待遇保障能力。

关键词： 英国养老金 CDC 养老金 长寿风险

一 英国三支柱养老金体系发展概况

英国是世界上最早建立现代化养老保障体系的国家之一。1946 年，英国颁布《国家保险法案》（*The National Insurance Act*），将全民纳入国家养老金覆盖范围。在此基础上，英国逐步建立起以第一支柱国家养老金（State Pension）为基本、第二支柱职业养老金（Workplace Pension）为主体、第三

---

* 万群，金融法专业博士，恒安标准养老保险有限责任公司董事长，主要研究方向为公司治理、养老金融产品等；靳彦卿，恒安标准养老保险有限责任公司战略企划经理，主要研究方向为中外养老金政策、产品及市场机制等。本文仅代表个人观点，与供职单位无关。

支柱个人养老金（Personal Pension）为补充的多层次、多支柱养老金体系。截至 2023 年底，英国养老金市场规模超 2.5 万亿英镑①，规模位列世界第二②。

（一）第一支柱国家养老金

英国第一支柱国家养老金主要保障民众基本退休生活，采用现收现付制，以国民保险税（National Insurance）的形式由国家统一征收。国民保险税的缴费基数为职工工资性收入，2024~2025 财年，国民保险税的雇主缴费比例为 13.8%，雇员缴费比例分两档，月收入低于 4189 英镑的部分按照 8% 的比例征收，月收入高于 4189 英镑的部分按照 2% 的比例征收③。国民保险缴费年限达到 35 年可满额领取国家养老金，待遇标准只与缴费年限的长短有关，与缴费金额无关。自 2024 年 4 月起，英国国家养老金的满额待遇标准为 221.20 英镑/周④。此外，国家养老金待遇标准逐年增长，上涨幅度为平均工资增长率、消费者价格指数增长率和 2.5% 三者中的最高者。

（二）第二支柱职业养老金和自动加入机制改革

第二支柱职业养老金是英国养老保障体系的主体，也是英国民众养老金待遇的主要来源。1973 年，英国《社会保障法案》正式引入职业养老金制度，主要包括雇主承担硬性待遇偿付义务的待遇确定型计划（DB）和个人账户积累制的缴费确定型计划（DC）两种管理模式。截至 2023 年 9 月底，英国职业养老金总规模 1.86 万亿英镑，其中私营部门（Private Sector）DC

① "Local Government Pension Scheme（England and Wales）：Next Steps on Investments-Government Response"，Department for Levelling Up，Housing & Communities，2023.
② Hanna Ziady，"Britain is Banking on This $ 3 Trillion Cash Cow to Revive Its Economy"，CNN，July 11，2023，https：//edition. cnn. com/2023/07/11/economy/uk－pension－funds－reform－hunt/index. html.
③ UK Property Accountants，"UK National Insurance Contributions，Rates，Thresholds，and Allowances Explained，2024"，https：//www. ukpropertyaccountants. co. uk.
④ UK Government，"The New State Pension"，https：//www. gov. uk/new－state－pension/what－youll－get.

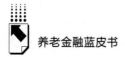

计划加公共部门（Public Sector）DB 及混合计划的总规模为 7410 亿英镑，私营部门 DC 及混合计划的规模为 1.12 万亿英镑①。

2012 年，为提升职业养老金覆盖面，英国实施强制性的职业养老金自动加入机制（Auto-Enrollment）改革，以立法形式要求雇主必须为年收入 1 万英镑以上，年龄 21 周岁及以上的雇员建立职业养老金计划。同时，英国出台了两项重要的配套政策。一是成立非营利性、以 DC 模式运作的国家职业储蓄信托计划（National Employment Savings Trust，NEST），为雇主提供专业且低成本的职业养老金管理服务，减轻雇主负担。截至 2023 年 3 月底，英国有 110 万家雇主加入了 NEST 计划，NEST 的资产规模达 296 亿英镑②。二是采用循序渐进的方式推进新政，先由 250 人及以上的大型雇主执行自动加入制度，三年之后再逐步推广至中小型雇主；最低缴费比例从 2012 年的雇主 1%、雇员 0.8%、政府税收补贴 0.2%，逐步提高到 2023 年的雇主 3%、雇员 4%、政府税收补贴 1%③。此外，英国的自动加入机制还允许雇员自愿退出职业养老金计划，降低了雇员对自动加入政策的抵触。

在上述一系列政策的支持下，英国职业养老金自动加入机制取得了良好的实施效果。据英国就业和养老金部（Department for Work and Pensions，DWP）统计，职业养老金在符合自动加入条件雇员中的覆盖率，从 2012 年的 55% 迅速提高到 2022 年的 88%，覆盖 2040 万人。其中以私营部门的覆盖率提升最为显著，由 2012 年的 42% 提高至 2022 年的 86%，覆盖 1500 万人④，基本实现了对符合加入条件雇员的全覆盖。因此，自 2022 年以后，英国政府的职业养老金工作重心逐步从提升覆盖率向进一步推动市场高质量发展转变。在这一阶段，伴随英国人口老龄化与长寿化的发展，英国养老金监管部门、市场机构、雇主等多方开始共同探讨如何更好地提升职业养

---

① Office for National Statistics，"Funded Occupational Pension Schemes in the UK：April to September 2023"，March 2024.

② NEST，"Scheme Annual Report and Accounts 2022/23".

③ NEST，"Employers' Guide to Auto Enrollment and NEST"，2017.

④ Department for Work and Pensions，"Workplace Pension Participation and Savings Trend of Eligible Employees：2009 to 2022"，2023.

老金应对长寿风险的能力，并最终促成了 CDC 管理模式在职业养老金市场中的应用突破。

（三）第三支柱个人养老金

第三支柱个人养老金是英国补充性的养老金制度。经过多年的实践，英国构建了全面的个人养老金产品体系，能够根据客户的投资规模、风险偏好以及养老规划安排等特征，提供个性化的养老投资解决方案。其中，既包括适合低收入群体（只需要 16 英镑缴费即可开立账户），采用默认投资选项的普惠型产品，也包括为收入较高群体提供的，能够投资不动产和贵金属等非标资产的主动管理型产品。此外，长寿让领取期管理也变得非常重要，所以，英国还提供领取期个人养老金产品，为已达到领取条件但未领完的剩余养老金进行主动投资管理，最大化地实现养老金保值增值。

二 英国集合缴费确定型（CDC）养老金发展历程与市场实践

（一）英国 CDC 养老金诞生的背景

在老龄化与长寿时代下，英国的待遇确定型（DB）和缴费确定型（DC）职业养老金都面临严峻的长寿风险挑战。在 DB 模式中，雇主需要承担硬性待遇偿付义务和全部的长寿风险。随着长寿时代下养老金领取人数逐年上升，DB 计划的雇主必须加大筹资力度以应对快速上涨的养老金偿付需求。这会显著增加企业的经营负担，甚至导致一些雇主由于无法负担 DB 养老金的硬性偿付义务而破产。在 DC 模式中，雇主不承担终身待遇保障义务，雇员的养老金待遇全部来自个人账户，领完即止。但这也意味着雇员承担了全部的长寿风险，面临职业养老金待遇无法覆盖全生命周期的问题。

为提升职业养老金的长寿风险应对能力和待遇保障水平，解决 DB 和 DC 养老金面临的不同挑战，英国政府和市场机构提出了 CDC 养老金的构想，并自 2008 年起，围绕 CDC 养老金开展了长达 12 年的探讨与论证。CDC 养老金采用集合运作模式，目标是通过精算技术，实现对长寿风险和投资风险的分散，提供终身但浮动的养老金待遇，希望既解除雇主承担的长寿风险，又给雇员带来更全面的养老保障。

2017～2018 年，英国下议院就业和养老金委员会（Work and Pensions Committee）与就业和养老金部（DWP）对 CDC 养老金的架构设计、管理机制、监管框架等进行详细调研，并同意推动 CDC 养老金在英国养老金市场进行应用①。2021 年 2 月，英国女王签发新的养老金法案 The Pension Scheme Bill 2020，确立了集合缴费确定型（CDC）养老金的合法地位，使之成为与 DB 和 DC 并列的第三种养老金管理模式，为英国职业养老金市场应对长寿风险提供了新的解决方案和工具。

（二）英国 CDC 养老金实践——英国皇家邮政职业养老金计划

1. 英国皇家邮政 CDC 养老金成立的背景

英国皇家邮政（Royal Mail Group，RMG）职业养老金计划是英国首个 CDC 养老金，2023 年 4 月经英国养老金监管局（The Pensions Regulator，TPR）批准正式注册成立，每年的缴费规模约 4 亿英镑②。英国皇家邮政拥有约 15 万人的雇员队伍，是英国最大的雇主之一③。受雇员老龄化和长寿化的影响，皇家邮政原有的 DB 养老金计划近年来承受了巨大的偿付压力。为覆盖快速上涨的待遇偿付需求，皇家邮政 DB 养老金计划的缴费需要从每年 4 亿英镑上涨至超过 12 亿英镑。其中雇主缴费比例需要从雇员工资总额的 17.5% 上涨至 50%。④ 2018 年 3 月，皇家邮政因无法负担养老金筹资压力，宣布暂停 DB 养老金待遇核算。随后，经过与其所属的通信工人工会

① Pension Policy Institute，"What is CDC and how might it work in the UK"，2018.
② Tom Dunstan，"Royal Mail CDC Scheme to Exceed Initial Cost Estimates"，Pensions Age，November 11，2022.
③ Royal Mail，https：//jobs. royalmailgroup. com/content/About-Us.
④ Willis Towers Watson，"Royal Mail-Why CDC and How Will It Work"，March 2019.

（Communication Workers Union，CWU）的全面讨论，皇家邮政决定将 DB 养老金转型为 CDC 养老金，以缓解自身面临的养老金偿付压力。

2. 英国皇家邮政 CDC 养老金的运作方式

英国皇家邮政 CDC 养老金主要包括缴费规则、待遇核定、待遇发放三个运作环节，具体如下。

（1）缴费规则

英国皇家邮政 CDC 养老金的雇主和雇员缴费基数均为工资总额，缴费比例为雇主 13.6%、雇员 6%，缴费全部进入 CDC 集合账户运作。

（2）待遇核定

英国皇家邮政 CDC 养老金的待遇标准每年核定一次，由基准养老金和年度调增（或调减）两个部分组成。其中，基准养老金为雇员年缴费基数的 1/80，逐年累加。在基准养老金的基础上，养老金管理人根据当年 CDC 养老金的资产负债匹配情况，对基准养老金进行调增或调减。具体来说，皇家邮政的养老金管理人要确保 CDC 养老金的总资产 A 与预计向全体成员发放的全生命周期养老金待遇的折现值 B 相等，即 A/B = 100%。计算养老金待遇折现值 B 的公式是一个以养老金待遇年度增幅（或降幅）h 为变量，以投资收益、成员死亡率、折现率等为定量的精算模型。如经评估后发现养老金总资产 A 大于预计发放的待遇折现值 B，那么管理人会调增养老金待遇，反之亦然。

以下为 CDC 养老金开展动态资产负债匹配的示例。

假设 T 为雇员每年的养老金待遇累加金额，h 为养老金待遇年度调整幅度，T_0 为雇员首年加入计划时的基准养老金，$T_0 = \frac{1}{80} \times$ 首年缴费基数。第二年，雇员的基准养老金增长为 $T_0 + \frac{1}{80} \times$ 第二年的缴费基数。在此基础上，养老金管理人基于投资收益、成员死亡率等因素的评估，推算出满足资产负债匹配要求的、适用于全体雇员的基准养老金调整幅度 h，并得出第二年的养老金待遇标准 $T_1 = (T_0 + \frac{1}{80} \times$ 第二年的缴费基数$) \times (1+h)$。以此类推，计算每名成员的全生命周期养老金待遇并折现至评估时点，然后加总来计算负债端折现值 B 并与评估时点的资产端价值 A 比较，计算出资产负债匹配水平。

（3）待遇发放

2023 年，英国皇家邮政 CDC 养老金的待遇领取年龄为 67 岁，与国家基本养老金领取年龄保持一致。达到领取年龄后，雇员按照上述"基准养老金加调整幅度"累积计算出的标准领取养老金待遇。根据韦莱韬悦（Willis Towers Watson，WTW）的测算，一名 27 岁、年缴费基数 2.5 万英镑的雇员，按照消费者价格指数（CPI）+1% 的幅度调增基准养老金，预计到 67 岁退休时每年可以领取到相当于 1.2 万英镑现值的养老金待遇，替代率约为 50%。[①]

此外，英国皇家邮政 CDC 养老金还为退休前身故和病退雇员提供了专门的养老金支付方案。对退休前身故的雇员，其生前指定的受益人将获得金额为年度养老金缴费基数 4 倍的一次性补偿。对病退雇员，养老金计划将按照截至病退时累计的养老金待遇标准进行支付。同时在病退的三年内，养老金计划将按照年度养老金缴费基数的 50% 减去国家病退福利的金额支付给病退雇员作为补偿。

三 CDC 养老金的优势、挑战与前景展望

为更好地促进 CDC 养老金在英国养老金市场中的推广，英国议会（UK Parliament）、养老金政策协会（Pension Policy Institute，PPI）、就业和养老金部（DWP）等官方机构，以及金融机构对 CDC 养老金的优势、面临的挑战以及应用前景进行了系统的分析和总结。其中优势主要包括更强的长寿风险应对能力、更高的全生命周期待遇水平以及更完善的投资风险分散机制。

---

① Willils Towers Watson, "Analysis: How CDC Pension Levels Compare With Other Types of Schemes", September 2020.

同时，CDC 养老金在代际公平、资产估值机制、建立门槛等方面还存在一些需要关注或解决的问题。此外，CDC 养老金在英国尚处于起步阶段，需要较长的实施周期才能看到明确的效果。这需要政府和金融机构对 CDC 养老金的运行效果开展持续跟踪，及时总结经验，为后续进一步优化 CDC 养老金的运作机制和管理模式奠定良好的基础。

（一）CDC 养老金计划的优势

1. 为养老金应对长寿风险提供了新的解决方案

在 CDC 养老金出现之前，长寿风险一般由雇主或雇员个人全部承担。对 DB 养老金来说，由于雇主要为雇员提供硬性待遇保障和为养老金筹资的义务，因此雇主承担了全部的长寿风险。对 DC 养老金而言，长寿风险指因雇员寿命长于预期，导致 DC 个人账户无法支持雇员全生命周期养老保障的风险。

与 DB 和 DC 计划相比，CDC 养老金希望通过集合运作和动态资产负债匹配技术，实现长寿风险在成员间的共担，在减轻雇主负担的同时，为雇员提供覆盖终身的养老待遇。相比传统的 DB 和 DC 养老金计划，这种管理模式有望在人口老龄化与长寿化的时代中，帮助养老金计划更系统地应对长寿风险挑战，为雇员提供更安全的养老保障。

2. 更高的全生命周期养老金待遇

作为一种新型养老金管理模式，CDC 对雇主和雇员的重要吸引力在于其能够比传统 DC 计划提供水平更高的全生命周期养老金待遇，原因主要有两点。

一是 CDC 不设置个人账户，雇员在退休时从 CDC 养老金的资金池中领取养老金待遇。因此，CDC 养老金无须采用在 DC 养老金中常用的曲线下滑策略。曲线下滑策略指随着时间推移，养老金管理人逐步降低雇员个人账户中权益类等进取型资产的配置比例，降低临近退休雇员的养老金受到投资损失的风险。相比之下，CDC 养老金能一直保持较高水平的进取型资产配置比例，从而获得更加优秀的长期投资收益。

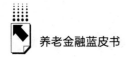

二是参加 CDC 养老金的雇员无须为享受全生命周期待遇保障，向管理机构支付额外的费用。对在 DC 养老金计划中退休的雇员来说，如果希望获得终身待遇保障，一般需要额外购买终身年金产品（Annuity），代价是雇员需要向产品管理机构支付高额的管理费用。根据英国就业和养老金部（DWP）的调研，保险公司的终身年金产品通常会向客户收取大约相当于资产规模 5% 的风险溢价（Risk Premium）费用①，这实际降低了雇员养老金账户的现金价值。

为量化 CDC 养老金相对 DC 计划的待遇优势，英国安本集团（abrdn）建设了一套 CDC 养老金虚拟模型，基于对资本市场、雇员寿命以及养老金账户积累情况等因素的预测，在长达 145 年的运作期内，模拟 CDC 养老金的全生命周期待遇水平，并与同等假设条件下的 DC 养老金待遇进行对比②，分为两个场景，一是 DC 养老金成员在领取阶段购买商业终身年金，二是在领取阶段由成员个人自主管理养老金。

模拟结果显示，在购买商业终身年金的 DC 养老金待遇领取场景下，无论 DC 养老金在积累期是否采用与 CDC 养老金相同的投资策略，其全生命周期待遇水平都显著低于 CDC 养老金。若 DC 养老金按照惯例采用曲线下滑策略，则 CDC 养老金的全生命周期待遇水平将比 DC 养老金高 29%；如果 DC 养老金采取和 CDC 养老金相同的投资策略，则 CDC 养老金的平均待遇水平比 DC 养老金高 22%（见图 1）。

相比领取阶段自主管理的模式，在雇员寿命处于样本中位水平且 DC 养老金采用曲线下滑策略的情况下，CDC 养老金的全生命周期待遇水平比 DC 养老金高 50%。同时雇员寿命越长，CDC 计划的超额待遇水平越高，最高可达到 DC 计划的 2.5 倍以上，差距远大于购买终身年金的情景。这是因为，如果不购买终身年金，DC 养老金的个人账户将会领完即止，当雇员寿

① Department for Work and Pensions, "Impact Assessment: Delivering Collective Defined Contribution Pension Schemes", November 2018.
② Keith Mclnally, "Does CDC Provide Better Outcomes for Members than Traditional DC?", Abrdn, 2023, https://www.abrdn.com/en-gb/institutional/insights-and-research.

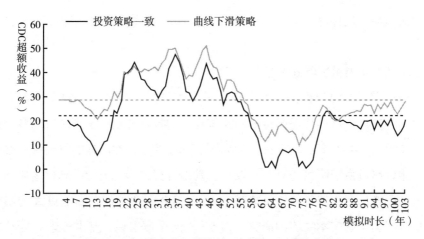

图1 CDC养老金超额收益（对比DC+终身年金）

资料来源：英国安本集团（abrdn）。

命超过一定年限后，将无法领取到任何DC养老金待遇，这使CDC养老金的终身待遇支付优势更加明显（见图2）。

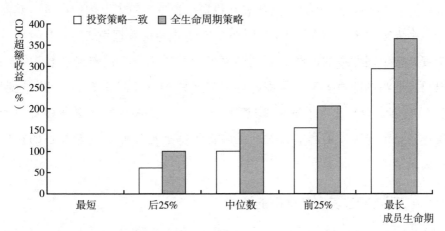

图2 CDC养老金超额待遇（对比DC+自主管理）

资料来源：英国安本集团（abrdn）。

总体来说，英国安本集团对CDC养老金的模拟结果显示，无论DC养老金是否采用曲线下滑策略，以及无论在DC养老金中退休的雇员是选择转换商业终身年金还是自主管理养老金账户，CDC养老金都展现出了强大的

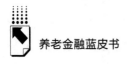
全生命周期待遇保障能力，并且这一优势会随着雇员寿命的增长变得更加明显。

3.收益平滑机制降低投资波动影响

CDC养老金每年根据动态资产负债匹配结果，制订统一幅度的养老金待遇调整安排。这种待遇调整机制能将当前的投资波动拉长到未来的各个待遇核算时点，并在雇员间进行代际分散。其原理是，在同样的待遇调整幅度下，年轻雇员由于距离身故时间较长，其终身待遇折现值会受到比老年雇员更大的影响，意味着年轻雇员能够对CDC养老金的负债端施加更大的影响权重。根据英国安本集团的测算，对65岁的雇员来说，基准养老金增长幅度降低1个百分点，全生命周期养老金待遇折现值将降低12%；而对85岁的已退休雇员来说，基准养老金增长幅度降低1个百分点，全生命周期养老金待遇折现值只会降低3%①。

举例来说，假设养老金计划受资本市场波动影响，产生了5%的投资亏损。对DC养老金来说，这代表在投资亏损发生时点退休的雇员，其养老金个人账户价值缩水了5%。而在CDC养老金的管理模式下，尽管养老金资产端出现亏损的同时需要同步降低负债端义务，但养老金管理人一般只需适当调低养老金待遇涨幅即可满足资产负债匹配要求。这种机制使CDC养老金相比个人账户制的DC养老金，能够更好地缓和投资波动给养老金待遇带来的影响，尤其是降低了临近退休雇员可能面临的投资损失风险。

（二）CDC养老金面临的挑战

1.长寿风险共担和投资风险分散机制可能引发公平问题

CDC养老金在长寿风险共担和投资风险分散方面的优势也可能带来代际公平问题。在长寿风险共担方面，CDC养老金需要通过寿命较短的成员

---

① Keith Mclnally, "How Does CDC Risk Sharing Work?", Abrdn, 2023, https://www.abrdn.com/en-gb/institutional/insights-and-research.

来补贴寿命较长的成员。如果成员身故时间较早，则可能存在全生命周期的CDC 养老金待遇不及 DC 养老金个人账户价值的可能性。[①] 同时，基准养老金待遇调整对不同年龄的雇员的养老金待遇影响权重差异较大，导致较年轻的雇员会在资本市场不利时承担更多的潜在损失。当然，如果 CDC 养老金能够长期存在并且年轻雇员能够为同一雇主工作至退休，则这种机制能够确保年轻雇员在临近退休时享受到完善的投资风险保障。但如果雇员中途变更雇主，或原有的 CDC 养老金因为各种因素关闭，那么雇员就会因为在参加CDC 养老金的早期承担了较多的投资风险而面临养老金待遇受损的问题。

2. 按日估值不利于 CDC 养老金配置长期优质资产

为满足 DC 养老金成员随时查询个人账户余额和计划外转移的需求，尽管英国养老金监管部门没有规定养老金估值频率，英国的 DC 养老金一般都按照日频对资产进行估值。作为 DC 养老金的变种，CDC 养老金惯例使然，继承了 DC 养老金的按日估值模式。但从运作模式看，CDC 养老金没有开展按日估值的必要性。一方面，CDC 养老金没有个人账户，成员不存在随时查询个人账户余额的需求；另一方面，CDC 养老金的待遇标准按年核定，成员进行计划外转出时只能按照上一年度确定的待遇标准来核定个人权益，按日或按更长间隔估值一般不会对成员转出时的权益核算产生影响。

另外，从资产配置的角度看，CDC 养老金的按日估值模式不利于养老金配置长期优质资产。很多长期标的属于非标准化资产，估值程序较为复杂，流动性低，一般不频繁参与市场交易。因此，按日估值对非标资产来说既不现实也无必要，反而会导致养老金管理人为了节约时间成本，降低长期非标资产的配置比例，进而影响到计划的长期收益水平。同时，CDC 养老金需要进行资产负债匹配且负债端期限长达数十年。在这种情况下，如果资产端无法配置足够的长期优质资产，就会提高养老金的资产负债匹配难度，并可能导致养老金待遇水平的下降。

---

① Department for Work and Pensions, "Impact Assessment: Delivering Collective Defined Contribution Pension Schemes", November 2018.

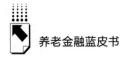
3.对养老金管理人的专业能力和投资者教育提出更高的要求

CDC 养老金采用动态资产负债匹配模型，对养老金管理人的资产负债管理能力和精算技术提出了很高的要求。同时，养老金管理人需要配合雇主做好雇员的沟通和投资者教育，确保雇员清晰了解 CDC 养老金待遇标准是浮动的，并且在极端情况下可能调降这一特点，以避免 CDC 养老金未来因受到雇员的压力，不得不提供待遇水平和增长幅度方面的保证，演变成事实上的待遇确定型计划。这不仅会使 CDC 养老金失去在浮动待遇方面的独特优势，同时也会让雇主和养老金管理人承担比较高的成本和压力。

4.对养老金计划的规模和雇员年龄结构有一定要求

在 CDC 养老金的政策意见征询阶段，英国政府与养老金专家就是否应在监管政策中对 CDC 养老金的成员规模提出明确要求进行了讨论。专家一致认为，达到一定的规模门槛确实是 CDC 养老金发挥集合运作优势、实现风险共担的基础。但同时，CDC 养老金的建立和持续运作还需要考虑雇员年龄结构、费用承担能力、待遇标准预期等多种因素。比如，一些小型雇主因为受限于雇员规模，不能完全发挥 CDC 养老金的风险分散优势，可能导致待遇标准不及大型 CDC 养老金。同时，部分雇主尽管拥有庞大的雇员数量，但雇员年龄结构老化严重，依然可能不适合实施 CDC 养老金。因此，政府出台的 CDC 养老金监管政策最终采纳了专家建议，没有规定具体的规模门槛，而是将是否建立 CDC 养老金的选择权交给受托人和雇主，由受托人对 CDC 养老金的适配性进行评估后，再向雇主就是否建立 CDC 养老金提出专业建议。

（三）CDC 养老金的应用前景展望

1.将 CDC 模式的适用范围从单一或关联雇主拓展至不关联雇主

英国 2022 年出台的首部 CDC 养老金政策只适用于单一雇主或关联雇主（Connected Multi-Employer）。但英国政府 2021 年 7 月组织的养老金调研显示①，市场对在集合计划（Master Trusts）等非关联雇主中应用 CDC 养

---

① House of Commons Library, "Pensions: Collective Defined Contribution (CDC) Schemes", 2024.

老金的管理模式有着"不可忽视"的兴趣。因此，从满足市场需求、扩大 CDC 养老金覆盖面的角度，英国政府希望在未来进一步扩大 CDC 养老金的适用范围，允许集合计划等非关联雇主养老金实施 CDC 养老金。集合计划的雇主成员主要由中小企业组成，但一些大型集合计划可以满足 CDC 养老金对资金规模和雇员年龄结构的要求。通过扩大政策覆盖面，将符合条件的集合计划纳入 CDC 养老金适用范围，能让中小企业雇员享受到和大企业相同的 CDC 养老金服务，为中小企业雇员应对长寿风险提供更加全面的保障。

2. 开发领取期 CDC 产品

目前，英国的 CDC 养老金政策是为同时覆盖积累期和领取期的全生命周期型（Whole-of-Life）养老金计划设计的。而领取期 CDC 产品专门为已经进入养老金领取期的客户提供养老金管理服务，其目标客户主要包括三类。第一类是在 DC 养老金中退休的雇员，通过购买领取期 CDC 养老金产品获得终身养老金待遇保障。第二类是因偿付压力过大而关闭的 DB 养老金中的雇员。在这种情况下，DB 养老金一般会向已退休或临近退休雇员一次性支付一笔养老金，领取期 CDC 养老金产品能够为这类雇员提供类似 DB 养老金的终身待遇保障，降低 DB 养老金关闭对雇员退休生活质量的影响。第三类情况是 DC 和 DB 养老金退休前身故雇员，其配偶一般会收到来自养老金计划的一次性补偿金，领取期 CDC 养老金产品能够为身故雇员的家庭继续提供全面的养老保障。

根据英国养老金政策协会（Pension Policy Institute，PPI）的研究，由于领取期 CDC 养老金不承担硬性待遇保障义务，因此风险承受能力更强，能够采取更加进取的资产配置策略。在英国，终身年金类产品的权益配置比例一般不会高于 10%，而领取期 CDC 养老金产品的权益配置比例可以达到 40%。PPI 的模拟结果显示，在权益配置比例为 40% 的情况下，领取期 CDC 养老金产品提供的养老金待遇水平能比终身年金至少高 19.6%，并且投资波动依然保持在可控范围，没有对 CDC 养老金的偿付能力产生显著影响。[①]

[①] Pension Policy Institute，"The Role of Collective Defined Contribution in Decumulation"，2023.

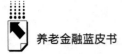

同时，养老金政策协会（PPI）的研究指出了领取期 CDC 养老金产品在运作中需要关注的一些问题。一是领取期 CDC 养老金产品可能在资金和成员规模上无法与英国皇家邮政这样的大型 CDC 养老金相比，使领取期 CDC 产品因为缺乏规模效应，在长寿风险共担和投资风险分散等方面的能力低于预期，导致待遇水平不及英国皇家邮政这样的大型 CDC 养老金计划。二是领取期 CDC 养老金产品需要密切关注成员年龄结构和成员规模对计划偿付能力的影响。根据养老金政策协会（PPI）的模型预测，不同于英国皇家邮政这种成员年龄结构相对稳定的大样本 CDC 养老金，一只新成立的领取期 CDC 养老金产品需要大约 30 年的时间，才能在成员规模和年龄结构方面达到稳定状态，即每年新退休的雇员数量大致等同于每年身故的雇员[①]。而从产品成立到步入稳定期的 30 年时间里，领取期 CDC 养老金产品可能会因为缴费和待遇支出不确定而造成资产负债匹配水平的频繁波动，提高了资产负债匹配难度，需要养老金管理人予以重点关注。

四 对我国企（职）业年金市场建设的启示

2004 年，劳动和社会保障部印发《企业年金试行办法》，将企业补充养老保险规范为企业年金制度，推动第二支柱养老金市场步入快速发展期。根据人社部公开数据，截至 2023 年底，企业年金基金规模为 3.19 万亿元，参加人数为 3144 万人[②]。

管理模式方面，中国的企业年金和职业年金都采用 DC 模式运作。其中，企业年金管理体系的成熟性与风险防范的有效性在二十年的市场实践中得到了充分验证。根据人社部数据，2007~2023 年，企业年金基金的平均年化收益率达到 6.26%[③]，保值增值效果明显。职业年金在制度设计伊始就全

---

① Pension Policy Institute, "The Role of Collective Defined Contribution in Decumulation", 2023.

② 人力资源和社会保障部：《全国企业年金基金业务数据摘要（2023 年度）》。

③ 姜琳、陈旭：《积累金额首破 3 万亿元，企业年金如何惠及更多职工》，新华社，2024 年 5 月 8 日。

面借鉴了企业年金的成熟运作经验，起点高、起步规范、运营稳健，为广大机关事业单位雇员提供了重要的补充养老保障。

近年来，随着中国人口老龄化与长寿化进程的加速，企（职）业年金作为雇员的补充养老保险，其重要性不断提升，进一步加强待遇保障能力也势必将成为企（职）业年金重要的发展方向。英国 CDC 养老金通过精算技术和动态资产负债匹配管理实现了终生养老金待遇支付，其制度探索过程与未来的市场实践经验为我国企（职）业年金构建全生命周期保障能力提供了一些参考和借鉴。

（一）适时探索 CDC 管理模式在职业年金等大型养老金计划中的应用，加强养老金的终生待遇保障能力

随着英国在 2021 年通过 CDC 养老金立法，以及 2023 年英国皇家邮政 CDC 养老金的正式成立，英国 CDC 养老金正逐步从制度框架搭建和技术探索转向市场实践。虽然 CDC 养老金的实际应用效果和市场接受度还有待继续观察，但从其集合运作和终身待遇支付的本质看，CDC 养老金有望为职业年金等大型养老金计划进一步加强待遇保障能力提供新的思路。

在我国，职业年金制度的建立与机关事业单位工作人员养老保险制度改革密切相关。国务院 2015 年发布的《关于机关事业单位工作人员养老保险制度改革的决定》（简称《决定》）明确，机关事业单位要建立与企业相同的基本养老保险制度，改革退休费计发办法。但基本养老保险主要遵循保基本的制度定位，这使机关事业单位工作人员改革后的基本养老保险待遇替代率水平与 2015 年改革前实行的退休费替代率水平相比存在一定的差距[①]。在这样的背景下，《决定》要求机关事业单位应当同步建立职业年金，发挥补充养老保障的作用，提高雇员退休之后的养老待遇水平。也正因此，职业年金虽然采用 DC 模式运作，但是从制度定位看，职业年金承担了为机关事

---

① 《专家详解机关事业单位人员养老保险制度改革》，中央政府门户网站，2015 年 1 月 16 日，https：//www.gov.cn/xinwen/2015-01/16/content_ 2805108. htm。

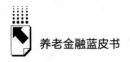

业单位工作人员退休金终身补差的类 DB 运作目标。

为帮助职业年金更好地履行自身的功能定位，我国未来可以在英国 CDC 养老金实现广泛实践的基础上，借鉴相关经验，在职业年金管理中探索运用动态资产负债匹配技术，向雇员提供终身的养老金待遇，降低养老保险制度改革给机关事业单位雇员退休金带来的影响。此外，在技术准备成熟的前提下，可以适时推动 CDC 养老金在企业年金和个人养老金市场中的应用，进一步丰富产品供给，为民众应对长寿风险提供更加多样化的解决方案。

（二）进一步完善养老金市场机制，提升养老金的长寿风险应对能力和待遇保障水平

从英国对 CDC 养老金十余年的探索中可以看到，监管部门的政策引领和金融机构的专业能力建设，是 CDC 养老金不断完善的关键支撑。此外，在监管、雇主、雇员间建立一套以解决问题为导向的闭环沟通机制对 CDC 养老金的市场应用也有着重要的推动作用。在英国皇家邮政的案例中，雇员提出的待遇保障诉求和雇主希望减轻缴费负担的意愿是推动英国皇家邮政建立 CDC 养老金的重要因素，同时英国养老金监管部门全面参与了英国皇家邮政 CDC 养老金的形态设计，并在此过程中与雇主、金融机构等各方保持沟通，持续完善 CDC 养老金监管框架，最终推动了 CDC 养老金从理论迈入现实。

对我国来说，可以借鉴英国推动 CDC 养老金落地的相关经验，在企（职）业年金未来建设中进一步完善政府、雇主、雇员共同参与的市场机制。一方面，由监管部门发挥政策引领作用，引导学术机构开展前沿养老金精算技术的研究，并鼓励金融机构参与相关技术的开发落地和市场推广。另一方面，养老金计划的雇主和雇员要加强沟通，提升雇员对企（职）业年金政策和待遇保障水平的了解，还可以根据雇主和雇员的需求，在养老金管理人的专业技术支持下，对养老金运作方案进行科学的调整，帮助养老金更好地应对市场和雇员需求的变化。

五 结语

总体来说，完善养老金管理模式、提升待遇保障水平是一项长期、复杂的系统工程，英国 CDC 养老金的推出也只是其中的一个组成部分。更重要的，是在监管框架、精算、市场机制等养老金基础设施领域的不断健全与完善。从英国养老金市场百年经验来看，尽管英国养老金体系经过多年发展已比较完备，但在人口老龄化与长寿化的复杂环境下依然面临很多问题，因此仍处于不断改进的过程。其中，对 CDC 养老金的探索就是近年来英国养老金市场开展的一项重要工作，为养老金应对长寿风险提供了新的解决方案。

2023 年 10 月召开的中央金融工作会议明确提出做好养老金融大文章，为养老金融市场的高质量发展指明了方向。广泛吸取国际经验，将养老金政策端和市场端紧密连接起来，构建高效、开放的养老金市场运行机制，是我国进一步完善多层次、多支柱养老金体系的重要路径。政府进一步发挥政策的前瞻引领作用，提供政策支持和理论指导；养老金融机构用好市场化优势，加强客户需求洞察，发挥自身在精算、长期投资、风险控制等方面的专业优势，在政策引领下开发符合市场需求的养老金融产品。同时，政府、养老金融机构、投资者要形成高效的沟通联动机制，提高客户参与度，最终构建各方责任合理分担、可持续发展的养老保障体系。

参考文献

Department for Work and Pensions, "Workplace Pension Participation and Savings Trend of Eligible Employees: 2009 to 2022", 2023.

Pension Policy Institute, "What is CDC and How Might It Work in the UK", 2018.

Pension Policy Institute, "The Role of Collective Defined Contribution in Decumulation", 2023.

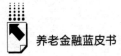

养老金融蓝皮书

Department for Work and Pensions, "Impact Assessment: Delivering Collective Defined Contribution Pension Schemes", November 2018.

House of Commons Library, "Pensions: Collective Defined Contribution (CDC) schemes", 2024.

附　录
清华五道口养老金融50人论坛人员构成

核心成员　（以姓氏拼音为序）

陈　林	长江养老保险股份有限公司党委书记、董事长
党俊武	中国老龄科学研究中心副主任
董登新	武汉科技大学金融证券研究所所长、教授
董克用	清华五道口养老金融50人论坛秘书长，清华大学五道口金融学院中国保险与养老金融研究中心首席专家
冯丽英	建信养老金管理有限责任公司首任总裁
胡继晔	中国政法大学商学院教授、学术委员会主席
黄　涛	国民养老保险股份有限公司总经理
黄王慈明	香港投资基金公会行政总裁
金维刚	浙江大学国家制度研究院副院长、研究员
李　文	汇添富基金管理股份有限公司董事长
万　群	恒安标准养老保险有限责任公司董事长
汪　泓	中欧国际工商学院教授
王立新	银华基金管理股份有限公司总经理
王琼慧	摩根资产管理中国首席执行官
王晓军	中国人民大学统计学院院长、教授
魏晨阳	清华大学五道口金融学院中国保险与养老金融研究中心主任

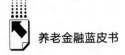

吴玉韶　　复旦大学老龄研究院教授

谢　凯　　渤海银行副行长

杨燕绥　　清华大学公共管理学院教授

姚余栋　　大成基金副总经理兼首席经济学家

郑秉文　　中国社会科学院世界社保研究中心主任、教授

钟蓉萨　　信安金融集团中国区负责人

特邀成员　　（以姓氏拼音为序）

步艳红　　北银理财有限责任公司董事长

曹卓君　　和君咨询业务合伙人、和君康养事业部副总经理

胡宏伟　　中国人民大学公共管理学院教授

金　玲　　建信养老金管理有限责任公司投资总监

林　静　　渤海银行财富管理与私人银行部总经理

刘德浩　　海南大学公共管理学院教授

娄　焱　　汇添富基金管理股份有限公司副总经理

施文凯　　财政部中国财政科学研究院助理研究员

孙　博　　信安金融集团中国区首席养老金融专家

谭海鸣　　招商银行研究院副总经理

王赓宇　　北京华软盈新资产管理有限公司董事长

乌丹星　　北京星剑康养产业公司董事长

席　恒　　西北大学公共管理学院教授、博士生导师

阳义南　　湖南大学公共管理学院教授、博士生导师

杨一帆　　西南交通大学国际老龄科学研究院副院长、教授

叶向峰　　幸福人寿保险股份有限公司人力资源部总监

张　栋　　中国农业大学人文与发展学院副教授

朱铭来　　南开大学金融学院养老与健康保障研究所所长、教授

专家咨询委员会　（以姓氏拼音为序）

Harry Smorenberg	世界养老金峰会创始人，原 CAFF50 国际峰会联合主席
Hazel Bateman	新南威尔士大学风险与精算研究学院教授
Keith Ambachtsheer	多伦多大学罗特曼管理学院金融教授
Larry Zimpleman	美国信安金融集团原董事长
Michael Huddart	宏利原行政副总裁兼大中华区总经理
Ren Yuan Cheng	富达投资大中华区投资策略秘书长、业务资深顾问
陈东升	泰康保险集团股份有限公司创始人、董事长兼首席执行官
窦玉明	中欧基金管理有限公司董事长
杜永茂	平安国际融资租赁有限公司董事长
黄友嘉	香港教育大学校董会主席
贾　康	华夏新供给经济学研究院创始院长
李　珍	中国人民大学公共管理学院教授
林　羿	美国普信集团首任北亚区总经理，中国人民大学兼职教授
王金晖	北京瑞辉丽泽资本管理有限公司董事长
熊　军	天弘基金管理有限公司副总经理兼首席经济学家
徐敬惠	中国太平洋人寿保险公司原董事长
张霄岭	华安基金管理有限公司总经理
朱俊生	北京大学中国保险与社会保障研究中心专家委员会委员

后　记

　　随着中国人口老龄化程度不断加深，养老金融发展日益受到社会各界的广泛关注。然而，目前中国养老金融发展无论是理论还是实践层面，都处于初级阶段，与广大国民日益增长的多元化养老需求仍有较大的差距。为了探索中国特色养老金融的发展路径，养老金融50人论坛于2015年12月9日正式成立。2023年11月，中央金融工作会议上首次提出了科技金融、绿色金融、普惠金融、养老金融、数字金融五篇大文章，将养老金融提升至国家战略高度。在此背景下，2024年5月27日，在养老金融50人论坛的基础上，我们集合多方力量组建了清华五道口养老金融50人论坛。论坛致力于打造养老金融领域的顶级专业智库，旨在为政策制定提供智力支持，为行业发展搭建交流平台，向媒体大众传播专业知识，践行改善民生福祉的社会责任。论坛成立以来，共举办了15次大型峰会、29次闭门研讨会、45次专题讲座、10次养老金融会客厅活动等，开展近30项课题研究，还与多家机构共同举办了多次学术研讨，受到了社会各界的广泛关注和大力支持。

　　为更好地传播论坛学术思想，我们推出了养老金融论坛系列成果，包括《中国养老金融发展报告》、《中国养老金融调查报告》、《中国农村养老金融调查报告》、《养老金融评论》、《养老金融月度资讯》以及《养老金融要报》。其中，《中国养老金融发展报告》是论坛的年度公开出版物，主要关注养老金融行业年度发展情况和趋势展望，以及论坛年度重要课题的研究成果；《中国养老金融调查报告》是论坛连续性调查成果，旨在了解全体国民养老金融偏好与诉求，为相关政策制定提供决策依据，为科学研究提供高质量微观数据，为养老金融产品开发提供数据支持；《养老金融评论》《养老金融月度资讯》是论坛的月度刊物，主要刊登论坛学术活动、成员的学术观点以及养老金融的月度动态等；《养老金融要报》是基于论坛重要观点的内参，报送相关政策部门，突出决策参考功能。

自 2016 年以来，我们凝聚论坛集体智慧，在各方大力协助下连续出版了《中国养老金融发展报告》（2016～2023 年），受到业界广泛关注，中央电视台、人民网、光明网、新华网等权威媒体也进行了广泛报道。此外，随着中国在世界经济中的地位和重要性不断提升，中国养老金融行业发展也受到了国外金融机构和媒体界关注。2018 年底，德国施普林格（Springer-Verlag）出版集团与我们合作，共同推出英文版《中国养老金融发展报告（2017）》。2021 年，美世咨询（Mercer）、CFA 协会与我们合作，共同推出了《美世 CFA 协会全球养老金指数——2021 年中国报告》。

面对人口加速老龄化和低龄老年人口规模巨大的人口新形势，以及传统家庭养老功能的逐步弱化，通过多元化渠道储备养老财富，不仅成为新时代广大国民的迫切需求，更是一项重要的战略选择。为此，国家相继出台了一系列支持政策，为行业发展营造了良好的环境。在需求和政策的双重推动下，我们预期未来中国养老金融市场将迎来广阔的发展机遇。在这一大背景下，我们深感有必要对行业发展进行系统性的回顾与展望。通过梳理和总结过去的工作经验与行业洞察，我们组织编写了《中国养老金融发展报告（2024）》。

在论坛学术顾问关心指导下，本报告编委会就本次报告的选题进行了多次论证和专题研讨，并于 2024 年 2 月中旬邀请相关领域的业界精英和专家学者组建课题组。本报告共有 14 家机构、25 位专家学者和业界精英共同参与，涵盖高校、银行、基金、保险、第三方财富管理机构等不同领域。写作期间，编委会专家多次就课题组成员的写作主题进行了深入讨论交流，课题组成员在学术委员会专家的指导下数次对相关报告内容进行修订。整体而言，《中国养老金融发展报告（2024）》一如既往，继续保持了行业代表性、前瞻性，并进一步拓宽了研究内容的深度与广度。

2024 年的年度报告由多位论坛核心成员领衔，包括论坛秘书长董克用教授，汇添富基金管理股份有限公司党委书记、董事长李文先生，恒安标准养老保险有限责任公司董事长万群女士。同时，课题组成员还包括论坛特邀成员、副秘书长孙博博士，论坛特邀成员、副秘书长张栋博士，论坛特邀成员金玲女士、曹卓君女士。除论坛成员之外，贲育先生、曹勇先生、陈昊先生、崔陈晨女士、恩学海先生、胡兵先生、胡俊英女士、江至谋先生、靳彦卿先生、李传峰先生、李瑞敏女士、刘净姿女士、刘阳先生、秦婧女士、桑敏女士、孙静漪女士、王昱喆先生、杨东风先生、周诺女士也参与到蓝皮书的写作之中。在此，对他们的辛勤劳动表示衷心感谢。

还应该指出，论坛相关学术活动以及多次专题调研为本报告的面世提供了丰富的素材，这些都离不开社会各界的大力支持。感谢清华大学五道口金融学院中国保险与养老金融研究中心对论坛的大力支持。感谢中国银行业协会、中国保险资产管理业协会、中国社会保险学会对论坛和本报告的指导。

特别感谢社会科学文献出版社，他们在皮书领域具有精深造诣和专业功底，给予我们许多专业中肯的建议，使本年度报告在各方面都有所进步。此外，还要感谢孙博带领张栋、施文凯、沈国权、孙瑜等编辑组成员，在报告撰写过程中做了很多具体工作，为课题组工作顺利开展提供了有力保障。

我们对本报告的目标定位是兼具学术性和实践性，希望既能把握养老金融的理论发展，又能贴近养老金融的业务实践，寄希望为广大专家学者、政府部门决策人员和业界机构人士提供参考。但是，由于养老金融行业发展迅速，加之课题组成员专业水平有限，报告难免还存在一些疏漏。我们将不断总结经验教训，力争使以后的年度报告更加系统、完善。同时，我们也诚挚地希望更多养老金融领域的专业机构和资深人士，参与到未来的《中国养老金融发展报告》写作中，我们深信，唯有融合更多的智慧，才能挖掘更为深刻的养老金融思想，从而推动我国养老金融事业进一步发展。

清华五道口养老金融50人论坛秘书长 董克用

2024 年 9 月 28 日

Abstract

In October 2023, the China Central Financial Work Conference emphasized the need to "excel in five major areas: technology finance, green finance, inclusive finance, retirement finance, and digital finance." For the first time, the development of retirement finance was included in the agenda of the central meeting and recognized as a key financial task. Against the backdrop of an aging population, with increasing demand for elderly care and an expanding elderly care market, vigorously developing retirement finance is conducive to further innovating pension products and services, addressing diverse retirement needs, and promoting harmonious social development. This report comprehensively reviews the development characteristics of China's retirement finance sector from 2023 to 2024, analyzes the problems and challenges it faces, and makes judgments on future development trends. Based on this, it summarizes both domestic and international experiences, and offers relevant thoughts and suggestions, with the aim of promoting social attention, active participation, and in-depth exploration of a path suitable for the development of China's retirement finance.

From 2023 to 2024, China's retirement finance moved towards high-quality development. In terms of Pension Finance, the national pooling of basic pension insurance steadily progressed, the pilot program of personal pension system showed initial results, and the multi-pillar pension system continued to improve and evolve. In Elderly Care Services Finance, the supply of pension financial products was further enriched, and pension wealth consumption businesses innovated, providing diversified choices for pension wealth accumulation and consumption. In Elderly Care Industry Finance, financial capital actively laid out the elderly care industry, focusing on building a robust elderly care ecosystem. However, there are

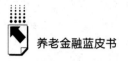

still many issues such as the need to improve the top-level design of pension system; multiple constraints from both supply and demand sides on Elderly Care Services Finance; and structural contradictions in Elderly Care Industry Finance financing. In the future, policy design should be further optimized to clarify the functional positioning of the first pillar, enhance financial sustainability, focus on expanding the coverage of the second and third pillars, improve the pension investment management system, and promote the maturation of the three-pillar pension system. Both supply and demand sides should work together to stimulate the vitality of the Elderly Care Services Finance market. The ecosystem construction should be promoted, and the integration of industry and finance should drive the development of the elderly care industry.

In the special topics and reference sections, this report highlights on the latest developments in domestic and international retirement finance from 2023 to 2024. Firstly, with the goal of improving the investment management system of the second pillar, it analyzes the feasibility and policy recommendations for the annuity industry to invest in REITs assets and establish a unified information interaction mechanism. Secondly, it proposes potential pathways for the financial industry to participate in retirement finance, exploring new possibilities in commercial banks' involvement in Elderly Care Services Finance and the design of public fund pension financial products. Thirdly, it introduces foreign private pension management experiences, comprehensively analyzing Japan's NISA tax-free investment accounts, the U. S. 401 (k) plan, and the U. K. 's CDC management model, aiming to provide useful insights for the design of China's pension system.

At present, China is in a crucial period of comprehensively deepening reforms and advancing Chinese-style modernization. The diverse national pension needs and the severe challenges of population age structure pose new requirements for the development of retirement finance. With the deepening of population aging and the weakening of traditional family pension functions, coupled with the gradual clarification of the basic role of public pensions, reserving pension wealth through multiple channels has become an important choice for citizens in the new era. China's retirement finance market will usher in broad development space. In the initial development stage of the retirement finance cause, there are still a series of problems and challenges. Looking to the future, it is necessary to clarify the rights and responsibilities of the government, market, and individuals in pension reserves, work together from both supply and demand sides, accelerate the development of China's retirement finance cause, and make financial preparations for China to address the challenges of aging.

Keywords: Retirement Finance; Pension Finance; Elderly Care Services Finance; Elderly Care Industry Finance

Contents

I General Report

Abstract: Retirement finance is a systematic conceptual framework encompassing pension asset management, elderly care services finance, and elderly care industry finance. Under policy guidance and efforts from various sectors, China's retirement finance development has achieved preliminary results, and a retirement finance system actively addressing population aging has begun to take shape. With the goal of high-quality development in China's elderly care undertakings and industry, further refine top-level design to construct a three-pillar pension system with clear structure, defined functions, and financial sustainability; promote coordinated advancement from both supply and demand sides to enrich pension wealth accumulation and consumption products; broaden financing channels for the elderly care industry, driving in-depth industrial development through the integration of industry and finance.

Keywords: Pension Finance; Elderly Care Services Finance; Elderly Care Industry Finance

II Sub Reports

B . 2 Pension Finance: Policy Refinement and Gradual

Decline in Yield

Sun Bo / 019

Abstract: In 2023, China's pension system reform continued to deepen. The basic pension system maintained stable operations, with steady progress in national coordination, accelerated coverage expansion of the enterprise annuity system, and orderly development of the personal pension system during its trial phase. Investment supervision and market-oriented operations were further strengthened, optimizing social security fund management policies, enhancing compliance oversight for annuities, and advancing entrusted investments for basic pension funds. In terms of investment performance, while the long-term returns of annuities remain substantial, the overall trend is downward, and different personal pension products are experiencing significant volatility due to market fluctuations. Looking ahead, the growing gap between pension fund revenues and expenditures, slower growth in the national social security reserve, low investment returns, increased fiscal pressure, and limited room for reform pose challenges to the sustainability of the pension system. Moving forward, it is recommended to adopt a multifaceted approach to enhance the sustainability of the basic pension system, improve and expand the enterprise annuity system, refine the personal pension system and boost participation, and comprehensively promote the high-quality development of a multi-pillar pension system in China.

Keywords: Social Security Fund; Basic Pension Fund; Enterprise Annuity; Occupational Pension; Personal Pension

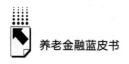
B.3 Elderly Care Services Finance: Forging a New Ecosystem
in the Elderly Care Financial Market and
Differentiated Innovation of Retirement Finance Products

Zhang Dong, *Sun Bo* / 052

Abstract: Addressing the challenges posed by an aging population, elderly
care services finance, as a critical means of wealth accumulation, is gradually
gaining attention. Financial institutions such as banks, funds, insurance companies,
and trusts are developing diverse retirement finance products through innovative
strategies, providing more flexible options for national pension wealth
accumulation. However, limitations in national wealth accumulation and
insufficient awareness of retirement finance, coupled with capital market instability,
collectively constrain effective participation in elderly care services finance. To
enhance the supply efficiency of elderly care services finance, it is necessary to
approach from multiple aspects, including improving income distribution policies,
enhancing national financial literacy in retirement finance, and enriching product
offerings. Furthermore, constructing a transparent and stable retirement finance
market environment is crucial for increasing public trust and participation in
retirement finance products. Through these measures, the increasingly diverse
retirement needs of the elderly population can be better met.

Keywords: Pension Wealth; Elderly Care Service Finance; Retirement
Finance Products

B.4 Elderly Care Industry Finance: Multi-Stakeholder
Involvement and Financial Empowerment for
High-Quality Development

Cao Zhuojun, *Qin Jing* / 088

Abstract: In October 2023, the Central Financial Work Conference officially
designated Retirement Finance as one of the nation's "Five Major Financial

Initiatives," marking its first inclusion among key national financial priorities and opening new policy opportunities for Elderly Care Industry Finance. Financial institutions, including insurance companies, banks, fund managers, and trust companies, have actively contributed to the sector's development. At the same time, the capital market for the elderly care industry has shown signs of recovery, with primary market segments such as integrated medical-elderly care, community-based home care, and smart elderly care services gaining momentum. Listed companies have also continued to strengthen their strategic positioning in this field. Looking ahead, as China's elderly care industry evolves into a robust silver economy, financial support will expand in both depth and breadth, with the integration of industry and finance driving comprehensive development across the sector.

Keywords: Financial Support; Elderly Care Industry Ecology; Industry-finance Integration

III   Product Reports

B.5   Pension Wealth Management Products: Lessons Learned
and Future Outlook for High-Quality Development

Chen Hao / 115

Abstract: After the one-year pilot program for retirement wealth management products concluded, no new retirement wealth management products were introduced to the market. Meanwhile, starting in early 2023, under regulatory guidance, four batches comprising 23 wealth management products were included in the investment scope of personal pension accounts. Currently, the market features two types of retirement wealth management products: those designed for general retirement planning and those specifically tied to personal pension accounts. By examining the operations, product designs, similarities, and differences between these two categories, and analyzing the challenges and

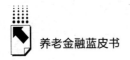
difficulties faced by the industry, we offer several policy recommendations for the future development of retirement wealth management: promoting the integrated development of general retirement wealth management and personal pension account products to foster a distinctive path for retirement wealth management; increasing the number of institutions authorized to create wealth management products eligible for personal pension accounts to encourage a competitive, market-driven environment; diversifying the range of retirement wealth management products in terms of investment duration, strategy, and asset allocation to establish a comprehensive product lineup; strengthening the management of performance benchmarks for retirement products, encouraging the use of relative benchmarks rather than absolute ones; and exploring the potential for retirement wealth management products to invest in foreign currency assets through QDII programs, especially in a low-interest domestic environment, while considering the creation of QDII wealth management products.

Keywords: Pension Wealth Management Products; Individual Pension Wealth Management; Asset Allocation

B.6　Pension Target Funds: Asset Allocation Diversifies,
　　Three-Year Y−Share Class Gains Popularity　*Hu Junying* / 140

Abstract: Pension target funds have been in operation for over five years. By the end of 2023, 260 products had been launched, managing assets of 70.6 billion yuan. The Y−share class, introduced in November 2022, comprised 180 products with 5.8 billion yuan under management. This paper first provides an overview of the overall development of pension target funds. It then conducts a detailed analysis of target-risk funds, target-date funds, and the Y−share class of individual pension funds from multiple perspectives, including current status, fundamental elements, asset allocation, investment performance, and underlying fund holdings. Based on this analysis, the paper summarizes the operational characteristics of pension target funds and identifies their challenges and shortcomings. Finally, it offers recommendations for the development of China's pension target funds: Strengthen policy support to accelerate the growth of the third pillar; Enhance risk management to improve investor experience; Introduce products for managing income during the distribution phase, offering comprehensive retirement management solutions; Explore tiered fee structures to benefit long-term investors; Deepen investor education and provide ongoing support services.

Keywords: Pension Target Funds; Target-Risk; Target-Date; Y – Share Class; Asset Allocation

B.7 Commercial Pension Plans: Business Pilot Progresses Steadily with Initial Market Acceptance

Wang Yuzhe, Cao Yong and Yang Dongfeng / 179

Abstract: Since the release of the "Notice on Pilot Programs for Commercial Pension Business by Pension Insurance Companies" by the China Banking and Insurance Regulatory Commission in December 2022, pension insurance companies have actively engaged in commercial pension business trials. We provides an interim summary of the first year of the pilot program. By the end of 2023, the industry managed 543700 existing commercial pension accounts, established 22 commercial pension products, and maintained 17.92 billion yuan in commercial pension assets. All business indicators showed steady growth, indicating initial market acceptance. Among various commercial pension products, fixed-income and principal-protected products garnered more attention in the first year of the pilot due to their inherent characteristics and stable performance. Overall, the business impact remains limited due to time and regional constraints of the pilot programs. The paper concludes with recommendations for the next phase of commercial pension development: Diversify product offerings to further meet varied retirement needs; Expand the pilot scope to enhance business influence;

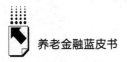
Continuously improve investment capabilities while strictly controlling the quality of listed products; Develop scientifically sound fee policies to promote sustainable business growth; Maintain ongoing policy support to facilitate rapid development of commercial pension business.

Keywords: Commercial Pension Plans; Fixed-Income Products; Principal-Protected Products

Ⅳ Special Reports

B.8 Analysis on the Feasibility and Proposals of China's

Annuity Investment in REITs-Like Assets

Jin Ling, Ben Yu and Li Ruimin / 198

Abstract: REITs refer to the conversion of real estate rights with continuous and stable income into highly liquid securities through securitization. REITs-Like assets are securitized assets with the equity and debt of real estate as the underlying basic assets issued through private placement in accordance with the REITs business model. Considering the continuous growth of the scale of annuities in China, the return on annuity investment faces challenges. REITs-Like assets structured assets, usually divided into senior and junior securities. The senior securities have the characteristics of long duration, high security, fixed and relatively high interest rates, which can meet the balance of duration, risk and return required by annuity investors. Therefore, this report focuses on the feasibility and proposals of China's annuity investment in REITs-Like assets, analyzes the development of REITs-Like assets in China, makes a comparative analysis of REITs-Like assets with REITs and CMBS, and explores that the interest rate of the senior securities of REITs-Like assets is basically higher than the interest rate of 5-year AAA-rated corporate bonds in the same period under the condition of considering the matching of duration and credit qualifications. It is concluded that REITs-Like assets can provide optimization for China's annuity investment, and puts forward suggestions for

China's annuity investment in REITs-Like assets.

Keywords: REITs-Like Assets; Annuity Investment; Structured Assets

B.9 Research on the Optimization of the Unified
Information Exchange Mechanism in China's
Enterprise Annuity Industry

Li Chuanfeng, *Jiang Zhimou* / 221

Abstract: There are four types of enterprise annuity managers in China: trustees, account managers, custodians, and investment managers. Currently, 35 institutions hold a total of 62 qualifications for managing enterprise annuities. While the multi-role, multi-institution management model in the enterprise annuity industry helps ensure the security of annuity assets, it also brings challenges such as frequent information exchanges between management institutions, long business cycles, high communication costs, and difficulties in matching transfers during employee turnover, which in turn affect industry development and beneficiaries' rights. Based on an analysis of the current status and existing issues in China's enterprise annuity information exchange mechanisms, this report introduces valuable experiences from the third pillar of domestic pension funds, Hong Kong's Mandatory Provident Fund (MPF), Australia's superannuation system, and the Netherlands' pension information exchange mechanisms. Finally, it provides recommendations for constructing a unified information exchange mechanism for China's enterprise annuity sector, focusing on front-end services, back-end systems, and related systems. The goal is to effectively address long-standing challenges in the industry, promote high-quality development, and further improve a multi-level pension security system.

Keywords: Enterprise Annuity; Information Platform; Exchange Mechanism

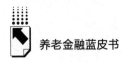
养老金融蓝皮书

B.10 Exploration and Suggestions on the Path of Commercial

Banks' Participation in Elderly Care Services Finance

Sun Jingyi / 238

Abstract: Providing comprehensive elderly care support requires collaboration among governments, businesses, and individuals. Commercial banks, however, face challenges such as fragmented services and IT systems that slow responses, inefficient evaluation processes that miss opportunities, and a shortage of pension advisors limiting personalized services. International experience highlights the value of tailored pension planning to meet retirement needs and enhance long-term value. To address these issues, banks should evolve their services in stages: integrating financial products with elderly care services, establishing a "one-stop" pension planning model, and ultimately building a comprehensive "retirement finance ecosystem", while prioritizing investor education for sustainable growth and engagement.

Keywords: Commercial Banks; Elderly Care Services Finance; Pension Finance; Investor Education

B.11 The Reference of Retirement Income Fund and Its

Enlightenment *Hu Bing, Sang Min and Cui Chenchen* / 253

Abstract: The retirement income fund or managed retirement fund is a type of mutual fund designed to help investors convert the accumulation of contributions into distribution outflow after retirement, and achieve the preservation and appreciation of the remaining asset. This type of mutual fund was first introduced in the United States in 2007 and has been distributed and operated in many parts of the world. Some of them have become the supplementary products to the second or third pillars of pension systems. However, from the perspective of overseas products, the overall growth has not met expectations due to reasons such as the ineffectiveness of investment strategies and the deviation between actual utility and investor demand expectations. Although retirement income funds have not yet been issued in mainland China, certain practical experience has been gained in the application of pension investment strategies and regular payments. When developing the retirement income fund in mainland China, the focus should be on meeting various distribution phase needs, including anchoring more stable investment targets, arranging investment strategies that match pension outflow, and fulfilling the demand for regular and sufficient pension withdrawals. In the future, it is proposed to explore the innovation of retirement income funds in mainland China by enhancing the efficiency of investment strategies for the retirement phase, expanding the investment scope, optimizing the fund redemption mechanism to meet the needs of pension withdrawals, and establishing an income risk demonstration mechanism especially for pension management. This will contribute more to the high-quality development of China's aging finance.

Keywords: Pension Distribution; Mutual Funds; Product Innovation

V   Reference Reports

Abstract: Japan's Nippon Individual Savings Account (NISA) has emerged as a pivotal personal investment tool, distinguished by its tax incentives and investment-centric approach. This report presents a comprehensive analysis of NISA's system design, operational model, and potential implications for China's individual pension system. Since its 2014 inception, NISA has significantly influenced Japan's capital market development by incentivizing public investment through tax benefits. The report begins by examining NISA's implementation background, evolution, and operational processes, including account models, tax incentive policies, and investment product types for both the old and new NISA systems. It then evaluates NISA's participation rates, investment performance, and

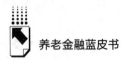
investor education strategies. A comparison with Japan's third pillar pension system, iDeCo, highlights NISA's efficacy in facilitating the transition from savings to investment among citizens. We identifies NISA's success factors as its tax incentives, account flexibility, and investment focus. These elements have not only broadened public participation but also invigorated capital market activity. Given the parallels between Japan's economic development trajectory and aging demographic structure with China's, NISA's experience offers valuable insights. The report concludes that the design of individual pension investment accounts should prioritize tax incentives, account flexibility, and diverse investment options. Moreover, it underscores the critical role of government-led investor education and promotion in enhancing financial literacy and public engagement.

Keywords: Nippon Individual Savings Account; Tax Incentives; Equity Investment; Index Funds; Investor Education

B. 13 Investment Menu Design of U. S. 401 (k) Plans and Lessons for China　　　*En Xuehai, Zhou Nuo* / 306

Abstract: As U. S. 401 (k) plans have matured, an increasing number of plan participants seek autonomy in their investment decisions, moving beyond default options. A well-designed investment menu can guide participants towards diversified portfolios with rational asset allocation, helping them achieve their investment goals. Conversely, for those lacking investment expertise or interest, a thoughtfully structured menu can steer them towards simpler, more suitable options with higher success probabilities, such as target-date funds. U. S. experimental and empirical studies suggest that an effective investment menu should balance multiple factors: an appropriate number of options, diverse asset allocation, composite investment tools, cost-effectiveness, and structured layout. In China's evolving enterprise annuity model, participants are beginning to select investment portfolios aligned with their age and expected returns, gradually exploring individual choice rights. For individual pension accounts, the current investment menu can be optimized by establishing objective evaluation criteria and carefully curating pension target funds. This approach aims to enhance product quality, increase the appeal of target funds, and boost participation in individual pension schemes. This report examines the design principles of U. S. 401 (k) investment menus and explores their potential applications in the Chinese context, offering insights for policymakers and pension fund managers seeking to improve China's pension system.

Keywords: 401 (k) Plans; Pension Investment Menu Design; Behavioral Economics

B. 14 Analysis and Lessons from the UK's Collective Defined Contribution Pension Scheme

Wan Qun, Jin Yanqing / 330

Abstract: The Collective Defined Contribution (CDC) pension scheme represents a significant innovation in the UK's occupational pension market in recent years. CDC pensions mitigate longevity and investment risks through collective fund management, providing members with flexible lifetime pension benefits. This management model relieves employers from rigid funding obligations while offering employees lifelong pension security, presenting a novel solution for UK occupational pensions to address longevity risk. In the future, China could, based on the UK's rich practical experience with CDC pensions, pilot the CDC management model in large-scale pension plans such as occupational annuities, in accordance with domestic market demands. Simultaneously, China should further optimize market mechanisms, encourage pension managers to enhance actuarial techniques and asset-liability management capabilities, and strengthen the pension system's ability to guarantee benefits in an era of population aging and increased longevity.

Keywords: UK Pension System; CDC Pension; Longevity Risk

皮 书

智库成果出版与传播平台

❖ 皮书定义 ❖

皮书是对中国与世界发展状况和热点问题进行年度监测，以专业的角度、专家的视野和实证研究方法，针对某一领域或区域现状与发展态势展开分析和预测，具备前沿性、原创性、实证性、连续性、时效性等特点的公开出版物，由一系列权威研究报告组成。

❖ 皮书作者 ❖

皮书系列报告作者以国内外一流研究机构、知名高校等重点智库的研究人员为主，多为相关领域一流专家学者，他们的观点代表了当下学界对中国与世界的现实和未来最高水平的解读与分析。

❖ 皮书荣誉 ❖

皮书作为中国社会科学院基础理论研究与应用对策研究融合发展的代表性成果，不仅是哲学社会科学工作者服务中国特色社会主义现代化建设的重要成果，更是助力中国特色新型智库建设、构建中国特色哲学社会科学"三大体系"的重要平台。皮书系列先后被列入"十二五""十三五""十四五"时期国家重点出版物出版专项规划项目；自2013年起，重点皮书被列入中国社会科学院国家哲学社会科学创新工程项目。

皮书网

（网址：www.pishu.cn）

发布皮书研创资讯，传播皮书精彩内容
引领皮书出版潮流，打造皮书服务平台

栏目设置

◆ **关于皮书**
何谓皮书、皮书分类、皮书大事记、
皮书荣誉、皮书出版第一人、皮书编辑部

◆ **最新资讯**
通知公告、新闻动态、媒体聚焦、
网站专题、视频直播、下载专区

◆ **皮书研创**
皮书规范、皮书出版、
皮书研究、研创团队

◆ **皮书评奖评价**
指标体系、皮书评价、皮书评奖

所获荣誉

◆ 2008年、2011年、2014年，皮书网均
在全国新闻出版业网站荣誉评选中获得
"最具商业价值网站"称号；
◆ 2012年，获得"出版业网站百强"称号。

网库合一

2014年，皮书网与皮书数据库端口合
一，实现资源共享，搭建智库成果融合创
新平台。

皮书网

"皮书说"
微信公众号

权威报告・连续出版・独家资源

皮书数据库
ANNUAL REPORT(YEARBOOK)
DATABASE

分析解读当下中国发展变迁的高端智库平台

所获荣誉

- 2022年，入选技术赋能"新闻+"推荐案例
- 2020年，入选全国新闻出版深度融合发展创新案例
- 2019年，入选国家新闻出版署数字出版精品遴选推荐计划
- 2016年，入选"十三五"国家重点电子出版物出版规划骨干工程
- 2013年，荣获"中国出版政府奖・网络出版物奖"提名奖

皮书数据库

"社科数托邦"
微信公众号

成为用户

　　登录网址www.pishu.com.cn访问皮书数据库网站或下载皮书数据库APP，通过手机号码验证或邮箱验证即可成为皮书数据库用户。

用户福利

- 已注册用户购书后可免费获赠100元皮书数据库充值卡。刮开充值卡涂层获取充值密码，登录并进入"会员中心"—"在线充值"—"充值卡充值"，充值成功即可购买和查看数据库内容。
- 用户福利最终解释权归社会科学文献出版社所有。

社会科学文献出版社 皮书系列
SOCIAL SCIENCES ACADEMIC PRESS (CHINA)

卡号：659228228679
密码：

数据库服务热线：010-59367265
数据库服务QQ：2475522410
数据库服务邮箱：database@ssap.cn
图书销售热线：010-59367070/7028
图书服务QQ：1265056568
图书服务邮箱：duzhe@ssap.cn

S 基本子库
UB DATABASE

中国社会发展数据库（下设 12 个专题子库）

　　紧扣人口、政治、外交、法律、教育、医疗卫生、资源环境等 12 个社会发展领域的前沿和热点，全面整合专业著作、智库报告、学术资讯、调研数据等类型资源，帮助用户追踪中国社会发展动态、研究社会发展战略与政策、了解社会热点问题、分析社会发展趋势。

中国经济发展数据库（下设 12 专题子库）

　　内容涵盖宏观经济、产业经济、工业经济、农业经济、财政金融、房地产经济、城市经济、商业贸易等 12 个重点经济领域，为把握经济运行态势、洞察经济发展规律、研判经济发展趋势、进行经济调控决策提供参考和依据。

中国行业发展数据库（下设 17 个专题子库）

　　以中国国民经济行业分类为依据，覆盖金融业、旅游业、交通运输业、能源矿产业、制造业等 100 多个行业，跟踪分析国民经济相关行业市场运行状况和政策导向，汇集行业发展前沿资讯，为投资、从业及各种经济决策提供理论支撑和实践指导。

中国区域发展数据库（下设 4 个专题子库）

　　对中国特定区域内的经济、社会、文化等领域现状与发展情况进行深度分析和预测，涉及省级行政区、城市群、城市、农村等不同维度，研究层级至县及县以下行政区，为学者研究地方经济社会宏观态势、经验模式、发展案例提供支撑，为地方政府决策提供参考。

中国文化传媒数据库（下设 18 个专题子库）

　　内容覆盖文化产业、新闻传播、电影娱乐、文学艺术、群众文化、图书情报等 18 个重点研究领域，聚焦文化传媒领域发展前沿、热点话题、行业实践，服务用户的教学科研、文化投资、企业规划等需要。

世界经济与国际关系数据库（下设 6 个专题子库）

　　整合世界经济、国际政治、世界文化与科技、全球性问题、国际组织与国际法、区域研究 6 大领域研究成果，对世界经济形势、国际形势进行连续性深度分析，对年度热点问题进行专题解读，为研判全球发展趋势提供事实和数据支持。

法律声明

"皮书系列"（含蓝皮书、绿皮书、黄皮书）之品牌由社会科学文献出版社最早使用并持续至今，现已被中国图书行业所熟知。"皮书系列"的相关商标已在国家商标管理部门商标局注册，包括但不限于LOGO（▨）、皮书、Pishu、经济蓝皮书、社会蓝皮书等。"皮书系列"图书的注册商标专用权及封面设计、版式设计的著作权均为社会科学文献出版社所有。未经社会科学文献出版社书面授权许可，任何使用与"皮书系列"图书注册商标、封面设计、版式设计相同或者近似的文字、图形或其组合的行为均系侵权行为。

经作者授权，本书的专有出版权及信息网络传播权等为社会科学文献出版社享有。未经社会科学文献出版社书面授权许可，任何就本书内容的复制、发行或以数字形式进行网络传播的行为均系侵权行为。

社会科学文献出版社将通过法律途径追究上述侵权行为的法律责任，维护自身合法权益。

欢迎社会各界人士对侵犯社会科学文献出版社上述权利的侵权行为进行举报。电话：010-59367121，电子邮箱：fawubu@ssap.cn。

社会科学文献出版社